XIBU XIANGCUN JIAOSHI
ZHUANYE FAZHAN YU ZHIDU JIANSHE YANJIU

西部乡村教师
专业发展与制度建设研究

王安全 等 著

中国人民大学出版社
·北京·

图书在版编目（CIP）数据

西部乡村教师专业发展与制度建设研究 / 王安全等
著 . -- 北京：中国人民大学出版社，2023.1
ISBN 978-7-300-31092-3

Ⅰ.①西… Ⅱ.①王… Ⅲ.①农村学校－师资培养－
研究－中国 Ⅳ.①G451.2

中国版本图书馆 CIP 数据核字（2022）第 187006 号

西部乡村教师专业发展与制度建设研究

王安全 等 著

Xibu Xiangcun Jiaoshi Zhuanye Fazhan yu Zhidu Jianshe Yanjiu

出版发行	中国人民大学出版社	
社　　址	北京中关村大街 31 号	**邮政编码**　100080
电　　话	010 - 62511242（总编室）	010 - 62511770（质管部）
	010 - 82501766（邮购部）	010 - 62514148（门市部）
	010 - 62515195（发行公司）	010 - 62515275（盗版举报）
网　　址	http://www.crup.com.cn	
经　　销	新华书店	
印　　刷	唐山玺诚印务有限公司	
规　　格	185 mm×260 mm　16 开本	**版　　次**　2023 年 1 月第 1 版
印　　张	15.5	**印　　次**　2023 年 1 月第 1 次印刷
字　　数	300 000	**定　　价**　58.00 元

前　言

　　在一个农业人口长期是主要人口的国家，乡村教育质量状况必然成为影响其国民教育质量和国家人口素质的主要因素。发展乡村教育的关键是进行乡村教师队伍专业建设，而乡村教师队伍专业建设的关键又是其制度建设。因此，新中国成立 70 多年来，国家一直致力于乡村教师专业制度建设，尤其近十多年来国家出台了大量乡村教师专业制度，有效推进了乡村教师队伍专业发展。

　　但是，通过文献梳理和调查研究也发现，西部贫困地区乡村小学教师专业发展中存在着冲突，西部乡村学校特别是西部乡村小规模学校教师专业结构不平衡现象突出，教师专业合作研修效果不佳，教师专业发展制度不够完善。为此，拙著在分析问题原因的基础上提出了相应对策建议。相信这些分析与建议能够对乡村教师特别是西部乡村教师教育制度的研究者有所启发，并为国家和西部地区地方教育行政部门制定和修订相关政策制度提供参考和帮助。

　　当然，本研究主要是在西部部分乡村学校，特别是西部贫困地区学校调研后得出的结论，只能为本地区、本学校或者类似地区、类似学校的教师队伍专业制度建设提供参考，不能为西部所有地区师资队伍专业建设提供参考，因此，研究存在一定局限性。

　　需要补充说明的是，本项目相关研究和数据的获得主要集中在 2016 至 2020 年，是国家社科基金重点课题"西部乡村教师供给制度"立项前已经启动进行的研究。因此，书中涉及的"贫困地区""西部贫困地区"均是指我国全面脱贫前的贫困地区。

著　者

目　录

导　论

一、研究背景与研究缘起

环顾全球教育改革浪潮，无论是国家决策层还是普通老百姓，莫不对教育改革怀揣极大希冀。学校作为教育改革的主要阵地，教师在其中无疑发挥着关键作用，教师专业发展程度将决定学校变革与发展的广度与深度。而乡村教师专业质量的提升能在一定程度保证乡村学校教育质量，实现"扶贫先扶智"战略，阻止乡村贫穷代际传播，提升乡村民众获得向上流动的能力和为建设现代化乡村提供智力支持。

十九大后我国进入社会主义新时代，21世纪20年代又是我国全面建成小康社会的关键时期。进入新时代后，我国社会主要矛盾已经由"人民日益增长的物质文化需要同落后的社会生产间的矛盾"转变为"人民日益增长的美好生活需要和不平衡不充分发展之间的矛盾"。不平衡、不充分的社会发展矛盾主要是城乡教育发展不均衡。城乡教育差异与我国社会经济文化建设水平有重要关系。在我国以城镇化和工业化为主导的现代化建设进程中，乡村作为人类社会生活边缘区逐渐走向衰落，进而加剧了城乡二元结构的鸿沟。

在城乡二元结构发展模式下，乡村教育落后状况是国民教育需要加强建设和重点观照的短板。国家教育全面均衡发展是强国战略的重要组成，推动西部乡村教育质量提升是当前我国教育改革必须面对和解决的事情。在国家均衡教育验收等系列政策扶持下，西部乡村教育"物"的要素基本满足需要，但核心要素"人"的专业发展问题却依然面临诸多问题。教师队伍专业结构不合理，专业制度不健全、不完善，青年教师"下不去""留不住"等问题均是未来乡村教育改革发展的重要痛点。

为此，我国全面建设小康社会对乡村教育事业发展提出了更高、更新要求。在新的历史条件下，积极促进乡村教师专业成长，大力提高乡村教师教学能力和专业知识，提高西部贫困地区乡村教师的整体素质和业务水平，对于推动西部贫困地区教育改革发展，促进西部贫困地区社会发展具有重要意义。

（一）解决西部乡村教师教育社会需求的需要

西部乡村教师教育问题一直是教育界、学术界和政界持续关注的热点问题。一方面它是社会发展进程中遗留的历史问题，另一方面又呈现出当代社会的某些特征。既具有历史性也具有现实性，呈现出错综复杂的特点。通过查阅相关文献资料和实地考证发现，以往相关研究在某种程度上解决了西部乡村教师教育供给制度中存在的一些理论与实践问题，但仍有一些问题亟须探讨。从理论维度看：有关教师专业发展和教师教育制度相关概念的界定、特征分析、功能和价值取向的研究较成熟，以制度变迁视角研究乡村教师教育供给的理论较少。其中，将西部乡村教师群体的结构问题上升至制度层面并从历史视角加以研究的文章还未发现，尤其对乡村概念界定还存在诸多争议，对于乡村和农村间的区分也未达成一致。因此，从理论角度解决乡村教师教育结构供给制度变迁的内涵、特征、功能及价值取向是首要解决的问题。从实践维度考证：西部乡村教育供给中物的配置基本达到了与城镇相当的水平。相反，乡村教师的配置问题仍存在结构性短缺及质量低下问题。而结构的合理性是提高质量的重要保障，乡村教师结构问题的解决也是实现党的十九大报告提出的乡村振兴战略的要求和教育现代化的需要。以往的乡村教师教育供给制度解决了西部乡村教师数量问题，忽视了乡村教师结构问题，很难从根本上解决乡村教师问题。还原国家层面西部乡村教师结构供给制度变迁轨迹，有助于针对性解决西部乡村教师结构问题，形成教师供给的精准化，也为预测未来西部乡村教师专业结构供给制度提供有力依据。理论研究和实证研究的结合层面也缺乏统一性，且各自的研究价值都没能充分显现，这是拙著可以尝试突破的地方。借助制度变迁视角完善乡村教师教育结构供给制度的理论知识时需结合西部乡村教师专业结构供给制度的执行情况，通过理论与实践的不断重构使二者相得益彰，更好地解决西部乡村教师专业结构问题。

（二）区域性教师教育发展的要求

教师教育是提升教育质量、提高教师素质能力的动力源泉。《教师教育振兴行动计划（2018—2022 年）》明确提出建设高素质、高水平教师队伍的指导思想、目标任务、主要措施。其中，在主要措施中专门指出，在西部民族地区组建中小学名师工作室、特级教师流动站、企业导师人才库，充分发挥教研员、学科带头人、特级教师、高技能人才在本地区师范生培养和在职教师常态化研修中的重要作用。除了要在西部办好一批高水平的教师教育学院及一流的师范类专业，还应健全教师培养培训体系，不断优化教师培养培训的内容与方式。

然而，就目前情况看，西部地区教师培训依然存在着诸多问题：培训目的的外部制约性，一定程度上忽视了教师的主体需求；培训内容强调"整齐划一"，脱离了教师知识水平的差异性[①]，推动西部地区教师教育改革发展，就要将教师培训摆在重要位置，着力解决教师培养培训中的突出问题。

（三）西部贫困地区乡村教师专业发展的现实需要

近年来，西部贫困地区乡村教师队伍数量、质量、结构已经发生了巨大变化，然而，与城镇师资水平相比较依然存在明显差距。为加快缩小教育差距，让西部贫困地区乡村孩子接受公平、有质量的教育，需要将西部乡村教师队伍建设摆在优先发展的战略位置。《乡村教师支持计划（2015—2020 年）》明确指出："要把乡村教师培训纳入基本公共服务体系，保障经费投入，确保乡村教师培训时间和质量。"该计划充分肯定乡村教师培训研修的重要性，强调乡村教师培训研修经费投入、保障其培训研修时间以及培训研修方式符合当前乡村教师专业发展需要。

西部贫困地区乡村教师坚守知识殿堂，肩负着向当地乡村孩子传承知识和文化的使命。他们不仅需要各方面待遇得到较好保障，更需要通过不断学习改变乡村孩子命运。作为推进美丽西部贫困地区乡村建设中不可或缺的一支队伍，全体教师都应享有更加完善的教师专业发展培训。因此，为西部地区乡村教师提供行之有效的培训方式，选择贴合教学实际的培训内容，既是西部地区乡村教师专业发展的现实需要，也是乡村教育领域的重要关注。

（四）西部乡村教师专业成长平台建设的需要

当前乡村教师培训依然存在培训规模无法满足教师需要、培训内容与乡村教学实践相脱离、脱岗培训耽误教学工作、培训时间得不到保障等问题。教师工作坊作为一种帮助教师专业成长的培训研修方式，早已受到国内外教育专家和学者的关注。早在 2002 年上海市长宁区就以工作坊为载体开展了一系列教研活动，对教师学习和参与区域研修的资源共享起到了促进作用。为推动乡村教师培训模式变革，提升乡村教师教育教学质量，2016 年 1 月教育部办公厅印发了《乡村教师培训指南的通知》，其中专门制定了《乡村教师工作坊研修指南》，以针对当前乡村教师培训中培训主题不明确、培训时间不稳定、骨干教师引领机制不健全等问题。其中，教师工作坊研修具有参与活动、合作进取、分享资源、传递能量、激发活力、表达个性、更新自我等功能，作为新兴的乡村教师工作

---

① 张雪艳．我们需要什么样的教师培训［D］．武汉：华中师范大学，2009：15-17.

坊研修更有着强大生命力和辐射力。依托乡村优秀教师组建工作坊，可以为乡村教师提供专业成长平台，帮助主持人组建专业学习共同体、发掘乡村教育资源、开展主题教研活动、提升乡村教育教学质量。同时，可以提升教师专业学习能力，促进教师间的相互合作、共同进步。

二、研究的意义与目的

（一）理论意义

本研究以西部乡村教师专业发展与制度建设为主要内容，探寻制度在西部乡村教师专业发展中的保障作用，旨在推进西部乡村教师专业理论与专业制度研究发展。以西部乡村教师作为研究样本对象，有其地域代表性和特殊性。对西部乡村教师专业发展进行研究，能拓宽我国教师专业发展和西部乡村学校教师研究领域。

教师质量决定着每一代人能达到的高度和速度，西部乡村教师整体质量决定生活在西部乡村地区的学生成长的高度和速度，对我国整体教育高度和速度也有重要影响。本研究旨在在西部乡村教师专业发展与制度建设理论方面实现突破。理论是实践的先导，乡村教师专业化发展理论决定着在实践中可操作性的高低，乡村教师专业结构供给制度的理论则在极大程度影响乡村教师供给理论水平的高低。

（二）实践意义

从教育系统内部讲，基础教育是所有教育的基础。只有基础教育均衡了，才能使教育整体的根扎得更牢更稳。西部乡村教师专业发展对于解决西部乡村学生知识教育、品德教育、民族教育发挥着重要作用，对于形成惠及全民的公平教育、提供更加丰富的优质教育、构建完备的终身教育体系均有重要的现实意义。新课程改革的推行，也在一定程度上推动了乡村教师专业发展。因此，进行西部乡村专业发展相关影响因素和保障条件的研究，对于全面提升乡村教师队伍质量有重要的实践意义。

另外，农村教师"下不来，留不住，教不好"的现象导致当前农村学生数量急剧下降，造成城乡教育差异性越来越大，已经影响了乡村教育的健康发展。因此，本研究深入农村地区，针对乡村不同层次类型学校教师队伍进行调查研究，并针对西部乡村教师专业建设中存在的问题进行深入分析，具有深刻的现实意义。

从全社会讲，教师是教育的载体和知识的传播者，教师更是培养学生品德、行为的领路人。只有提高西部地区教师的专业发展水平，才能促进教育均衡发展。教师专业化发展帮扶是精准政策中的重要政策，对于解决贫困地区、西部地区人民群众急需解决的教育困难与问题起到了十分重要的作用，使教育这项民生工程能全覆盖地惠及贫困家庭，起到"雪中送炭"之功效，对于促进贫困地区经济发展、民族团结、社会稳定均具有重要现实意义。同时，有利于提升乡村教师的实践教学水平，促进乡村教师专业发展，激励每一位乡村教师走向"从乡村合格教师到乡村骨干教师再到乡村名师"的专业发展道路。

（三）研究目的

首先，以西部乡村学校为研究样本，考察中小学教师专业发展状况，了解教师专业发展制度实施现状。从制度制定和执行两个维度分析其中存在的问题，提出改进对策，尝试对西部乡村教师专业发展制度的未来走向提出对策和建议。

其次，关注西部乡村教师工作坊合作研修活动开展情况。主要目的有两个：一是通过相关理论，对乡村教师工作坊的合作研修活动进行分析，深化对工作坊合作研修的再认识，为乡村教师工作坊理论研究提供典型案例；二是探讨西部乡村教师工作坊合作研修成效，对合作研修中存在的问题进行归因分析，从而对工作坊合作研修提出优化策略，为乡村教师工作坊研修提供行动方案。

最后，通过探究新中国成立 70 年来我国西部乡村教师专业结构供给制度变迁特征，还原我国乡村教师教育结构供给制度演变的历史轨迹。通过政府不同时期提供的乡村教师结构，分析其制度制定的合理性与科学性，预测西部乡村教师专业结构供给制度的未来走向。同时，以更精准的方式为发展西部乡村教育提供更加公平和更有效的教师教育资源配置方式，为优化乡村教师教育结构供给制度提供参考，从而尽可能阻断乡村贫困的代际传递，更快实现教育现代化和全面建成小康社会。

三、研究的内容

（一）西部贫困地区乡村小学教师专业发展的冲突与融合

专业发展的冲突与融合是专业发展的不懈动力。本研究通过调查了解西部贫困地区乡村教师专业知识、能力、情感等方面的基本情况，全面把握西部贫困地区小学教师专业和专业发展现状，分析其专业发展存在的问题和原因，进而从宏观层面和微观细节上提出促进西部贫困地区小学教师专业发展的帮扶策略。

（二）西部贫困地区乡村小学教师专业结构的平衡与改进

教师专业平衡程度影响学校课程的开设程度和开设质量，进而影响到学生全面发展。因此，本部分主要从西部贫困地区乡村小学教师专业结构现状，西部贫困地区乡村小学教师结构问题及原因出发，提出改善西部贫困地区乡村小学教师专业结构不平衡发展的对策建议。

（三）西部贫困地区乡村小规模学校教师专业建设

西部农村小规模学校覆盖面大、分布广，解决其中存在的问题难度大，在很大程度上影响了西部地区教育的整体水平与质量。因此，本研究根据作者自身的农村工作经验，在工作和学习中不断总结、不断感悟，从农村教育需求入手，在总结前人研究成果的基础上，以定性和定量相结合的方式，集中对西部贫困地区农村小规模学校教师专业建设现状进行调查分析，对西部贫困地区小规模学校教师队伍建设中存在的问题进行探析，对西部贫困地区农村小规模学校教师队伍建设提供策略建议。

（四）西部乡村教师工作坊合作研修

本部分主要进行了三方面研究：一是西部乡村教师工作坊的概况。通过实地调研和深度访谈，对西部乡村教师工作坊概况进行梳理。主要包括工作坊所在挂牌学校的基本情况、乡村教师工作坊成立背景及建设理念、工作坊成员构成、工作坊的共同目标与共同愿景等。二是对乡村教师工作坊合作研修方式进行了研究。综合运用访谈法、观察法和个案研究法，从依托学校开展的合作研修、工作坊间的合作研修以及云平台合作研修等不同合作研修方式出发，对乡村教师工作坊开展的合作研修活动进行研究。三是对乡村教师工作坊合作研修中的问题、归因以及优化策略进行调查。通过对工作坊概况以及合作研修方式探究，分析影响乡村教师工作坊合作研修取得的成效，合作研修中存在的问题及原因，再通过理论指导与实践探究相结合方式，为工作坊当前的合作研修提出优化策略。

（五）西部乡村教师专业发展制度

本部分主要从四方面进行了相关研究。一是对学校本位的教师专业发展制度进行梳理，主要是对制定和实施制度的组织机构和个人职责进行明确，以及现行用以促进教师专业发展的制度进行归纳总结，为研究西部乡村教师专业发展制度提供参考。二是对西部乡村社会背景和面貌做详细了解，探究其代表性和社会经济文化发展现状，并选取一个西部贫困县中的 8 所乡村学校（2 所初中，6 所小学），对学校用以促进教师专业发展的制度进行收集整理。三是对西部地区乡村教师专业发展制度实施现状进行调查研究，包括探究教师专业发展制度制定和执行不同维度的状况。四是探究西部乡村教师专业发展制度制定、执行中存在的问题，提出观照具体现实的、切实可行的改进对策。

（六）西部乡村教师专业结构供给制度变迁

本部分依据逻辑与历史相一致的原则，从理论阐释、制度变迁和方法论三个维度建构整体框架，以期通过研究我国西部乡村教师专业结构供给制度变迁，明确未来乡村教师专业结构供给制度的发展方向。具体内容包括以下五部分：第一，乡村教师专业结构供给制度变迁的理论阐释。主要从概念及哲学层面对乡村教师专业结构供给制度变迁的理论作出阐释，分析乡村教师专业结构供给制度变迁的内涵、特征与功能。通过词源解构方式对乡村教师专业结构供给制度变迁的内涵与特征作出界定，并从乡村教育、教师与学生三个维度分析我国乡村教师专业结构供给制度变迁的工具性价值与本体性价值。第二，乡村教师专业结构供给制度的变迁过程。这部分主要从历史视角借助政策文本分析法、历史与逻辑相一致的原则厘清乡村教师专业结构供给制度制定的历史脉络，澄清乡村教师专业结构供给制度的历史事实，结合第一部分乡村教师专业结构供给制度变迁的价值取向及应然状态，分析制度制定变迁中的合理性与科学性。第三，乡村教师专业结构供给制度变迁的特征分析，主要从制度变迁视角，分析乡村教师专业结构变迁过程中的内容，从中寻找一般规律。第四，对乡村教师专业结构供给制度变迁的合理性分析需要综合考虑各方面因素，既要立足现实、回归实践，紧密联系当时的历史背景，也要有理想化的预测来指引方向。第五，西部乡村教师专业结构供给制度导向。主要立足问题意识和后果意识的本体论立场，借助预测和方法论技术手段，对西部乡村教师专业结构供给制度发展趋势和变迁轨迹进行勾勒，并对未来应该如何安排给出宏观建议。

四、研究的创新点

（一）研究视角和观点的创新性

提出新问题、新的可能性，从新的角度去看旧问题，需要创造性的想象力，也标志着科学的进步。爱因斯坦认为，提出一个问题往往比解决一个问题更重要。波普尔提出：

新问题、越来越深化的问题的提出是理论对知识增长的最大贡献。[①] 学术论文的写作也要考虑创新性，包括问题创新、视角创新和研究方法创新。本研究创新点在于将西部乡村教师专业化发展看作一种重要的教育资源，认识到其在乡村教育发展变革中的重要作用，将教师专业化发展作为解决乡村教师教育问题的重要抓手。具体表现在：在研究视角上，突破以往城乡二元资源分配差异，对乡村教育进行整体分析，超越以往只对不同身份乡村教师的单方面分析，从决定西部乡村教师群体质量的乡村教师专业化发展入手，重新解构西部乡村教师专业发展问题。

（二）研究内容与材料的创新性

相较于已有的研究内容和研究成果，研究重点观照了西部乡村学校教师专业发展制度制定、执行效果的收集与整理，为我国西部乡村学校教师专业发展制度制定、修改提供对策建议，因此有材料内容上的创新性。

（三）研究方法的创新性

本课题成员大多有一线教育教学经历，大多有丰富的教育教学实践性知识。研究目标是"哪怕学校只有一个孩子，也要永不放弃，让他有机会成为国家社会的有用之才"；研究过程及许多研究结论都是研究者在实践中不断探索、总结完成的，研究策略是研究者在担任乡村学校校长、教师过程中，探究、分析、体悟所得，具有实践性、操作性强的特征。而本研究以制度分析和访谈调查相结合的方式，探究西部乡村教师专业发展现状，有利于全面把握制度实施状况。

五、研究方法

拙著主要运用文献研究法、个案研究法、访谈法和观察法。根据各种方法收集关于西部地区乡村学校教师专业发展精准帮扶研究的相关资料，并对资料进行整理分析，掌握存在的问题及原因和影响因素，进行分析、综合、比较、筛选、归纳总结后形成最终研究结论。

（一）文献研究法

有学者认为，文献是用文字、图表、符号、声频和视频等手段记录下来的人类知识。

---

① 袁振国．科学问题与教育学知识增长 [J]．教育研究，2019，40（4）：4-14.

文献研究法就是对文献进行查阅、分析、整理找出事物本质属性的一种研究方法。本研究运用文献研究法大量收集、整理对西部乡村学校教师专业发展的相关书籍、报刊、政策文件、档案等材料，以便准确掌握本地区教师专业发展研究现状和帮扶政策研究的一手资料，准确掌握不同领域对此内容研究的进展、已取得的研究成果以及存在的缺憾。在此基础上重点掌握西部贫困地区乡村小学教师专业发展精准帮扶研究的历史文献资料，以及国内外的研究现状，并进行分析归类，为本研究做好前期准备，也为本研究成果的最终产出奠定扎实的材料基础。

通过对书籍、期刊、报纸和网络资料的收集以及分类、整理、归纳，及时了解国内外有关农村教师专业的相关信息，以学科理论为指导，在前人经验的基础上，理性探究乡村教师专业结构优化策略。在采用文献研究法展开研究时，首先对乡村教育、西北乡村教育相关的文献资料进行查阅，从而对我国乡村教育、西北乡村教育的基本情况进行把握。整理这些地区教师队伍建设相关文献资料，对其教师队伍结构发展变化，对各时期国家推行的农村教育、教师政策以及针对西部地区、西部乡村地区的教师教育政策进行全面掌握，从而使研究工作的开展获得充足的外围资料支持。同时，通过对西部乡村教师结构研究成就、研究缺陷，通过对西部乡村教师队伍结构变迁诸多影响因素以及对导致西部乡村教师队伍结构变化原因的深入探究，为后期研究打下坚实基础。

（二）问卷调查法

问卷调查法是研究者根据研究的要求和目的，通过发放问卷收集、整理资料的一种方式。本研究以西部乡村地区教师专业发展现状为基础，根据教师不同年龄、不同职位和不同学段设计不同问题，深刻了解西部乡村教师专业发展的不足、缺憾及其制度因素。

教育问卷调研法是基于教育理论指导，通过观察、列表、问卷、访谈及测验等手段对教育问题资料进行收集、分析，提出详细解决方案、建议的方法。本研究主要选取西部地区农村贫困县教师作为调查对象，对研究对象性别、学历、专业、民族、年龄、社会身份结构特征、身份变迁特点、变迁方式、变迁动机、变迁成效以及流入流出数量等展开系统调查，特别是对某些教师结构要素在各阶段为何未出现实质变化的原因展开深入挖掘，分析不同阶段其他结构要素出现重大变更的动力机制、功能效果。

（三）观察法

根据研究需要，在研究中深入西部乡村学校，走进班级观察了解教师专业知识、专业技能、专业态度的表现情况，进入教师办公室，观察教师平时工作状态及处理事务方式。

本研究采用参与观察，并且根据情境判断对事件的参与程度。通过参与西部乡村教师工作场所、教研、工作环境和课堂教学活动，借助录音、相机等电子工具以及文字描述的方式进行记录，获得翔实、真实的一手资料。观察内容主要包括：对西部乡村教师工作环境（校园环境、办公环境、课堂环境）有一个整体认识，观察工作场域成员的参与度，观察工作场域合作研修中主持人及成员的表现等。

（四）比较研究法

分析数据统计结果所呈现的西部地区乡村教师专业结构变化状态与特点，纵向比较同一教师结构在不同时期存在的差异，横向比较同一时期同一学段，即中学或小学教师性别、年龄、学科、学历、专业结构上的差异。在此基础上，对存在的差异进行归类，梳理出存在的问题及其原因。此外，本研究在分析相关内容时也会充分运用课题所涉及的理论，通过分析现实材料对理论重新进行提炼。特别将适切性理论用到教师结构变化趋势的预测及结构变迁的控制中，从而达到史论充分结合的目标。

（五）访谈法

本研究主要采用了半结构式访谈法。访谈时按照预先准备好的访谈提纲对受访者进行提问，访谈中注意把握访谈的灵活性和技巧性，对一些想要深入了解的问题适时进行追问。拙著研究中的深度访谈对象主要是西部乡村学校教师，另外对学校校长及学校中层领导进行了访谈。访谈内容主要包括学校教育教学的整体情况、合作研修方式、研究对象在教育教学过程中遇到的瓶颈、合作研修给教师专业发展带来的影响及成员对工作坊发展的期许，以及挂牌学校校长对西部乡村教师工作坊的指导建议。访谈过程中除了对核心教师以及其他工作坊成员、校长进行的面对面访谈外，还对部分教师进行了电话访谈，以打破访谈时间和空间上的限制。在访谈过程中，研究者一方面采用简便记录方式做笔记，另一方面借助手机、录音笔等辅助工具详细记录细节性内容。访谈结束后，整理笔记和录音材料，并对文字进行处理。

（六）个案研究法

本研究以西部地区某个县域内的乡村学校、某个乡域内的乡村学校或者某个乡村学校为个案对象提出问题，从个人知识能力、教学技能、个人素质等各方面进行研究，分析西部乡村贫困地区小学教师专业发展的不足和差距。研究过程中选取了代表性样本，从西部乡村教师工作环境、专业建设理念、专业目标、共同愿景、成员结构以及专业合作研修进行研究，对乡村教师专业发展中的问题，特别是其合作研修中存在的问题及原因进行分析并给予优化策略，以促进西部乡村教师专业制度建设，也为其他乡村教师专业发展提供参考。

六、相关概念界定

在研究过程中，清晰明确的概念界定是展开研究的基本前提。因此，拙著对西部地区乡村教师专业发展及其制度建设中所涉及的重要概念进行了界定。

(一) 西部贫困地区

贫困地区是一个相对概念，是指社会成员生活水平低下、发展机会匮乏以及发展能力不足的地区。[①] 具体是人均收入水平较低地区，主要是老、少、边、穷的乡村区域，特别是被我国列为国家级扶贫开发县的那些地区。

当然，人们对贫困的理解不同，对西部贫困地区的定义也不同。行政部门将其定义为西部少数民族自治区或其他省份中温饱还未解决的区域或地方。拙著中所选取的研究区域正是我国西部地区贫困县乡，针对该县乡镇及村级教师专业发展状况展开调查，对那些社会、经济及文化发展状况相近的贫困地区乡村教师专业发展有较大的参考意义。

(二) 乡村教师

一般意义上，乡村不包含县镇行政区域[②]，是对应城镇地区而言的地理概念，是乡及村行政机构所在地，也是农村地区人口较少的自然与行政区域。喻谟烈在《乡村教育》一书中有云：今乡则市以外之名释也；举凡同在一地之人口不及一市者，概为乡。[③] 王光雄则从地域和人口两个维度对乡村进行界定[④]，与当前人们所谓乡村，即人口稀少且分布较城镇分散的地方并无差别。2008 年国务院批复的《关于统计上划分城乡的规定》中，从地域上将乡村界定为城镇地区以外的其他地区，包括集镇和农村。考虑到城镇与乡村经济、文化及社会发展差异，就综合发展水平来说，县镇与乡村存在一定差距，县镇不属于本文所研究的乡村范围。

本研究认为，乡村教师是生活在县镇以下区域的农村义务教育阶段学校教学人员，或者是在全国乡中心区、村庄学校、教学点履行教育教学职责，按照乡村学校教育教学

① 吴忠民. 社会公正论 [M]. 济南：山东人民出版社，2004：357.
② 唐松林. 中国农村教师发展研究 [M]. 杭州：浙江大学出版社，2005：4.
③ 喻谟烈. 乡村教育 [M]. 上海：商务印书馆，1927.
④ 王光雄. 乡村教师专业发展支持路径研究 [D]. 重庆：西南大学，2018：23-24.

需求开展工作的专业技术人员。

(三) 教师专业发展

依据《现代汉语词典》的解释,专业是"高等学校的一个系里或中等专业学校里,根据科学分工或生产部分的分工把学业分成的门类"。但从广义上看,专业应该是随着人类科学技术进步,从生产实践中分化出来的专门业务,是职业生涯的专门化工作,是人们专门进行的具体业务。

本研究中的专业是经过专门教学或培训,具有较高水平或独特的知识与技术,按照一定的专门标准从事的工作。其目的是解决人生和社会问题,促进社会进步并获得相应的报酬和社会待遇。因此,教师专业发展是指教师为形成和发展其专门化知识体系而经自我抉择进行的专门化、系统化学习,以期实现其专业知识、技能、能力发展,改进教学效果,提高学习效能,推进学生生命成长与教育进步。教师专业发展是教师内在专业知识结构不断更新、演进、丰富的过程,是教师在专业知识、专业技能、专业素养等方面持续变化和持续改进的过程。

(四) 教师结构

系统论认为,事物存在的普遍形式、运动方式即为系统。世界上所有的自然物、人造物以及社会形态都自成体系,且存在于特定系统内部。每个系统都有一定的结构及其要素。结构是系统内两个以上的内容要素有机联系在一起并彼此作用、关联的连接方式、组织形式。因此,从系统论中衍生了结构-功能理论,将研究对象作为系统,对其系统结构、系统功能展开分析。若系统保持良好状态,则意味着结构是合理的。否则,要通过系统结构的优化来改善系统功能,使系统持续保持良好状态。

对教师结构的界定,迄今为止,仅有少数几位学者进行了明确解释。其中,李华认为,它是指教师年龄、职务、学历、学缘、学科等信息构成状态,它对教师队伍性能发挥着决定作用。[①] 母国光认为,它是教师的年龄、职务、学历、来源、专业等信息组成状态,对教师队伍性能起决定作用。[②] 两位学者的观点没有明显区别,都是将教师结构与教师队伍结构视作同一概念,对教师队伍构成状况、功能效果等作了阐述。根据教育学者定义,各级各类学校教师队伍的构成状况即为教师结构,它涵盖教师地缘、专业、学历、身份、年龄、职称及性别等要素。教师是开展教育活动的关键,而合理的教育结

---

① 李华. 系统论视野下的高校教师队伍结构优化研究 [J]. 长治学院学报, 2006 (4): 12.
② 母国光. 志存高远营造创新人才成长的环境 [J]. 高等教育研究, 2001 (6): 16-21+25.

构取决于教师结构的合理性。

若从社会学和心理学角度分析，教师结构则存在着群体结构、个体结构的区别。教师结构在社会学中以教师群体结构称之，对应的是教师群体构成及其比例关系。在心理学中则以教师个体结构称之，对应的是教师个体人格组成及彼此关系。若从区域性角度对"教师结构"作出限定，也就有"西部乡村教师结构"之说。此处所谓教师结构就是教师群体结构或者教师队伍结构。但是作为教育社会学术语，需要在社会结构范围内来界定教师队伍或群体结构，通过社会结构这一形式来开展。社会结构是对社会内部个体、群体关系作出的阐述，对社会中个体、群体所处的位置进行体现。因此，教师队伍及群体的基本构成、相互关系和地位即为教师结构，是某个地区、某所学校教师功能的潜在形式。它在整体上体现了学校、地区师资队伍的整体水平，对某地区、学校的办学水平产生了制约效果，发挥决定性作用。

（五）专业学习共同体（Professional Learning Community，PLC）

专业学习共同体是理查德·杜弗尔（Richard DuFour）、罗伯特·伊克（Robert Eaker）在其 1998 年出版的《工作中的专业学习共同体》一书中提出并传播起来的。目前，国内对"专业学习共同体"概念界定观点较为统一，认为凡是以社会学方法建构知识的团体都可称为"专业学习共同体"。本研究根据国外学者霍德（Hord）与萨默斯（Sommers）的观点，将"专业学习共同体"概念界定为：教师基于共享理念、共同价值观和愿景，以支持性条件和领导力为保障，以合作学习、共同决策为依托，通过合作性、持续性、反思性的专业学习促进教师与学生共同发展的合作型组织。

（六）教师工作坊

"工作坊（workshop）"是一个外来词，其释义主要有两种：一是车间、工场；二是研讨会、讲习班，后引申为"工作坊"。"workshop"的第一种释义强调动手做，第二种释义强调探讨研究，因此引申出的概念既有理论上的研究、讨论之义，又包含了理论指导下的实践内容。[①] 从渊源看，"工作坊"一词最早出现在教育与心理学研究领域。20 世纪 60 年代，美国著名风景园林大师劳伦斯·哈普林（Lawence Harplin）率先将这一概念引入都市计划中，使之成为一种可以提供给不同立场、不同领域人员相互交流的方式，进而使其成为一个多人共同参与的场域和载体，其工作研修也成为一种研究性的合作学习方式。

---

① 张康. 手工艺行会作坊、工作坊、工作室艺术教育模式探讨 [J]. 设计艺术研究，2012，2（6）：31-34.

对教师工作坊的定义,国内学者从活动方式、组织形式以及培养目标等多角度进行阐释。其中从"活动方式"角度将其定义为一种教师研修的新方式。教师在工作坊中聚焦于教学问题、共同探讨、提升自我;① 从"组织形式"将其定义为在某一区域内,由一名优秀教师主持,多位不同层级教师参与的具有共学、导教、引研性质的学习型组织;② 从"教师工作坊培养目标"角度将其定义为一种旨在提升教师专业实战力,有助于教师隐性知识的获取与个人实践知识习得的研修载体。③

同样,乡村教师工作坊是以工作坊主持人为引领,以"用得好、辐射广、共成长"为目标,以开展主题学习的合作活动为依托,以促进乡村教师专业发展水平和学生发展为最终目的的专业学习共同体。

(七) 合作研修

合作是指个人与个人、群体与群体之间为达到共同目的、自愿结合在一起,通过相互间配合、协调实现共同目标,最终使个人、群体利益得到满足的一种社会交往活动。④ 合作的基本特征主要包括:第一,合作需要共同参与。合作的主体必须是两个或两个以上的个体或者群体行为,单一个体或群体均无法开展合作行动。第二,合作要有共同目标。这是各方利益得到满足的前提,是合作的起始点,也是合作的终极指向。第三,合作具有自愿性。合作主体是民主平等关系,不存在强迫或者被迫性。第四,合作需要沟通、交流。合作不是单一主体的单项行为,而是合作主体间的共同行为,是参与者之间资源共享、共同决策的行为。需要说明的是,随着科技发展,新时期合作的特征还表现出超越时空性特征,合作主体间的交流和沟通受时间和场所限制的情况大大减少。

关于研修的含义,周冬祥在其著作中提到,"研修"的本质是教师主动参与学习,是教师主动研究、培训、进修的活动,是教师主动解决教育问题的行为,其出发点和落脚点均是促进教师专业发展。⑤

综上所述,拙著将"合作研修"定义为教师群体或个体与其合作对象立足于共同目标,通过自愿结合开展的自主、合作、探究性学习活动。通过该活动资源共享、有效交流和沟通,可以有效提升教师专业修养,促进教师专业发展。需要说明的是,合作研修不同于集中研修,也不同于同伴互助研修。合作研修与集中研修的区别在于前者强调合

---

① 刘清堂,雷诗捷,张思,王亚如. 教师工作坊中的用户行为投入研究 [J]. 现代远距离教育,2017 (4):19-28.
② 刘伟菁. 教师工作坊研修的主题选择与运作方式 [J]. 中小学教师培训,2015 (8):11-14.
③ 王强. 基于工作坊的教师校本培训模式构建 [J]. 全球教育展望,2012,41 (12):92-94.
④ 宋燕. 和合学视野下教师合作研修共同体建构的研究 [D]. 重庆:西南大学,2011:12.
⑤ 周冬祥. 校本研修:理论与实务 [M]. 武汉:华中师范大学出版社,2007:8.

作对象间有着共同目标，而后者强调在研修中专家能发挥大面积专业引领作用，从而提高研修效果。[①] 合作研修与同伴互助研修的区别则在于前者对合作对象没有过多限定，后者是学校内部教师之间的互助与合作。[②] 关于合作研修研究主要集中于探讨合作研修的内涵及特征、合作研修的方式以及合作研修的策略，其中也有关于合作研修的基本要素、合作研修的创新模式，对合作研修的评价及成果表达等方面的相关研究。

---

① 刘涛. 走向立体式研修 [M]. 成都：电子科技大学出版社，2015：189.
② 陈大伟. 有效研修 [M]. 大连：辽宁师范大学出版社，2006：94.

第一章
西部贫困地区乡村小学教师专业发展的冲突与融合

　　教师专业发展水平决定着教育的质量和水平。西部贫困地区乡村小学教师专业发展质量与水平直接影响着这些地区基础教育的质量和水平。因此，对西部贫困地区乡村小学教师专业发展的现状进行摸底调查，找出存在的问题及其原因，提出相应的对策建议具有十分重要的意义。本研究通过对中宁县 M 学区乡村小学教师队伍的摸底调查，对相关问题进行了客观、系统的分析与阐述，探讨了西部贫困地区乡村小学教师专业发展中出现的问题并进行归因，为提高西部贫困地区乡村小学教师专业发展提供建议。本研究揭示了西部贫困地区乡村小学教师队伍发展中存在的典型问题：教师专业知识不够丰富；教师的专业技能与学科知识欠缺；教师对学生的了解较少，教学策略单一；学校的工作环境差、待遇低；教师自身发展的空间小，专业精神较差等。分析其产生的原因，主要是教师的晋升机制不完善，奖励机制欠缺，入职后不能有目的地开展业务培训及提升素质等。提高西部贫困地区乡村小学教师整体专业素质，完善基层教师队伍水平建设，主要应从三个方面入手：首先，要加强教师专业学科知识和继续教育的学习与培训。其次，要想办法提高教师的专业技能，让教师充分运用自己所学的技能来充分展示自己的才能。最后，要加强教师专业精神的培养，只有保持良好的精神状态才能干好一切工作。本研究希望能够为该地区小学教师队伍建设提供有益的参考和借鉴，为教育部门实施行政管理提供事实依据，为该地区教育事业的发展提出合理的建议，为进一步提高当地小学教师队伍配置的合理性、完善乡村基层小学教育教师队伍建设的理论体系提供参考。

第一节　西部贫困地区乡村小学教师专业发展现状

近年来，西部地区县域为了推进义务教育均衡发展做了不少努力，包括改造中小学危房，实施中小学骨干教师成长计划，落实义务教育经费保障，实行支教制度等。这些举措都促使西部贫困地区乡村小学教师的整体素质有所提升。与此同时，西部贫困地区乡村小学教育受到办学条件、师资力量、管理水平等因素影响，教学水平整体落后，教育质量与城镇相比差距明显。由于师资紧张，还存在着教师教多门课程的现象。被调查的西部贫困地区乡村小学生多是留守儿童，父母长年在外打工，家中仅有祖辈，家庭教育能力弱，所以西部贫困地区乡村小学教师在教书育人上的责任显得尤其重大。

一、调查对象、调查设计及实施

（一）调查问卷的设计

问卷分为三部分：第一部分是对西部贫困地区乡村小学教师学科教学知识现状的调查，分为学科专业知识、课程与教材知识、学生知识、教学策略知识四个方面。第二部分是对西部贫困地区乡村小学教师专业能力的调查，分为教学设计能力、组织与实施能力、激励与评价能力、沟通与合作能力、反思与发展能力五个方面。第三部分是对西部贫困地区乡村小学教师精神现状的调查，分为服务精神、奉献精神、敬业精神三个方面。

（二）调查实施步骤

本次调查分五个步骤完成。第一步，明确本调查的目的和内容。第二步，在参考他人问卷资料的基础上，自行编制调查问卷和访谈提纲。第三步，对中宁县 M 学区所有乡村小学发放问卷，同时对教师进行访谈调查，做好访谈记录。第四步，回收问卷并进行整理分析，对从问卷中得到的数据进行统计，并分析数据，得出调查结果。第五步，结合问卷调查与访谈调查的结果，探讨西部贫困地区乡村小学教师在专业知识、专业能力和专业精神上体现出来的问题与不足，并分析原因，进而提出合理有效的建议。

（三）样本人口特征统计

在本次调查中，共发放 137 份问卷，回收 137 份，其中有效问卷 135 份，回收率和有效率分别是 100％和 98.5％。在 135 份有效问卷中，男教师 51 人，占 37.8％；女教师 84 人，占 62.2％。显然，女性教师比男性教师多，这与我国教师行业女教师偏多的实际情况相符。调查显示，年龄在 35 岁及以下的教师有 95 人，占有效总人数的 70.4％；年龄在 35 岁以上的教师有 40 人，占 29.6％。在所调查的教师中，第一学历是专科以下的有 32 人，占有效总人数的 23.7％；专科学历的有 70 人，占有效总人数的 51.9％；本科学历的有 33 人，占有效总人数的 24.4％。

二、调查现状

（一）专业知识现状

1. 教师的学科专业知识现状

调查结果显示，大多数教师对于学科知识中的基本事实、概念、原理、规律表示了解。其中，非常了解的 56 人，占有效总人数的 41.5％；有一些了解的 69 人，占有效总人数的 51.1％。在不同年级学科知识难度差异方面，26.3％的教师表示非常了解，67.2％的教师表示有一些了解，6.5％的教师表示没有多少了解。在学科前沿信息方面，仅有 8.5％的教师表示非常了解，还有 2.4％的教师表示根本不了解。在专业知识学习方面，26.8％的教师经常学习所教科目的专业知识，24.3％的教师则表示很少学习。占六成以上的教师在上课过程中能够轻松回答学生提出的学科知识问题。总体来看，西部贫困地区乡村小学教师的学科知识水平一般，对于专业知识的再学习以及学科前沿知识的掌握有所欠缺。

2. 教师的课程与教材知识现状

从调查结果中可以看出，M 学区小学教师对于课程与教材的相关知识掌握得较好，但仍有需要弥补之处。大部分教师对学科课程标准都了解一些，但也有少数教师表示不了解。84％以上的教师能够经常以课程标准为依据来开展教学，只有 15.32％的教师表示不会根据课程标准进行教学。在回答"您了解所带学科的重难点吗"这一问题时，近70％的教师认为自己了解，在讲课时能够根据重难点合理分配讲课时间；而近 30％的教师认为自己了解不够，在上课时重难点并不突出，这方面能力有待提高。在对教材的利用上，72.3%的教师是完全按照教材讲课，6.1%的教师不使用教材讲课，只有21.6%的教师是教材和创新相结合的。

3. 教师的学生知识现状

调查结果显示，在有关学生的知识上没有教师是根本不了解的，但了解程度各有不同。12.6%的教师表示非常了解学生的身心发展状况，68.8%的教师表示有一些了解，还有18.6%的教师表示不了解。对于会不会因材施教这一问题，40%的教师表示会，60%的教师表示不会。关于学困生的问题，超过半数的教师认为自己不能够照顾到，28.5%的教师则表示自己能。这说明，西部贫困地区乡村小学教师在学生知识的了解上还存在着不足，特别是面对学生的个体差异，教师不能采取更多更适当的方法对待每一位学生。

4. 教师的教学策略知识现状

调研发现，大多数教师会在平时的工作中钻研教材、研究如何做好教学设计，只有15.19%的教师很少研究。关于教案的编写情况，有26人表示会在课前编写详细教案，占调查有效人数的19.22%；76人表示会在课前列出主要大纲和框架，占调查有效人数的56.20%。不容乐观的是，25.1%的教师（33人）表示会在课前抄现成优秀教案。68.5%的教师对自己现在的教学方法表示不太满意，认为需要改进；仅有22.2%的教师（30人）满意自己的教学方法，表示不需要改进；9.6%的教师（13人）表示对于教学方法不会改进，甚至认为无所谓。从中可以看出教师对调查的各事项均感到不同程度的困难。由此可见，西部贫困地区乡村小学教师关于教学策略的知识不够丰富，需要充实。

（二）专业能力现状

1. 教学设计能力现状

从调查结果中可以看出教师在"能不能很好地运用所学知识进行授课""能不能根据学情精心设计教学内容""教学的来源是不是教科书"这些方面的情况。大部分教师表示自己可以做到，少数教师不确定自己是否能够做到。这说明只有少数教师对自己的专业能力认知不清晰，对自我专业能力发展缺乏清楚的定位。大部分教师能够结合自身教学经验进行教学设计，充分考虑到学生的具体学习状况，结合教学参考书的知识内容来寻找教学重难点，明确一节课中有哪些知识是学生要掌握的重点，哪些知识的学习对学生来说有困难。这说明M学区乡村小学教师基本具备基础性的教学设计能力，只是一小部分教师认为自己不能够做到准确把握学生的具体学习情况，不能很好地结合学生的知识基础辨别教学的重点和难点，教学设计能力比较差。

2. 组织与实施能力现状

这方面的调查主要是为了了解教师在课堂教学中能否把课堂还给学生，从以教师的教为主变成以学生的学为主。调查显示，大部分教师做不到，仍以填鸭式、灌输式教学为主。在回答"能不能很好地运用普通话和学生进行交流和授课"这一问题时，85.6%的教师表示不能，只有10.5%的教师表示能，剩下的教师则不能确定自己是否可以。调查显示，M学区大部分乡村小学教师普通话证书都是二级乙等，只有个别教师是二级甲等，这表明该地区乡村小学教师普通话水平整体一般。在回答"在课堂教学中，能否经常合理使用多媒体教学设备"这一问题时，78人表示不能很好地运用，12人表示可以操作，只有45人表示可以很好地运用。在回答"在课堂上是不是经常运用小组合作教学方式"这一问题时，只有52名教师表示经常运用。结合对西部贫困地区乡村小学教师的调查资料，我们了解到大部分教师之所以不具备这种能力或者不确定自己是否能够进行实践操作，主要原因是西部贫困地区乡村小学多媒体等信息技术设备并不是很普及。主要是相对年轻的教师具备这种教学组织与实施能力，但也无法经常锻炼与强化。而年龄偏大的教师对多媒体信息技术不熟悉，只是在上公开课时才使用多媒体辅助教学。

3. 激励与评价能力现状

根据调查问卷的结果可以总结发现，M学区乡村小学教师所具备的激励与评价能力发展水平相对较低，有较大的提升空间。有52名教师能对班级里每位学生的表现进行观察和判断，21名教师不确定自己能否针对每位学生进行差异性观察和判断，62名教师在教学过程中不能对学生的日常表现进行观察、判断和评价。有35名教师能够引导学生进行准确的自我评价，但54位教师则不太具备这种能力，46名教师表示不能确定。一般概括性的激励评价较多，但具体的形象性的多角度激励评价较少。

4. 沟通与合作能力现状

调查问卷结果显示，M学区乡村小学教师的沟通和合作能力发展相对较好，但有部分教师沟通与合作的具体开展能力需要进一步提升。54名教师能够与学生进行心与心的交流，倾听学生们的所思所想。57名教师在和同事互相探讨、相互学习、共同进步方面的能力比较强。这说明，M学区乡村小学教师能够认识到学生和同行与自己相互促进的发展关系。也就是说教师能把学生当作知己，用自己的诚心去换取学生的信任；能认识到师生之间的谈心会拉近他们之间的距离，同事间的交流能帮助其扬长避短、工作进步。47名教师能和学生家长进行密切交流，及时与家长交流学生们的学习状况，共同做好学生的督导工作。而在"能否协助学校与村里建立良好合作互助关系"方面，仅有35名教师能够帮助学校与社区之间友好往来，大多数教师不确定自己是否能够帮助学校与周边社区环境建立互促关系。这表明，亟须帮助教师认识到学生成长环境对其学习的重要作用，提升自己对学生成长发展资源进行不同程度整合的能力。

5. 反思与发展能力现状

调查问卷结果显示，M 学区乡村小学教师的反思和发展能力相对较弱。一小部分教师能够做到在课后进行反思，并能够结合反思的问题，去主动查阅收集资料来深化对问题的认识，从而加深自己对教学问题的思考。具体来看，对于"能否做到课后及时反思"，29 名教师在上完课后能认真地反思自己的教学过程、反思学生的学习表现情况，发现不足并及时改正；对于"能否主动收集分析教育教学相关信息，改进自己的工作"，有 17 名教师能够努力钻研，并收集很多宝贵的资料来丰富自己的教学经验，但有 27 名教师的态度比较模糊，说明这部分教师不明确主动获取理论知识对自身成长的教育价值，在观念上没有认识清楚；对于"是否会制定年度个人专业发展规划"，74 名教师不会自己主动制定发展规划，31 名教师不确定制定个人发展规划的具体价值、内容和方法，仅有 30 名教师具有制定自我发展成长目标的意识和能力；"能否对自身教育教学工作中遇到的问题进行深入的探索研究"这一问题考察的是教师的教学反思能力，73 名教师不会针对教学过程中捕捉到的具体问题进行深入探究，不会主动去探索某些问题，只有 26 名教师具有这种问题意识、研究意识和反思意识，能够第一时间解决在教学过程中所遇到的种种困难，并刻苦钻研，确保不再出现同样的问题。也就是说，M 学区很多乡村小学教师根本没有真正领会到反思对于自身能力的提高有着怎样的作用，也没有在实际操作过程中切实地做到自我反思。所以，这一方面也需要改进。

(三) 专业精神现状

1. 服务精神现状

调查问卷结果显示，M 学区乡村小学教师的服务意识相对较弱。大部分教师的服务精神不够强烈，有 12 名教师没有回答"你认为教师的服务精神重要吗"这一问题，他们表示自己不明白什么叫作服务精神。76 名教师回答自己具有服务精神，但在第三个问题（见附件七第三部分）中仅有 38 名教师表示经常会关心学生的学习、生活和成长情况。这表明 M 学区的一些乡村小学教师只是主观上认为自己具有服务精神，但实践中却很少去做。

2. 奉献精神

调查问卷结果显示，M 学区乡村小学教师奉献精神一般。大部分教师都能够从不同的角度或以不同的方式为学校、学生等做一些无私奉献的事，有 3 名教师没有回答"你认为教师的奉献精神重要吗"这一问题，他们表示自己不明白什么叫作奉献精神。76 名教师回答自己在平时能够为学校、学生无偿做一些有意义的事，由此可以证明该地区的乡村教师具有一定的奉献精神，但奉献形式单一，力度不够，不能够真正地从骨子里渗透教育的奉献精神。

3. 敬业精神

调查问卷结果显示，M 学区乡村小学教师敬业精神较差。大部分教师认为自己的教学环境较差，薪资待遇太低，社会地位太差，学生学习底子较弱。在回答"是不是能够认真备课、上课、批改作业、辅导学生"这一问题时，仅有 5 人回答不能。虽然西部贫困地区乡村教师能够完成这些教学任务，但大部分教师还是对自己的职业不够认同，不够热爱自己的职业。在回答"能不能做到爱校如家，爱生如子"这一问题时，有 102 位教师表示不能，他们认为家庭永远是第一位的。

第二节 西部贫困地区乡村小学教师专业发展存在的问题及其原因

一、存在的问题

(一) 专业知识问题

1. 学科专业知识不扎实

学科专业知识是教师从事教学事业的奠基石，教师没有扎实深厚的学科专业知识就无法成为学生学习知识的引路人。小学阶段以综合性学习为主，教师的学科知识也应体现出综合性。被调查的 M 学区乡村小学教师在学科知识的综合性上有所欠缺，对学科知识体系、基本思想、与其他学科的联系、不同年级学科知识的差异等认识不够深入。根据调查可知，大部分教师的学科知识只能应付平时课堂教学，不能对学生知识进行扩展。这与教师自身对学科专业知识的认识不深、不广和在职前教育中没有接受过系统的学习有密切的关系。调查结果显示，大部分教师都对自己学科的前沿知识不够了解，由此可见西部贫困地区乡村小学教师学科知识不扎实。

2. 课程与教材知识掌握不系统

课程是统领教师教学的宏观调节器，教材知识是帮助教师确立课程重难点的关键。调查发现，乡村教师对课程的系统性了解还处在问题意识期，并未形成自己完备的课程知识观和系统的课程整合观。对教材内容的掌握多数停留在经验自觉的普通意识层次。教学中出现的对课程总目标掌握不清晰、综合能力滞后、教材解读能力不足等现象，均是乡村小学教师面临的主要困境。

3. 学生知识欠缺

教师的教育对象是学生，如果对于学生的知识了解不足，教师就谈不上教书育人。深入了解学生的身心发展，掌握不同学生的个性品质、学习特点、情绪体验等是教师与学生建立良好关系的桥梁。每个小学生都是一个复杂的个体，这无疑给教师全面了解学生带来了挑战。被调查的 M 学区乡村小学教师对学生的了解还很不到位，教师不能根据不同学生的情况制定不同的教学方案，只是一味地灌输，也不注意学生的接受能力和身心发展，导致学生学习不积极、不主动，学习方法单一，视野不开阔。

4. 教学策略知识薄弱

教学策略是教师为了实现既定的教学目的而采取的一系列行为。在具体教学活动中，如果教学内容丰富多彩，教学过程具体复杂，教学策略就应该灵活多变。教学策略知识水平影响着教师教学方法的选用，决定着教师选择的教学手段是否适合学生现有实际需要。M 学区乡村小学教师在教学策略知识上存在的问题主要是教师思想觉悟不高，教学构思平淡，教学方法单一，教学手段落后，创新意识不强。大部分教师都没有做到认真精心备课，不能够很好地运用多媒体进行教学，只是单一地用一杆粉笔、三尺讲台来授课，不能很好地调动学生的积极性。

(二) 专业能力问题

1. 教学设计能力有待提高

结合问卷调查的数据统计和分析可以得知，M 学区乡村小学教师的教学设计能力处于低水平。大部分教师表示只能简单模糊地设计教学内容，只有少部分表示能够认真有效、精心地设计教学内容。这一点说明 M 学区乡村小学教师对教学设计的把握还不够到位，大部分教师的教学内容来源于教科书，教案的来源是教学参考书，反映出教师在进行教学设计时，教案的来源途径比较单一，很少有教师上网收集资料。虽然提倡学习教参，但是过于依赖现成的教学参考书，不下功夫去深挖教材、研究学生、探索新的教学方法，不学习先进的教育教学理论，加之专业技能欠缺，势必导致课堂教学缺乏灵动性、生成性与创造性。整齐划一的教学设计，缺少个人的思考、独特的设计，不能发挥教师们的教育智慧，很难将学习理论与教学理论等原理内化成自己独特的教学设计，不易生成自己的教学内容，更难以形成自己独特的教学风格。

2. 组织与实施能力更新缓慢

M 学区乡村小学教师组织与实施能力整体处于一般水平。其中，教师在课堂上经常运用谈话式、小组合作学习模式的占比不太高，说明教师教学时很少运用谈话式、小组合作学习模式，多是运用教师主讲、学生主听的传统授课模式，还不能把教学的主动性交给学生，教师在教学中还占据着主导地位。这就导致了课堂教学的发展空间没有还给学生，不能让孩子们更好地去发展。M学区大部分乡村小学教师的普通话等级都是二级乙等，只有个别教师为二级甲等，这说明该地区乡村小学教师的普通话水平较低，不能很好地运用普通话和学生交流。在M学区乡村小学教师教学中，学生参与讨论与探究活动较少，课堂上很少有机会去主动探究知识，很难在课堂教学中形成师生互动，学生与教师的知识与情感交流甚少，更无法形成课堂上的思想共鸣，学生只能被动地接受知识；在学习过程中也很难形成生生互动，同学间不易共享思维成果、互助成长。此外，统计表明，M学区乡村小学教师多媒体使用情况较少较差，教师很少将现代教育技术手段渗透到教学中。通过进一步分析发现，年龄较大的教师几乎不使用也不会使用多媒体进行教学。深究其原因在于年龄偏大的教师学历层次低、记忆力减退，接受新的现代教育技术较慢，学习能力欠缺，部分老教师认为多媒体教学还没有自己的一杆粉笔使用得方便和顺手，所以他们也不想学习运用多媒体进行教学。年轻教师利用信息技术教学的能力也会因为学校整体教学环境条件的薄弱而得不到强化和发展。因此，从整体上看，西部贫困地区乡村小学教师欠缺运用以计算机为核心的信息技术能力。综上所述，西部贫困地区乡村小学教师组织与实施能力之所以发展缓慢，关键是因为实施新课改以来，教师在教学过程中适应新课改的能力发展缓慢，教师的教育教学手段与方式跟不上教育的发展进程。

3. 激励与评价能力目标定位不清晰

教育评价是学校教育教学活动中的一个重要环节。新课改要求教师在对学生进行评价时，要全面并且多元化地进行综合性评价。教师在课堂教学中对学生进行有效评价，不仅能够充分调动学生的学习热情和课堂参与积极性，还能够优化师生关系，增进师生之间的沟通和交流，为课堂教学营造一个良好的氛围。而教师作为学生学习的引导者，需要积极探索对学生的学习与发展状况进行有效评价的方式和方法。这就要求教师要灵活使用多元评价方式，结合学生的现实学习与发展状况，引导学生对自己进行正确评价，使学生清楚地认识自我的发展现状，培养学生正确认识自我、发展自我的觉醒意识，从而引导其形成正确的人生观和价值观。结合前面的数据统计和分析可以得知，M学区乡村小学教师激励与评价能力处于一般水平。其中，能够引导学生进行准确的自我评价的教师占比较低，处于较差水平，说明教师对指导学生正确地进行自我评价的认识不到位、意识不强，而且在具体的教学过程中，教师对学生的激励性评价不具体、不形象，没有突出个性特长，教师也缺乏对学生自我评价的具体指导。这表明教师对如何发展性地激励和评价学生以及通过激励和评价学生使学生发展到什么状态，缺乏一个整体的、清晰的目标认识。

4. 沟通与合作开发资源的能力有待提升

结合前面的数据统计和分析可以得知，M学区乡村小学教师沟通与合作能力发展水平整体一般。虽然在与同事的交流合作中表现较好，大部分教师都能和同事进行一定的合作和交流，但在与学生沟通方面表现一般。在教学方面只有个别教师能和个别学生进行教学提问时的简单沟通，多数教师只是以灌输的方式进行简单沟通，远远达不到对学生沟通合作资源的利用。在和家长进行沟通方面表现更差，几乎没有沟通。其中有两方面原因：一是西部贫困地区乡村孩子的家长对教学重视程度不够，认为没必要和教师进行沟通；另一方面是教师思维狭隘，认为西部贫困地区乡村学生家长文化水平低，交流比较困难，也不想与家长进行交流。M学区乡村小学每学期只开一次家长会，不能很好地开发家长这一有效和优越的教育资源。

5. 反思与发展、提升内源的动力不足

结合前面的数据统计和分析可以看出，M学区乡村小学教师反思与发展能力处于一般水平。很多教师不能做到课后及时反思、主动收集分析教育教学相关信息，以改进自己的工作，不能针对自己教育教学工作中遇到的问题进行深入探索和研究。由此可见，西部贫困地区乡村教师的反思与自我发展水平不高。反思与发展属于教师内生性的发展能力。教师个性指标水平不高，反映出教师的反思与发展缺乏内在的动力，主体自身发展意识不强。

（三）专业精神问题

1. 服务精神问题

服务精神存在的问题具体表现为：一方面，对服务精神理解不到位。通过调查发现，西部贫困地区部分乡村小学教师不明白什么叫作服务精神，因而也无法确定自己是否具有服务精神。大部分教师认为自己就是在服务社会、服务家庭、服务学生，自己完成了平时的工作就是具有服务精神。另一方面，服务精神表现不够明显。服务精神是对学生、学校乃至对社会的服务。从学生角度讲，西部贫困地区乡村小学教师大多数以灌输方法授课，轻视学生的个性和全面发展。教师平常对学生的心理健康等问题也不够重视，明显缺少对学生全面服务的精神。对学校而言，教师也只是完成自己的任务或领导布置的任务。即使做一些有利于学校的事，也较小。对于社会来说，西部贫困地区乡村小学教师的服务也不够。西部贫困地区乡村小学教师本身学历不高，谋求专业发展的欲望不强，导致他们服务的意识很淡薄，服务的范围很窄，难以满足社会对教师的高要求。

2. 奉献精神问题

奉献精神存在的问题具体表现为：一方面，奉献的广度和深度不够。西部贫困地区

乡村小学教师具有一定的奉献精神，但教师们也只是运用最简单的方法去对自己的学生或工作进行小范围的奉献，不具备全面的奉献精神，对奉献精神的体现也不彻底。另一方面，奉献的形式单一。教师们的奉献精神只是体现在自己的教学当中，他们为了自己的成绩会在教学中适当地进行一定的无偿奉献。

3. 敬业精神问题

敬业精神存在的问题具体表现为：一方面，缺乏敬业精神。个别教师缺乏爱岗敬业精神，对教师这个职业认识不到位，他们平时不用心教育学生，不认真钻研教材，个别教师甚至违背了教师最起码的道德底线。另一方面，欠缺探索精神和竞争意识。西部贫困地区乡村小学教师缺乏探索精神，他们只是按部就班地去完成自己的教学任务，不去探索学科中的前沿知识，不去探索新的教学方法，也不尝试运用新方法、新仪器、新知识来改变自己。教师们严重缺乏竞争意识，表现出懒惰思想，对自己的成绩和业务能力也不在意。个别教师还存在严重的拜金主义思想，对钱看得太重，在学校只认钱，有钱就做事，无钱事不管。在领导安排工作时，总是提条件，总是拿别的学校发放的福利做比较，从不拿教学成绩来比较，久而久之就失去了敬业精神。另外，西部贫困地区乡村小学教师师表意识淡薄。教师是教育的执行者，只有具备了高尚的素质，并严格规范自己的行为，才能真正做到为人师表。但部分教师却没有意识到这一点，不顾自身形象，上课随意，着装邋遢，举止粗俗，严重破坏了教师形象。还有一些教师缺乏工作热情和危机意识，对自己的职业没有爱和尊重，没有主动、自觉担负起教书育人职责，对教学缺乏热情，抱着过一天算一天的想法，危机意识严重不足。

二、存在问题的原因

（一）专业知识方面的原因

拥有专业和丰富的学科教学知识并不是一朝一夕就能实现的，需要在实践中反反复复地积累。所以，一般教龄越久的教师越优于初上任的新手教师。而现实情况是在西部贫困地区乡村小学中，没有充分挖掘和利用高教龄教师在学科教学知识上的宝贵经验。究其原因主要有四个方面：第一是学校没有组织过有关活动，给新老教师的交流提供一个正式的平台，新老教师之间交流无门。第二是新教师自身学习主动性不强，不能虚心求教，而老教师也很少会主动去帮助新教师。第三是西部贫困地区乡村小学教师大部分是特岗教师，他们学科专业知识较强，但教学实践经验少。有些学校甚至不让他们教自己的专业知识，而是学校缺什么课程就让他们带什么课。第四是由于地域限制，西部贫困地区乡村小学教师不去探索一些学科前沿知识，只是一味地讲述自己所学的知识。

由于地域特点，西部贫困地区乡村小学的学生情况较为复杂，从家庭条件、学习情况、个人爱好等各方面表现出不同特征的学生较多，对多数教师来说，要全面了解他们就较为困难。不少教师由于自身素质、家庭压力、学校压力等各方面原因，也不愿多了解学生，这就导致了西部贫困地区乡村小学教师在学生知识方面的欠缺。

西部贫困地区小学教师的教学策略比较薄弱，原因在于教师的教学方法单一，很少参加一些教学方面的培训，只是按照自己的想法去授课，在对课堂的驾驭和学生兴趣的培养与引导等方面没有更多、更好的策略。

（二）专业能力方面的原因

1. 教师自身专业能力发展内在需求薄弱

结合前面的理论与调查研究可以看出，西部贫困地区乡村小学教师整体年龄偏大，老龄化问题严重，这种年龄结构反映出教师大部分具备丰富的实践经验，但自身的教育理念陈旧，学习能力较弱，忽视现代教育技术知识的补充学习。而且相当一部分教师处在职业瓶颈期，难以适应教学改革的需要而出现职业倦怠现象。从所学知识来看，很多教师没有在职前教育阶段接受教育理论、教学方法知识和教学技能等方面的系统学习；从学习时间来看，很多在职进修的教师要兼顾家庭、工作和学习，与全日制毕业的教师相比学习时间和学习精力都要少很多，相应的学习质量也较低；从学习目的来看，在职教师提高学历的目的往往是评职称，而并非真正意义上的丰富知识、提高能力。西部贫困地区乡村小学教师的学历情况不容乐观，大部分都是初中自修专科毕业。专业不对口的教师很多，大部分都是学校缺什么课程就让其带什么课程，有些不是音体美专业的教师甚至被迫要去上这些课。有些教师虽然提高了自己的专业知识水平和学历，但职业认同感不高，教学科研不积极。有些老教师还倚老卖老，觉得自己有很丰富的教学经验，不去学习一些前沿的学科知识，久而久之，自身发展的积极性也就随之消失了。

2. 学校教研活动的形式与内容缺乏发展性

随着课程改革深入发展，在转变学生观、知识观、教学观、质量观的基础上实施为学生的理解、思想发展而教的深度教学，引导学生进行深度学习，进而提升课堂教学的发展性品质，成为时代需要。而要真正提升课堂教学的发展性品质，就需要切实增强教师的教学研究意识，培养教师在日常教学实践活动中进行研究的能力。但是，通过访谈发现，很多乡村学校不重视学校内的教研活动。一部分教师指出，学校领导和很多教师较少开展相互听课评课活动。这表明，学校各层领导和管理人员并不把教师专业知识技能发展摆在关键位置，缺乏现代教学思想与观念，仅仅是机械地完成教育规划，遵循形式主义的教师管理模式。有些学校开展师徒结对活动，但对活动过程并没有进行管理。很多高水平教师不能积极主动指导青年教师，无法引导新手教师获得更好的发展。

3. 区域教师发展激励评价制度不完善

对教师和学生的激励评价是教师自身价值的实现和增值方式。但是，通过调查发现，很多西部贫困地区乡村小学教师在职前教育时没有形成过硬的知识功底，外加经常教授与自己专业不符的课程，凭借自身能力难以真正提高教学质量。此时需要学校以及整个地方根据实际情况开展一些激发教师学习热情、提升教师自我教育质量的教学研究活动或者是更新地方教师评价机制。但是，很多乡村小学对教师的评价依旧以考勤为主，结合学分和学生考试成绩情况进行，尚未建立相应的培训考评制度和管理方法，造成大多数教师应付了事，难以实现自身知识技能的有效提升。而大多数培训考核方式依旧以笔试为主，试题也多为应付了事，相当一部分试题题目相对简单，参加训练的教师根据自己的短时记忆或者考前瞬时记忆一般都能够较为顺利地通过考试，但是在考试完成之后不能进行知识的内化，不能在根本上提升教师本身的教学技巧。由此看来，这种激励制度已经成为一种流于形式的日常考核，并不能达到最终目的。除此之外，很多乡村小学并没有建立激励机制，教师对于评价并没有太大反应，在培训过程中缺乏积极性，直接导致培训效果达不到预期目标。

（三）专业精神方面的原因

1. 社会原因

这一方面是社会对教师要求过高所致。随着时代的发展，社会对教师的要求越来越高，教师既要有深厚的学术根底、广阔的学术视野，也要不断更新知识，具备追求学术前沿的意识，掌握现代信息技术，还需要把握教育真谛，了解青少年身心发展规律，懂得教什么和怎么教，热爱学生、关心学生，具有对学生认真负责的品质。西部贫困地区乡村小学教师普遍达不到这些条件，进而使他们慢慢失去了专业精神。另一方面是教师所承受的压力所致，包括工作压力和社会舆论压力两个方面。教师工作压力大，导致其精神长期处于紧张状态，教师每说一句话、每做一件事都要慎之又慎。社会舆论压力更是让教师喘不过气，久而久之教师们也就越来越谨慎。另外，也有乡村贫困地区教师收入低的原因。乡村教师工资水平普遍较低，在社会对教师的期望提高时，教师的待遇并未提高多少，付出和收益不均衡，心中难免不平衡。任何一个专业成熟度高的职业都应以相当高的经济回报作为支持，只有这样才能吸引大量的优秀人才从事这个行业，也只有这样，才能促使从业人员不断地提高其专业水准，建立严格的职业伦理规范，提高这一职业的权威性和社会地位。

2. 教师自身原因

这一方面是教师门槛低，自身能力有限所致。西部贫困地区乡村小学教师大部分都是特岗教师或老教师。老教师的学历相对都比较低，大部分还是民办教师出身，甚至有些是以前的工人转过来的教师。他们的专业知识水平较低，对于教师的专业精神理解不够到位，不能很好地发展自己的专业精神。而特岗教师都是一些新教师，他们虽然学历较高、素质较好，但由于刚工作，经验较少，工作环境较差、社会待遇较低导致他们的教师专业精神不能很好地发展。另一方面是教师的功利目的大于教育追求所致。素质教育已提倡了多年，但很多教师为了个人利益最大化，为了自己教的学生考得好成绩，仍然不惜一切代价，继续实行高压教育、棍棒教育，极少顾及学生感受，也极少顾及其他同事感受。久而久之，教师的专业精神就随着其功利性的增长而逐渐减弱。

第三节　西部乡村教师专业角色转化的冲突与融合

哈格里夫斯早在 1994 年就指出，教育改革对教师角色期待的重新定义和矫正，使教师的专业发生了剧烈变化，并对教师专业认知和专业情感产生了深刻影响①。那么到底是什么样的角色期待，挫伤了现代乡村教师的专业角色，使他们成为乡村学校的专业角色适应者和多元补给者呢？本研究针对乡村小学教师专业角色发展理论及现实困境，提出乡村小学教师全专业身份概念，从乡村小学教师的全专业身份建构到行动理解力，全面解读支撑现代乡村小学灵魂发展的教师群体专业生命状态。首先，从理论上看，全专业是朱旭东教授为解决现代教师知识窄化、学习生长空间不足等职业生命发展问题而率先提出的一种新概念，与现代教师教育致力于培养的小学全科教师有本质区别。前者从人的职业生命可持续发展视角关注教师整体生命成长，后者从现代学校对具备多学科教学能力教师的需求目标出发，着力培养新型应急性人才。两者在对人的定位上存在着本质差别。其次，从实践上看，全专业在乡村小学教师的专业发展生态中一直处于隐性地位，是乡村小学教师可望而不可即的一种专业生态理想。相比全专业的理想性和预见性，小学全科教师的概念为乡村学校普遍认可。在乡村小学工作过的教师都会默认甚至毫不夸张地承认"自己是一块砖，哪里需要哪里搬"，这种可以随意切换专业角色的身份普遍存在于乡村学校。

①　Van den Berg R. Teachers' meanings regarding educational practice [J]. Review of educational research，2002，72（4）：24－31.

乡村教育人力资源的持续性贫瘠，让乡村教师专业角色的适应性变化和多元性补给成为乡村学校的一种普遍需求。乡村教师不得不放弃自我专业角色发展需求而转向另一专业角色。他们在主动和被动的专业角色转化中逐渐成为非专业群体里的主流队伍和非专业队伍里的新型力量。同时，其自我专业身份也受到质疑和拷问。在乡村教师专业身份角色转化的外在需求，以及主流学科的紧迫需求下，乡村教师的专业身份逐渐从稀缺品变成了主流教育资源需求的补给品。

从乡村学校教师专业发展的现实环境来看，乡村教师的自我专业知识长期受到外在环境价值的规约和内部心理需求的压制，给其发展自我专业知识带来了身体和心灵上的双重挑战。面对严峻的专业发展环境，乡村教师的专业角色转化不仅造成了乡村教育人力资源的持续性贫瘠，而且连同乡村教师留任乡村的专业信念也一并削弱了。如果这一现象长期存在，势必会掏空整个乡村教育的灵魂，使乡村教育走上一条专业生长的恶性循环之路。这不仅不能保障国家规定学科的正常开设，反而会使乡村学校一步步陷入专业教育人力资源持续贫瘠的境地。

为了进一步探究乡村教师专业角色转化的冲突与矛盾，课题组主动走进乡村教师生活现场，以西部地区 H 县 Q 乡村小学为扎根田野点，对乡村教师生活世界进行了调查。研究发现：乡村教师学历背景和所教学科严重脱节，出现了发展何种专业角色的现实冲突。为了进一步了解乡村教师专业角色转化的冲突与矛盾，研究者以临时教师身份主动潜入乡村学校，亲自体验乡村教师专业角色生长的状态。在调查过程中研究者发现，乡村教师专业角色转化的冲突与矛盾主要是由外部专业角色转化需求和内部专业角色发展需求引发的专业角色发展需求冲突。要缓解乡村教师专业角色转化中的冲突与矛盾，解决乡村学校教师专业角色发展的现实需求，就需要加强乡村教师队伍整体建设，落实乡村教师专业培养提升计划，逐步完善乡村教师供给制度，为乡村学校教育人力资源需求提供精准服务和科学合理的制度保障。

一、研究设计与方法

课题组在田野研究进行期间，重点选择了一个县的一所乡村完全小学（简称 Q 小学）进行重点考察。Q 小学所在地 H 县位于宁夏南部山区，是一所寄宿制完全乡村中心小学，在校学生 49 人、住宿生 36 人（其中 YPT 小学在校学生 3 人，2018 年春季撤校合并于 Q 小学），共 6 个教学班，最大班级人数 12 人，最小班级人数 2 人。在职教职工 19 人，其中女职工 6 人，专任教师 18 人，专任教师中：小学高级教师 11 人，一级教师 4 人，二级教师 3 人。本科学历教师 4 人，专科学历教师 12 人，中专学历教师 3 人。师范专业体育教师 1 人，非师范专业美术教师 1 人，师范专业音乐教师 1 人，师范专业语文教师 4 人，师范专业数学教师 0 人，小学教育专业教师 9 人，师范专业教师 2 人。教师任职资格率、学历合格率均为 100%。

Q 小学 1957 年建校，立校已经有 60 余年历史。学校占地面积 68 208 平方米，校舍总面积 11 326 平方米。学校建有图书室、实验室、微机室、多媒体教室、音体美活动室、美展室各一间。图书室藏书 1 641 册，教学仪器、设施设备比较齐全，基本能够满足教学需求。学校年均可支配经费 8 万元。学校距县城 39 千米，交通较为便利，大部分教师拥有私家车，按学校规定，在校全体教师周一至周五全天住校，周五下午至周天休息，周一早晨全体到岗，学校配有教师生活专用周转房 8 间，教学楼改造周转房 5 间，按标准两位教师合住一间。

为深入考察乡村学校教师需求的现实状态，研究者主动进入乡村教师工作场域，与 Q 小学乡村教师同吃、同住、同生活，通过参与乡村教师的现实生活了解乡村教师专业角色发展的真实境况，以及乡村教师专业角色发展的现实需求。研究者通过主动参与和自然观察，积极走进乡村教师生活世界，主动采集教师生活故事，获得了 20 位教师自我叙事的真实生活故事（其中 1 位现任校长、3 位曾任校长、1 位总务主任、1 位教务主任、1 位大队辅导员、1 位教师工会主席、1 位党建办副校长和 11 位普通在职教师）。在受访者中有两位外省户籍特岗教师，1 位本省户籍特岗教师，1 位本乡户籍聘用教师和 1 位本县户籍"三支一扶"教师。

研究者采用深度访谈和焦点访谈方法了解不同教师对自我专业发展问题的认识，根据受访者的主观感受和话语分析阐释乡村教师专业角色发展现实状态。深度访谈主要通过追问乡村教师个人成长故事，围绕教师专业发展需求和成长需求问题展开。在收集事实性数据的同时，了解受访者的主观感受和认知，探讨影响乡村小学教师全专业身份建构的环境控制因素和内发性因素。研究者在嵌入式访谈中主要通过便携式录音方式记录访谈内容。教师个人访谈时长一般在 1 到 1.5 小时之间，最长单次访谈持续 3 个小时，小组焦点自由讨论式访谈大约 30 分钟。

本研究运用 NVivo12 进行了三级编码。一级编码旨在处理焦点小组访谈的材料，澄清乡村小学教师的原生专业背景和现实专业发展状态。在对原生专业进行编码时，对不同层级的专业角色转化方向进行情境分类，参照特拉弗斯（Travers）关于教师身份建构的"情境"分类[①]，在充分尊重数据本身内涵的基础上还原受访者话语，本着尊重客观事实的原则，结合理论导向与数据导向的编码对照，对不同情境下的专业角色转化困境

---

① Travers K A. Exploring the development of teacher identity: a study of prospective teachers learning to teach [D]. Wisconsin: University of Wisconsin-Madison, 2000.

做出本土解释，发展其类属的属性与维度。同时根据不同个体与所处情境的互动，选出在身份类型上有代表性的个体建立为个案。个案簿信息如表 1-1 所示。

表 1-1　焦点访谈对象个案簿信息表

教师	性别	教龄	原生专业背景	现教学专业	其他角色
L1	女	7	美术设计（非师范）	语文（主）/美术	政教主任/少队
L2	男	5	体育（师范）	数学（主）/体育	教务主任
L3	男	28	音乐（师范）	数学（主）/音乐/体育	校长/财务会计
L4	女	12	英语教育（师范）	语文	语文教研组组长

二级编码（主轴编码）主要分析涉及上述个案的所有数据。在原有的外部情境与个人经历之间建立关系节点，并对原生专业发展需求和现有专业角色转化的适应性需求与发展需求间的关系进行探索性分析。在关系分析中，通过"复制"原则（排除非关键节点）澄清教师建构专业身份角色的积极影响因素和消极影响因素，分析关键影响因素，为三级编码（选择编码）奠定基础。选择编码是在所有个案的关系编码基础上分析乡村教师"困境中转变"的本质。

二、冲突的产生：基于数据主轴编码和焦点对象的实证分析

在 20 位乡村小学教师的访谈节点编码中，共筛选出 184 个影响其专业角色转化的消极影响因子，数量远远大于促进其进行专业角色积极转化的 46 个节点。其中以社会价值为取向的专业身份建构需求处于首位，其次是自我追求取向的全专业身份建构需求，最后是较以上两个维度的节点数较低的学习型取向的全专业身份建构需求。如表 1-2 所示。

表 1-2　影响乡村小学教师进行专业角色转化的三种身份建构取向表

维度	属性	参考节点	原始口述
社会价值取向	容易	22	·比起干设计，当老师还是好些，家里人也觉得我比较适合当老师，我现在也适应了 ·本身咱们就是农村来的，晃了这么多年，好不容易有一份工作，根本就没有想那么多，心里面想的就是完全服从安排 ·教学岗上，肯定主课老师好一些，评职称啥的都是优先考虑 ·农村娃娃，家长看的就是主课，你不带主课感觉也没啥意思
	痛苦	92	·从美术转语文，真的废了我好多脑细胞 ·年轻嘛，人家让干啥就干啥，多学点东西 ·学校没老师，只能教数学，音乐也没设备、学生兴趣也不大，感觉教不成 ·领导让咱们上咱们就上 ·我带不了语文，只能辞职 ·一直都是哪里缺补哪，习惯了 ·领导面子上过不去，别的老师难说话，只能自己硬着头皮上

续表

维度	属性	参考节点	原始口述
自我追求取向	容易	17	• 人还是要多学点东西的，乡村很锻炼人，在这里你不能说你不会，只要你是年轻人，你就得学会，作为一个男的还是在事业上有追求的，不想就一辈子当个普通老师，也想奔个校长、督导啥的 • 好好干上几年，校长也很重用年轻人，我刚来第二年就让我干教务主任，刚开始有点担心，现在干熟练了，对自己提升也很大 • 我想着后面再考个语文教师资格证，现在比较擅长教语文，想着以后进城啥的也好弄 • 我现在还没考上编制，多尝试点，找找方向，后面考上特岗了也可以再选择专业
	痛苦	56	• 我还是想干老本行，毕竟学了四年体育，咱们也擅长，来了不让干了，刚开始真的很失落，现在教数学久了，也习惯了 • 我一直教语文，数学我感觉教不了 • 我感觉就胡闹着呢。我大学学的人力资源管理，考的英语初级和高级教师资格证，考上特岗在乡村七年一直教英语，还附带科学课，现在校长直接安排我带语文。我从来没上过语文，不过想想小学娃娃嘛，教啥都一样，自己好好学嘛，边学边教 • 比带音乐更有成就感
学习取向	容易	7	• 上学的时候就荒废了，现在重新拾起来，也提升一下自己 • 我比较喜欢当班主任，带数学，感觉跟学生更近了，家长也认可 • 带主课外出学习机会多，原来音乐老师几年都没有学习过一次
	痛苦	36	• 就是课时安排太多，有时候忙得顾不上学生 • 要参加的培训太多太杂，数学培训、班主任培训、体卫艺都得学 • 没干中层前，我感觉提升了好多，也能成为优秀教师，现在就……，还是想在专业上多学点东西，这么一天天地写材料感觉都荒废了 • 以后想进城，我的教师资格证就是体育，数学不好申请

根据主轴编码的三种身份建构取向类型分析所选四位教师的专业角色转化类型发现：L1 教师是典型的自我追求取向型教师，心理上存在较重的职前理想型专业矛盾；L2 教师是典型的社会价值取向型教师，行动中存在着较为复杂的职后专业发展动机与自我理性间的冲突；L3 教师是社会价值取向和学习取向混合型的教师，行动中渗透着积极主动的学习心理和社会化需求；L4 教师是学习取向和自我追求取向混合型的教师，行动中糅合着妥协和奋进的双重人格冲突。进一步对容易和痛苦两个主轴编码的访谈结果进行分析发现，影响乡村小学教师进行专业角色转化的核心因素有两部分，一部分来自主体内部对专业身份的情感认知和价值需求，另一部分来自权力外部对教师专业发展的主观决策和价值规约。

（一）内部角色冲突

从乡村小学教师的全专业角色转化矛盾因素分析中发现，全专业角色转化的内部冲突，是由个人专业角色的理想需求和学校现实需要间的冲突诱发的一组矛盾，是教师进入职场后的专业价值体现和专业发展需要同现实学校教学生态需要间的矛盾。有两个因素影响着乡村小学教师进行全专业角色转化的动机。一是职前工作经历奠定的专业理想与现实专业发展环境的冲突，突出表现在入职初期的青年教师和长期无法获得专业角色存在的中年教师身上。他们在专业角色转化上以心理抗拒和行动妥协的方式被动进行专业角色调试。L1 老师的专业角色转化困境就表现在其入职初期的专业碰撞。从 L1 老师成为乡村教师前的动机来看，L1 老师对职业的认知还停留在"稳定"和"务实"的状态，选择特岗教师是为了规避其原有职业的不稳定因素和身心压力。新职业对她的吸引力仅停留在"适合"与"舒适"的想象状态。从进入职场到开始进行专业角色转化，L1 老师对专业角色和专业身份的认知都还停留在"美术老师"这一角色空间内，从未想过会离开自己熟悉的领域接受新挑战的 L1 老师，在妥协和无奈中放弃了美术专业开始接受语文骨干教师的养成训练。与 L1 老师不同，L4 老师不仅经历了初期专业角色转化之困，而且又面临中期专业角色回转需要问题。为了后期职业发展便利，L4 老师愿意选择专业回转，但是回转后的专业角色危机再次成为困扰她进行专业角色转化的知识背景矛盾和学科矛盾，让其在无止境的非专业知识学习中尝试新角色挑战，进行专业知识结构以外的非专业知识创造，给其带来了极大的身心压力。

二是职后专业发展需要与自我理性间的冲突。L2 老师的多重身份角色冲突，是由其所兼具的公共管理职能和多重教学职能间的矛盾引发的。以莫顿的角色分离理论解释 L2 老师的角色转化困境，可以看出人的一种内在角色冲突，即个人扮演一个角色时，面对学校对个人的两个或两个以上角色需求不能契合的情况所体验到的角色冲突①。两者在紧张的角色关系序列中表现出角色内的专业和非专业转化的矛盾心理和畏难情绪。从现实中乡村教师的专业角色转化危机中可以看到，只有经过长时间的多重角色碰撞，才能在教师专业身份中找到自己的专业理性，成为具有全专业意识的少数存在，如 L3 老师的全专业身份理性，是其在长达 20 年的乡村工作经历中逐渐形成的一种全角色认知。L3 老师对其专业角色的界定从其从业初期就被社会现实规定了方向，正是这份被规定的专业发展之路，给了 L3 老师更多理解教学、认识专业的空间，其对青年教师的引领和

---

① 张人杰. 教师角色冲突解决方法的教育社会学研究之批判 [J]. 华东师范大学学报（教育科学版），2007（4）：12-20.

训导都饱含着教师身份的使命，全人的教育和全专业的教师身份才是属于他们的专业身份。

（二）外部理念冲突

制约乡村小学教师全专业角色转化的外部冲突主要有两个方向。一是社会价值的规约限制了乡村教师专业发展的外生动力。从实践中发现，来自乡村孩子家长的价值规训和乡里同行间的价值拷问，是制约乡村小学教师全专业角色转化的外部因素。

从家长对乡村小学教师专业角色的认知态度中可以发现，家长对乡村小学教师专业角色的认知存在心理和行动上的双重矛盾，心理上可以接受乡村小学教师多重身份的家长们在行动上表现出坚决的反对或默许的反抗。如表1-3所示。

表1-3 H县乡村孩子家长对所在学区小学教师专业角色的认知态度分析表

维度	态度	参考节点	原始口述
心理	积极	46	·小学嘛，啥老师都行 ·小学就那么点知识量，谁教都一样 ·老师会教就行，没啥要求 ·无所谓 ·现在把啥都分得太细了、太专了也不好
	消极	24	·只要是年轻老师就行，年龄大的怕不行 ·还是要分开呢，一个老师教那么多也教不过来 ·知识点都不一样，来回换也不行，还是钻一个 ·英语就不行，太老的老师就不会教，再其他也倒无所谓了
行动	积极	16	·只要老师能关注娃娃就行，专业无所谓 ·咱们娃娃能考好就行了，也不管他啥老师 ·老师都一样，良心活，就看教得好与不好 ·咱们也不能全赖老师，学习还要靠娃自己呢
	消极	74	·老师还是要专业呢，谁都能教，那我也能教呢，也不差他老师的 ·肯定不行，老师一会儿教这个，一会儿教那个，娃娃天天见一个老师肯定烦呢 ·我觉着不行，现在娃娃难管的 ·那就是没办法，没老师，你不同意能咋样

下面是一段乡镇中心小学教师和乡村中心小学教师间的对话：

郭老师（乡镇中心小学教师）："朱老师你现在都是领导了，该不带课了吧？"

朱老师（乡村中心小学教师）："没有嘛，我现在还带的班主任、数学，还有体育。"

郭老师："你还带数学呢，你学的啥专业？"

朱老师："我学的体育，没办法，没人带嘛。"

郭老师："噢，体育老师带数学，能行能行，厉害呢。"

夏老师（乡村中心小学教师）："体育咋了，体育老师咋不能带数学了？"

乡村教师们的话语表达，直观地反映出乡村小学教师专业角色转化的空间困境，乡村小学教师在进行适应性专业角色转化后，长期面对公共环境的质疑和拷问，使他们陷入一种"不能成为理想的专业人，也无法实现自我专业身份"的被动局面。同行群体间的话语讥讽给那些无法保存原生专业结构的乡村小学教师们带来了身体和心灵上的双重压力，使他们无法在不公平的专业发展环境内获得同行认可，甚至无法超越同行的专业限制证明自己的专业价值。

二是政策环境的动态性和变化性，持续限制了乡村教师现有专业角色的正向增长，使乡村教师无法通过合理的专业提升公平参与竞争。因为，乡村教师的原生专业背景直接决定着他们未来的职位变迁。然而，乡村小学教师的多重学科教学训练却成了他们未来专业发展路上的绊脚石。从乡村教师专业提升空间中可以看到，显性的专业发展瓶颈不仅给乡村教师专业角色转化带来了挑战，而且限制了其自我专业角色的提升空间。如果乡村教师离开乡村进入城市学校，必须根据自己的原生专业来申请进入新学校任教。可是他们在乡村的工作经历完全是脱离原生专业知识的全新的教学能力训练。这一现象在乡村学校普遍存在，不论是角色内的专业提升还是角色外的职位转换，乡村教师的原生专业角色成了一种被边缘化的存在。

从乡村教师群体的适应性专业角色转化和替补性专业角色转化中我们看到一种普遍的外生动力迫使乡村教师进行专业角色转化。这种由学校外生环境制约引发的专业角色转化需求，附加在对职业充满期待的热血青年和那些安贫乐教的老年教师身上，给他们带来了前所未有的角色挑战，对其身体和精神造成的压力让他们在职业发展中变得更加被动。一种群休性的挫败感和无价值感笼罩着整个乡村学校的生命支柱，使他们的教学生活逐渐走向一种分离的人格对峙，给这一群体的心理健康埋下了潜在隐患。吉登斯（A. Giddens）说过，在晚期现代性背景下，个人的无意义感，即那种觉得生活没有提供任何价值的感受，成为根本性的心理问题①。专业角色的适应性转化需求，不能给现代乡村教师提供更具吸引力和价值感的存在体验，使他们长期处于一种无法建构的实践性知识体系，以及无法获得满足的精神困境中。

---

① 安东尼·吉登斯. 现代性与自我认同 [M]. 赵旭东，方文，译. 北京：三联书店，1998：9.

三、冲突的化解：乡村教师专业发展的融合路径

（一）调整现有教师结构，确保其个人专业角色增长

教师数量充足是乡村学校运转的先决条件。一位老校长说："上面分不来人，就得雇老师，每年都得雇两三个年轻老师，这些年轻娃娃给学校顶大事呢。不过他们最多也就能在学校待一两年，人家找到工作就都走了。这些娃娃也仁义得很，在他们离开前早早给我联系他们没工作的同学看愿意来干不。咱们这雇的都是师范毕业的，没教师资格证的也不敢雇，所以人还是都很放心的。我每年从学校经费中拿出两万元，再跟乡上要上两万元，就能雇两个老师。再加上三支一扶分来的一个年轻的和我们在编的三个老汉，我们六个人一人带一个班，就没有闲人。"只有教师数量充足，才能充分确保教师自身专业能力的发展，而在现行教育资源保障制度中，人力资源保障力度远远弱于物质资源的供给。舒尔茨说过："我们全部过分地看重了非人资本，我们陷入了这种谬误，是因为我们缺乏一个完整的资本概念，并且未曾说明人力资本及其在现代经济生产活动中所起的重要作用。"[①] 为了避免这种谬误的持续性发展，必须重新解构教育资源供给制度，将人力资源本位放在首要位置上，通过对乡村教师人力资源需求真实状况的彻底调查，制订明确的教育人力资源储备计划，合理预期未来新教师的市场准入和流动政策，将乡村教师队伍整体基数的调整放在改善乡村教师队伍结构工作的重要位置上，通过内部调整和外部接纳模式，实行县域内乡镇间、村落间的自我调配制度，在此基础上开展跨县、跨市、跨省域的教师人员流动调配制度。在调整人员数量结构的同时必须加强对教师年龄结构的关照，在尽量保证教育公平的前提下，合理调配青年教师，让村落间的学校都能有青年力量注入。这项系统复杂的工程必须首先建立在刚性的制度保障体系框架内，充分确保权利主体和权利客体在公共人力资源配给中的公开透明，切不可将制度规则囿于人治权利的关系网络中，再次陷入教师年龄结构不平衡发展误区，造成乡村教师专业结构失衡、专业发展需求无法保障等问题。

（二）以质量为基点，平衡学校需要和个人专业发展需求之间的关系

乡村教育质量的提升不仅仅是乡村教师的事情，它关涉到全方位的教育需求调节和人力资源平衡。一方面，调节学校需要与个人需求的关系，必须首先坚持乡村教师知识

---

① 舒尔茨. 论人力资本投资［M］. 北京：北京经济学院出版社，1990：8.

人身份，支持其专业提升诉求[①]。以教育质量提升为核心重视教师入职培训及专业发展，同时建立多元主体合作机制促进师资队伍结构优化[②]。其次要主动深入群体、双向对话，以积极的态度和平等原则对待每一个人的发展需求，摒弃旧有惯习中对人才的压制，不再让现实复演。"上学期来了一个新音乐老师，中心小学只需要一个音乐老师就足够了，而那个人跟前任校长有关系，校长就想把我放到村子里面的学校去。如果真被调过去了，我就再也带不了音乐了，一定是主课。还有就是上学期让我带英语，我是有对音乐专业的追求的，我不想带其他的，这种情况很普遍，一般考到 XA 学区的，有关系的才分到中心小学，其他的都会被分到村小。"像这样的实例不是个别情况，在这个制度不够健全的关系社会，要想改变人治关系的乱用，只有充分地发展制度替代原有的无条件补偿，并以公平合理的专业人才分配取代盲目随意的专业人才调配，才能切实满足教育主体和教育个体的共同需要，使乡村教育需求的增长不再是学校和教师个人需要的增长，而是整个社会对教育人力资源需求的整体增长。另一方面，平衡学校发展和个人专业发展需求，针对乡村教师专业自主发展的培训制度与考评制度的实践限制[③]，建立合理的专业发展需求关怀机制，包括充分的专业流动机制和充满潜力的专业发展机制，才能在人力资源极为紧缺的条件下和乡村学校建设的关键时期发挥人才的最大价值，让乡村学校永葆增长动能。不能再像从前一样无视教师的专业知识基础，忽略教师的专业兴趣增长点，随意分配、盲目要人，使乡村学校沦为教育人力资源发展和培养的基地，成为城市优秀教师遴选的中转站。因此，学校制度建设中要明确教师专业发展的制度细则，让充分的制度保障成为教师前进的动力基础，给教师提供发展的可能和专业提升的机会。

（三）精准供给教师教育资源，保障教师资源的合理稳定性

制定合理的教育人力资源供给制度，是解决乡村教师专业角色转化问题的关键。供给制度的外部调节和内部保障功能是解决人存在和生存问题的根本力量。无论社会与学校的需求如何变化，合理满足个人专业发展需求都是教育人力资源长期稳定发展的关键。这个时代需要更精准的人才供给制度，以及更健全的专业发展保障体系，中央财政应该在现有乡村教师支持计划框架下，尝试设立"乡村教师专业发展专项"，要求地方财政相

---

① 赵新亮. 我国乡村教师队伍建设的实践困境与对策研究：基于全国 23 个省优秀乡村教师的实证调查 [J]. 现代教育管理，2019 (11)：81-87.

② 赵丹，陈遇春. 乡村小规模学校教师资源优化配置研究：基于美国的经验和启示 [J]. 中国教育学刊，2019 (7)：91-96.

③ 桑国元，叶碧欣，黄嘉莉. 社会支持视角下的乡村教师专业自主发展：基于云南省 H 中学的田野研究 [J]. 教师发展研究，2019，3 (2)：87-94.

应配套，为乡村教师的专业发展提供财政支持①。唯有更具支持力度、更系统、更精准的支持制度保障，才能让乡村教师在教育岗位上发挥其应有的价值，彰显其留在乡村的使命。所以，制定教育人力资源供给制度应该在规范合理的人口发展结构预测下进行，让乡村振兴的脚步紧跟乡土社会发展步伐。在加快速度的同时谨慎前行，切不可悬置乡村的自然存在，将大而空的发展预测嫁接于现实的空壳村落。人民是发展的根基，唯有人存在，发展才能欣欣向荣。如今的村落若残弱无人，再多的大楼、再多的资源都是空中楼阁。发展必须以正确的方法、科学的预判、理性的投入和人性的评估为指南。走进村落心脏，找准村落发展方向，既不能盲目追求所有村落的整齐划一，也不能用政策的强力违背人民对生活的追求。顺势而发、顺水行舟才是当下乡村教育发展的方向。那些曾经拼命学习考上职位的老师们，一个个都离开了最初成长的沃土流向更远的彼岸。我们流失的不只是人力资源，还有那份对乡土的情感，就像教育环境中的群体快乐含有社会对学子的期盼一样，我们对他人想法的反应以及社会对我们的认可，塑造了我们内心深处的知觉、思维、感情、动机，以及自我感觉的共同快乐②，而我们的教育制度恰恰流失了这样一种直觉洞察力和政策关怀力。

乡村教师身兼数职，亟待成长。他们犹如海岸线上的红树林，迎着风浪，用强大的根系守护着乡村教育的滩涂。然而，现实让他们处在远离自身专业知识的路上，不断向主流学科专业发展；在积极努力改变自身专业身份的途中积极适应新角色；在努力提升非专业知识和业务水平的过程中，实实在在地成了非专业群体里的佼佼者。他们像是这乡野里自由绽放的花，尽情地享受芬芳、努力地结出果实。虽然这并不是他们最初的心愿，但他们的努力渐渐浸润了乡野的孩子们。在家长眼里，他们是值得信任的；在学生眼里，他们是可敬可畏的。这份难得的乡情和孩子们眼里的希望成了他们舍己为公的精神支柱。"要是 Z 老师（三十多岁、男性、六年级数学老师、班主任）能把我们家娃娃带上就好了，我也不愁了。"教师在家长眼里就是最值得信赖的人，无论条件多么艰难，他们总是期待着好教师能留下来，虽然没有太多感激的言语，但是，从他们身上流露出来的那份纯粹的爱戴、真诚的情意却成了教师专业成长的动力。就像很多人说的，有希望的快乐追求能够促进物质和精神上的需求满足，教师专业发展的需求是其获得精神满足、身体愉悦的内在支撑，也是他们获得自我成长的长久动力。

---

① 唐一鹏，王恒. 何以留住乡村教师：基于 G 省特岗教师调研数据的实证研究［J］. 教育研究，2019，40（4）：134－143.
② 师晟. 教师如何辅助干预学生的抑郁心理：基于视觉艺术教育的视角［J］. 教师教育研究，2010，22（5）：62－65.

第四节　精准扶持西部贫困地区乡村小学教师专业发展策略

针对西部贫困地区乡村小学教师专业发展中的问题，要找准原因，采取切实有效的措施，精准扶贫，这样才能有效推进西部地区教师队伍质量的稳步提升以及西部贫困地区教育事业的快速发展。

一、促进西部贫困地区乡村小学教师专业知识增长策略

（一）推动教学知识和学科知识的有机融合，重构职前教师培养模式

职前教师是教师队伍的主要后备力量，是师范生为将要承担的教师角色进行准备的阶段，是其初步获得教师职业的专业知识和专业能力的阶段。职前教育阶段的学科教学知识是教师专业知识的重要内容，也是影响其今后教学能力高低的关键。

1. 推动教学知识和学科知识的有机融合

学科知识是基础。立足学科知识，才能建构起与之相关的学科教学知识。长久以来，人们对小学教师的学科专业知识要求不高，以至于职前教师教育中对小学阶段的各类学科知识重视不够。所以，重新设置和调整高等师范院校小学教育专业课程很有必要。因此，一方面应该重新确定学科知识在小学教师培养中的地位。无论哪一学科的专业教师，都应该掌握所教学科的主干知识，熟知相关概念、原理，理解学科知识体系，更要清楚知识之间的联系、知识的来源和发展、解决问题的基本思路和方法，以及结论的形成过程。在小学教师的培养中，对于学科知识的学习不应该以"深、高、精"为目标，而应立足《义务教育课程标准》中对小学课程内容的要求，设置适合小学学科知识的基础性课程。贫困地区乡村小学教师除了掌握学科专业知识外，更要掌握综合性学科知识（音、体、美、科学等），在基础知识方面要成为全才，才能适应现代教学要求，才能精准扶持西部贫困地区教育均衡发展。另一方面应该将教育学知识和学科知识教育紧密结合。学科教学知识关注的是将知识有效地传递给学生，而不是知识本身。将教育学知识和学科知识教育紧密结合，才能有效构建学科教学知识。

2. 面向教学实践，形成教育见习、实习、科研一体模式

学科教学知识是面向教学实践，通过与教学情境、学生的双向互动而获得的。因此，教育见习和教育实习也是师范生学科教学知识的来源。教育见习是师范生以了解一线教

育工作为目的的初级准备活动，是师范生以现场观摩的方式接触未来职场的最初体验。师范生进入学校了解学校的日常运转，进入班级观察教师的管理方式，进入课堂观摩教师的教学活动，才能逐步树立起教师角色意识。而教育实习则是更直接地参与和体验教师日常工作的一种方式，是师范生将在校学习的理论知识运用到实践中的关键。小学生相比中学生来说在身心上与教师差距更大。教师不能以成人思维去组织教育教学活动，而是要以小学教育类知识为依托，深入了解小学生日常学习生活状态，在具体教学实践中形成相应模式。

（二）完善职后教师培训课程体系

职后教师培训为在职教师的终身学习提供了外部保障，为其自我专业发展提供了源源不竭的动力，也为教师学科教学知识的深化和更新提供了专业化平台。因此，形成一套良好的职后教师培训体系极其重要。

1. 挖掘教师经验，生成课程资源

首先，针对西部贫困地区乡村小学教师与学生特点开设更有针对性的课程。不同西部贫困地区乡村小学教师的学科教学知识需求不同，不同教龄教师的学科教学知识需求也不同。所以对于在职教师的培训不能"一刀切"，要在提前做好需求调查的前提下有针对性地开展培训，以达到事半功倍的效果。在教师培训中，那种把不同年龄或教龄的教师按照学科组织在一起学习的方式，不利于教师知识增长。根据学科教学知识发展过程的阶段性特点，处于不同阶段的教师，他们自身拥有的和需要的学科教学知识不同，更好的做法是按照不同年龄层次分别培训。其次，要充分挖掘乡村小学教师自身的学科教学知识。乡村小学一线教师的工作实践为他们的教学积累了丰富而深厚的知识。面对特定的学习主体，处在特定的学习情境，他们自身拥有的学科教学知识更有利于乡村教学的开展。教师在其本人学生阶段、入职准备阶段以及在职阶段都或多或少地积累了一定的学科教学知识，这是其本人的教学经验，这些已有经验可以帮助教师主动选择、加工、处理后续经验，使其产生新意义。所以，在培训中要善于挖掘并利用教师自身经验，将他们已有的经验组织整合成课程资源，为本校教师分享利用。也可以通过"一师一优"平台全民共享。培训教师可以采用课例分析、参观体验、小组研讨等多种多样的学习形式，来实现专家与教师间的双向互动，在培训中充分利用其生成的课程资源。

2. 增加学生学习性课程，增进教师对学生的了解

教学过程是教师和学生这一对双主体的互动过程。只有对学生学习情况有正确而充分的了解，才能因材施教、因生而教，所以学情分析是教师合理运用学科教学知识的重要依据。在教师培训中，根据教学对象，有针对性地开设与学生学习有关的培训课程，

让教师学会如何认识学生，深入了解自己的学生，才能使其在运用学科教学知识的时候不会感到困难。首先，加深教师对学生身体和心理发展的了解。我国师范生在接受师范教育的过程中，会学习教育心理学或发展心理学等与学生身心发展相关的课程，但不同的学校在课程设置上并不相同，不同专业的学生学习这方面课程的深浅程度也不相同。尽管在教师资格考试中也会涉及心理学知识，但是就实践而言，教师对学生身心的了解还流于表面。在对乡村小学教师进行职后培训时，要多关注学生群体，邀请对儿童身心方面有研究的专家教授带领教师认识和了解儿童不同阶段的身心状况。在乡村小学中，留守儿童是不容忽视的社会群体，教师要格外重视留守学生身心发展状况。其次，增进教师对学生学习水平的了解。学生学习的过程是发挥学生主体性的过程，教师应发挥的是引导和指导作用。但是学习本身也是一个复杂的过程，尤其是对于小学生来说，教师的帮助就变得更加重要。在教师培训过程中，可以开设与学生学习有关的课程，比如联系学习专题，研讨小学生学习的困难点；预测学生学习新知识可能产生的问题；了解小学生的思想状况、思维方式、认知习惯；总结小学阶段易错的知识点；通过案例教学的方式对教师们认为学生最难懂的内容进行课例研究，让一线教师的智慧通过课堂紧密结合起来。

（三）为教师提供充足的学习资源

学校是教师实现自我及专业成长的依托，学校自上而下制定的规划将为教师的专业发展提供各种保障。教师是教学实践的主体，学科教学知识作为一种在教师教学中不断生成、发展的知识，自然离不开学校支持。

1. 成立学习共同体，促进教师之间的交流

封闭性、保守性是传统教师文化特点。教学的封闭性是指教师的教学经常处于孤立状态，不主动邀请他人介入自己的课堂教学，同事也不干涉他人的课堂教学。教学的保守性是指教师长久积累下来的经验不喜欢受到挑战和冲击。因此，教师难以主动接受改革和创新。要突破教师之间的封闭性和保守性，由学校牵头，组建学习共同体就十分必要。共同体是指以某些共同特征为要素构成的团体或组织。建立教师学习共同体，目的在于通过教师之间的合作、交流、分享，整合教学法和学科知识，实现学科教学知识的共同发展。学习共同体以"有组织的专业活动"和"与同事的日常交流"为学科教学知识的来源开展日常学习活动。首先，分学科建立教师学习共同体，实现专业化发展。如小学语文、数学学科分别建立学习共同体，各个学习共同体根据专业知识和课程标准的不同制定不同发展规划。同时，以发展学科教学知识为目标，开展一些竞争性活动，激发教师主动学习的兴趣。各个学习共同体应实现学科教学知识的获得、进修、储存、应

用，在这一过程中发挥教师学习的主动性和积极性。其次，发挥有经验教师在学习共同体中的作用。有经验教师在长期的实践中积累了丰富的学科教学知识，但由于没有形成系统经验而无法发挥其应有的作用；而新手教师往往要在一个空白的领域独立地探索。因而，在学习共同体中，可以开展以老带新的模式，把新教师和老教师结成一对。有经验教师总结自己以往教学经验，以客体的形式展示出来，在各方面对新手教师加以指导，新手教师也应该抱着虚心的态度认真学习，双方相互学习、共同促进，提高教学质量。

2. 积极开展专业知识的交流建构活动

开展专业知识的交流建构活动是提高、丰富和发展教师专业知识的重要方式，也是教师之间进行思想交流、互相学习经验的途径。专业知识的建构交流主要在解读课标、钻研教材、分析习题、技能展示过程中实现。"解读课标"是教师把握学习要求的关键，"钻研教材"是教师全面熟悉任教学科教学内容的基础，"分析习题"是教师反思教学重难点的法宝，"技能展示"是提高教师学科教学能力的支撑。各种活动既是独立进行的，也是在相互交流中完成的。

3. 建立学校间知识共享平台，实现教师资源共享

学校间建立"优势互动、合作共赢"的平台机制是实现乡村教师专业发展的重要方式。乡村小学间存在很多共性，加强各小学之间的合作交流，能够使其教师在相同的外在条件下，通过参观学习、座谈研讨等活动，相互借鉴和吸取经验，合力发展学科教学知识。乡村小学与城市小学在教学环境、学生来源等方面存在明显的差异。加强两者之间的合作交流，通过师生游学、培训讲座等形式促进双方合作，能够帮助乡村小学教师发展学科教学知识，提升教师的教学水平，进而有效提高学生的学习能力。

当前社会是一个信息化的社会，不同学校特别是不同区域学校，在空间上有难以跨越的鸿沟，而网络却能提供一个随时随地互助交流的平台。这就要求学校提供资金和技术上的支持，利用互联网搭建一个资源共享平台。一方面可以将学科前沿知识、课程改革和教育研究最新成果发布在门户网站，使教师能够快速获取合适的资源；另一方面可以让每所学校的教师开通实名注册的个人空间，通过电子邮件、电子论坛等工具进行讨论和交流，进而实现不同区域、不同学校教师的远程互助指导，借助互联网＋教育的优势，使优秀教师资源实现最大范围的共享。

4. 开发乡土课程资源，拓展学科教学知识来源渠道

学科教学知识的出发点是"教学"，落脚点是知识。结合生活环境选择乡村小学学生常见的易于理解的知识组织教学，是乡村小学教师学科教学知识发展的特殊方式。乡村小学普遍拥有丰富的乡土资源，这是其得天独厚的地方知识资本，是教师利用这种特殊环境建构有乡村特色的学科教学知识的有利条件。因此，乡村小学的教育内容和形式不

能单单依靠课本知识，应该从本校所在乡村的自然、人文环境中选择乡土教育资源。一方面乡村学校以及当地教育部门都要积极帮助教师开发乡土课程资源。当地学校可以成立乡土课程资源开发小组，组建专业团队负责开发事宜。当前我国乡村小学教师的学历水平日渐提高，各种职后培训也促进了其教师专业水平的提高，这是当地教师开发课程资源的资本和条件。另一方面，借助外力是乡村学校积极为乡土课程资源开发创造条件的必要选择。聘请相关专家对本校教师开发成果进行检验，则是确保其课程资源合理性的重要保障。另外，教师要善于从自然环境、家庭环境、生产活动、民风民俗等方面引导小学生生成乡土课程资源，并与教材知识点紧密联系起来。自然环境包括乡土地理、动植物、自然景观等。家庭环境包括家庭养殖、父母职业以及家中长辈传承下来的丰富的生活经验等，这些都值得挖掘。生产活动是乡村生活方式的主要形式。城市孩子主要通过电视、网络观察农村生产劳动，乡村孩子却能眼见为实，甚至参与其中。相比高楼林立的城市，乡村在民风民俗的表现上也更加原始，带有强烈地域文化色彩的活动也是宝贵的乡土课程资源。乡村学生对书本中所呈现的概念、原理、主题图表示不好理解，主要是因为这些生涩的概念与他们生活中形成的概念属于不同的知识形态。如果把这些概念与学生的生活经验、认识水平、情感态度相结合，将有利于学生知识的生动建构。

（四）增强教师主动学习意识，发展其自主建构学科教学知识的能力

教师学科教学知识的发展是一个不断成熟、日益完善的过程，这个过程是通过教师坚持不懈地学习实现的。教师主动学习的内容，不仅是教学内容知识，更是如何教这些知识的知识；不仅要学习知识本身，更要构建相应的知识结构，形成知识间的联系；不仅要经历学习过程，更要积极体验和研究学习活动本身。受地域环境和思想意识影响，贫困地区乡村小学教师在这方面普遍欠缺，亟须通过激励和鞭策手段提升。

二、促进贫困地区乡村小学教师专业能力提升策略

教师专业能力提升是指教师在一系列外部条件的支持和带动下，通过自身努力与付出，使自身的教学与设计、组织与实施、激励与评价水平等得到提高的过程，主要是教师自身教育教学实践技能不断提升和成熟的过程。其实，教师专业技能的发展与提升主要是教师自身对发展专业技能的重视和持续努力的结果。这一方面需要教师自身寻求发展，另一方面需要外在的支持性条件才能实现。西部贫困地区乡村小学教师专业能力问题的解决，也需要从微观、中观、宏观的层面提出一系列改进建议和措施。

（一）引领教师形成反思性教学理念

反思性教学理念是对已经思考过的教学内容、行为和方式重新进行思考的意识。成熟的教师都会认识到反思性教学对自身专业成长的作用、价值，体悟到如何通过反思性教学来促进课堂教学质量的提升。这种理念的形成对教师而言是一种自我超越，需要建立个人愿景，明确自身在教育实践中真正关心的事情，专注于自己真心追求的终极目标，认清自身现状，并将个人愿景和现况之间的差距视为自身创造力生成的源泉，正确处理创造过程中的焦虑情绪，不断培养自身毅力与耐心。然而，教师在教育实践过程中通常会产生一些与自我超越相反的想法，这些想法无法表现出来，只能隐匿在个人意识的底层。它是一种阻碍创造和愿景实现的结构性的负面力量。教师在教育实践过程中要善于自我激励，培养自身的意志力，诚实地面对真相，不断地向自己心中隐含的假设发起挑战。这样，在这种创造性力量的引导下，教师个体观念就会发生实质性的转变。对于西部贫困地区乡村小学教师而言，要以学校自身实际为基础，践行教师反思评价制度，积极开展反思评价，积极进行常规反思。上完每一节课后，都要实事求是地把教案中要反思的一栏填写完整，把以后教学中需要弥补的不足之处写清楚，这样才可以促进其教育教学水平的更快提升。

（二）启发教师自觉提升自身专业能力

西部贫困地区不少乡村教师是老教师和新特岗教师。有的老教师算着日子等退休，不思进取；年轻教师则教育教学经验不足，自身专业能力相对较弱。为此，学校应制定激励机制，多组织一些青老结对的学习活动，让不同年龄段教师互相交流经验，取长补短，相互促进。学校也要多组织教师外出培训学习，积极督促教师网上学习"一师一课"式的优秀教学设计，逐步引导和启发教师自觉提升自身专业能力。另外，学校要积极引导教师进行自我学习，不断拓展其教育教学理论知识，提高其教学设计能力。

（三）完善区域相关政策体系，建立城乡学校的帮扶制度

首先，教师的专业发展离不开政府的支持。当地政府部门只有提高对教师专业发展的重视程度，持续健全优化西部贫困地区乡村教师专业发展与成长的政策和制度，为西部贫困地区乡村教师专业能力的提升开辟更多的发展资源，保障教师的各项福利，才能使教师的专业能力得到真正提高。其次，要强化身份意识，提高教师社会地位。只有教师在社会中的身份地位提高了，才能使其真正得到学生、家长的尊重，也才能让教师有信心提高自己的专业能力。最后，为缩小城乡学校间教师素质、教师专业能力以及教育

教学质量的差距，进一步促进西部贫困地区乡村教师专业能力发展，为教师专业成长搭建更为广阔的平台，应在城乡学校之间建立科学合理且行之有效的帮扶制度。帮扶制度必须建立在各级政府和教育行政管理部门组织和领导的基础上，在各级政府和教育行政管理部门的组织领导下，将县城教师素质强、专业能力发展快、教育教学质量高的重点学校和西部贫困地区亟须增强教师素质、加快教师专业能力发展、提高教育教学质量的乡村学校结成点对点的帮扶对子，规定县城重点学校教师应在教学过程与教学内容的设计、课堂的实际教学、课后的教学反思、常规的教研活动以及教师素质的提升和专业能力的发展上为乡村地区教师提供帮助和指导，在时间允许的情况下到扶持学校从事支教和示范课指导活动；乡村贫困地区教师也可以到帮扶学校听优秀教师上示范课、学习先进教育教学理念，以及参加帮扶学校的日常教研活动等。当然，政府和教育行政管理部门在制定帮扶制度的基础上，还应在资金上提供必要的支持，以保障帮扶计划的顺利实施，进而促进乡村地区教师专业能力的发展以及教育教学质量的提高。帮扶计划的顺利实施，对消除县城重点学校与乡村一般学校之间的教育不公平现象很有意义，有助于实现城乡教育均衡发展的目标。

三、促进贫困地区乡村小学教师专业精神提升策略

（一）养成教师良好的职业态度

做任何工作都必须把正确的职业态度放在第一位，教师工作也是如此。教师的人生观和职业价值观的正确与否能够决定教师在日常教学工作中积极性的高低，而教师日常教学工作积极性的高低又决定着教师在工作岗位上的敬业状态。任何一名教师对待自己的工作都应该抱着"认真"的态度，只有具备认真的态度，才能干成事情、干好事业。只有工作认真、勤奋敬业，才能做到"为人师表，率先垂范"和"潜心治学，淡泊名利"。教师只有树立正确的职业态度，才能在教育工作中培养出德才兼备的人才，才能钻研出一项又一项科研成果，才能为整个社会的文明进步、创新发展发挥积极作用。因此，在日常的教育教学活动中，要制定行之有效的规矩，严格要求教师，使其逐步养成良好的职业态度。

（二）养成教师坚定的理想信念

以往教师的主要任务是传道、授业、解惑，而现代教师不仅要向社会传授文化知识和科学技术，更重要的是还肩负着传播人类文明思想和观点的重任。在当前形势下，教

师的主要任务是为国家现代化建设源源不断地培育各类有用的优秀人才。这一主要任务对教师的理想信念提出了更高要求，要求教师必须坚决拥护中国共产党的领导，勇于实践"三个代表"重要思想，认真贯彻执行党和国家的教育方针。在日常教育教学过程中，教师要自觉地运用辩证唯物主义和历史唯物主义理论和方法分析问题、解决问题，善于引导学生以科学的世界观和方法论正确认识世界。教师只有具备坚定的理想信念，才能自觉完成历史赋予的神圣使命，保证不偏离正确的政治方向，不辜负党和人民的重托，成为受人尊敬、被人民群众爱戴和拥护的优秀教师。

（三）加强师德师风建设

加强师德师风建设就要求教师爱岗敬业。所谓爱岗是指一个人在社会中热爱自己从事的岗位，钟爱自己所在的行业和正在进行的事业。对于教师而言，爱岗就是要热爱自己的本职工作，热爱教育岗位和教育事业，在热爱教育教学工作的前提之下，更要关心热爱学生。一个热爱教育事业的教师，会把学生当成生命的给养，把讲台当成生命的舞台，把教学当成生命的源泉，全力以赴做好教育教学工作。

所谓敬业是指一个人对当前所从事的岗位和工作具有强烈的使命感和责任感。对于教师而言，敬业就是对教育发展事业具有强烈的使命感和责任感，高度负责、一丝不苟地投入教育教学工作中，做到尽心尽力和无微不至。在教育教学活动中，敬业表现为在课前认真备课，高效上课，课后认真批改作业，认真辅导关爱每一个学生，不敷衍塞责；也表现为密切关注学生，科学安排教育教学工作。

总体而言，"爱岗"就是要有务实精神，"敬业"就是要有奉献精神。

（四）尊重每一位学生

尊重是建立在"教"与"学"之间的一座桥梁，是打开学生稚嫩心灵大门的一把金钥匙。教师要拉近与学生心灵的距离，不断缩短与学生的情感距离，以满腔的热情关爱学生，这样才会使学生更尊重、信任和亲近教师，才有助于教学的开展。教师在日常教学过程中，要平等看待所有学生，把爱和尊重充分融入教学中。每一位学生都非常渴望得到教师的理解和尊重，当教师充分尊重学生的时候，也会得到学生的尊重，相互尊重是信任的前提，相互信任是做好教书育人工作的基础。尊重学生人格的养成一是要养成良好的服务意识，二是要形成优秀的个性品质。

（五）努力成为一个积极进取的人

当前社会发展的步伐越来越快，科技文化日新月异，这就要求学生逐步养成不断追求新知识、新技能的良好习惯，也要求教师不断努力完善自己，提高自身综合素质。一个自身随意散漫、不思进取的人，也难以要求学生认真做事；一个在知识文化技能方面不求发展的人，也无法要求他人去发展。一个积极进取的教师懂得把课堂还给学生，在课堂上发挥学生的主体性。要让学生完成预期学习任务，教师就必须有渊博的知识和多变的教学方法，需要形成持续学习的精神。青年教师一方面要多向优秀老教师学习取经，另一方面要从实践中不断学习，在教学中不断开创新教法，为教育教学工作做出实际贡献。

结　语

当前，西部贫困地区乡村小学教师专业发展的冲突长期存在于民族学校内部。西部贫困地区乡村小学教师队伍发展不平衡、结构不合理、学历层次不高、素质偏低、教学方法枯燥等问题严重制约了西部贫困地区乡村小学教师的专业能力发展。因此，对西部贫困地区乡村小学教师专业发展现状进行调查和研究有助于各地各级政府及教育部门准确把握西部贫困地区乡村小学教师的专业知识、专业能力和专业精神现状，积极采取有效措施，提高西部贫困地区乡村小学教师教育教学水平，聚焦当前农村基础教育课程改革中的难点，进而提高西部贫困地区乡村小学教师的课堂教学质量。

本研究以促进西部贫困地区乡村小学教师专业发展为目的，以 M 学区部分乡村小学教师为研究对象，从专业知识、能力、精神等几方面分析当下西部贫困地区乡村小学教师专业发展中存在的问题。研究发现，该地区乡村小学教师专业发展存在以下问题：一是专业知识水平不高，对学生知识的了解较少。二是教师教学设计等各项教学能力不高，整体专业能力发展处于中低水平。他们引导学生进行准确的自我评价等专业能力水平较低，运用多媒体等信息化技术手段进行教学的能力亟须提高。大部分教师只会运用启发式、探究式、讨论式等教学方式，以及小组合作学习模式，教学方法单一。三是专业精神不强，教师都具有一定的专业精神，但这些精神体现的面太窄，仍需提高。针对这些问题，课题组为促进本地区乡村小学教师专业发展提出了相应对策建议。

第二章
西部贫困地区乡村小学教师专业结构的平衡与改进

　　学校教师队伍结构的合理性是教育结构合理性的重要方面，是衡量教师队伍建设质量的关键指标，也是构建高质量学校教师队伍、提升教师队伍素质的核心要素。教师专业结构合理能够有效提升学校人力资源利用效率，否则就会造成不同程度的人力资源浪费。如今我国西部贫困地区教育事业获得了良好发展，教育改革还在持续深入推进，但与此同时，乡村小学教师专业结构问题还很突出。本研究在明确乡村教师专业结构发展内涵的基础上，明晰了其存在的内在理论基础。课题组在研究中主要采用文献研究法、调查法、历史比较法，指出了西部贫困地区乡村小学教师专业结构现状，梳理了影响西部贫困地区乡村小学教师专业结构平衡发展的问题及其原因，进而提出了促进西部贫困地区乡村小学教师专业结构平衡发展的策略。

第一节　西部贫困地区乡村小学教师专业结构现状

一、西部贫困地区乡村小学教师专业结构调查

（一）调查目的及对象

教师专业结构化进程与乡村小学教师专业结构情况存在密切联系。若想使乡村教师专业结构获得均衡发展，就需要优化乡村小学教师专业结构，壮大乡村小学教师队伍，并使其整体专业结构达到平衡。课题组以西部贫困地区 L 县 S 镇小学教师为研究对象，以教师专业结构为研究内容，以 L 县 S 镇为案例范围，到贫困乡村地区展开实地调研活动。本研究选择西部贫困地区 L 县 S 镇小学教师作为研究对象的原因有两点：首先，L 县作为国家级贫困县，是中国诸多贫困乡村地区的典型代表。就 L 县而言，S 镇的经济、教育发展处于中等水平，与背景相似的教师专业结构相比较而言，其教师专业结构代表性颇强。其次，研究者综合自身经济条件及研究能力，考虑到在 S 镇有 7 年教育教学工作经历，对调研工作深入开展比较有利。课题组通过整体调查、个体访谈活动，对 S 镇师资构成、职后培训、专业素质等情况进行了解，对乡村教师专业结构失衡问题及其原因进行了分析，进而对当地教师专业结构发展提出策略和建议，希望为其他贫困地区乡村小学教师专业结构优化积累经验。

（二）调查地区的基本情况

本研究所调查的区域——L 县地处六盘山西麓、宁南边陲，隶属宁夏回族自治区固原市。

全县总人口 17.539 2 万人，其中，汉族人口 15.258 7 万人，回族人口 2.268 6 万人，其他民族人口 119 人。男性 90 987 人，女性 84 405 人；男女性别比例为 108∶100。现有 3 个镇，10 个乡，1 个街道办事处，118 个行政村，599 个自然村。共有 163 所各级各类学校（园），其中小学、中学、幼儿园分别有 137 所、19 所、7 所。19 所中学中，有 1 所职业中学、4 所完全中学、14 所初级中学。全县教职工 2 635 人。

S 镇位于 L 县西部渝河河谷川道区，海拔 1 883 米，属半干旱黄土丘陵区，"312"国道横穿全境，距县城 15 千米。S 镇总面积 75.8 平方千米，辖 21 个行政村，68 个村民小组，18 895 人，耕地面积 58 180 亩。S 镇一共 8 所小学，中心小学、村级小学分别为 1 所

和 7 所。S 镇小学一共 48 名教师，1 311 名学生。整体而言，着眼于区域社会经济发展水平、义务教育构成这一角度，在整个西部地区，S 镇小学的教育发展水平不高，与那些发展背景相似的贫困乡村地区相比，其代表性非常显著。

通过上述材料总体可以看出，L 县位于我国西北贫困农区，属于典型农业大县，人口稠密，但资源却非常匮乏。这里不仅产业单一，且粮食生产效率非常低，不具备较强的工业基础。因此，该县面临较大的财政难题。该县有非常丰富的劳动力资源，但整体来看，劳动力素质不高。相对于东部经济发达地区，其各项事业都处于落后水平，可以说是贫困地区的典型代表。但受国家诸多政策支持，近年来，L 县在诸多方面获得了良好发展，特别是在国家针对西部地区制定的教师教育等政策支持下，其教育事业及教师队伍建设有了切实保障。

因此，受国家诸多深层次的农村教育和西部教育政策影响，调查县域教师专业结构及其变迁结果有较强的说服力，对特定县开展西部乡村教师专业结构及其变迁研究的普遍性价值也非常明显，为社会调研工作提供了第一手真实、可靠的资料。本研究聚焦于 L 县的 S 镇，在开展课题研究期间，对 S 镇 8 个小学教育教学单位进行了走访调查，对校长、教师、教研员及家长进行了访谈，并对不同时期的 4 名小学校长进行了重点访谈，了解了他们对各自所处时期乡村小学教师学历、性别等结构及其变动情况、变化原因、变迁功能影响等的意见、看法。同时，对特定年代中不同结构的 48 名教师进行了深度访谈，就其成为教师的动因、方式等进行调查。对于发生身份、职称、学历等转变的教学人员，也了解了其身份转变方式、原因、影响因素等。另外，课题组还对各年龄阶段学生家长展开访谈，就其对当地教师队伍结构历史发展、现状等的认知及看法进行了解。

二、调查结果

（一）教师性别结构不合理，男女比例失调

教师性别结构失衡不利于小学生人格培养、乡村女童教育。在被调查的 48 名教师中，男性、女性分别为 33 人、15 人，比例是 2.2∶1，说明 S 镇小学中女性教师数量少，存在男女比例失调问题，如表 2-1 所示。通过实地调查访谈也发现，S 镇大部分村级小学男教师占比都比较高，男教师占比超过 2/3 的村级小学众多。之所以出现这种问题，一个重要原因是村级小学生活不便，且条件较差，女教师不方便到这些学校任教。另外，出于安全考虑，教育行政部门在分配教师的时候，一般都会将女教师安排在生活条件相对较好的乡村中心学校。

表 2-1　S 镇小学教师基本情况表

基本情况	受调查教师总数	性别		年龄				教龄				
		男	女	30 岁以下	31~40 岁	41~50 岁	50 岁以上	5 年以下	6~10 年	11~20 年	21~30 年	30 年以上
人数	48	33	15	3	8	14	23	2	8	6	11	21
%	100	68.8	31.2	6.3	16.7	29.1	47.9	4.2	16.7	12.5	22.9	43.7

（二）教师年龄结构不合理，青年教师较少

在 S 镇小学教师总数中，年龄超过 40 岁的教师占 77%，其中 50 岁以上的占 47.9%；S 镇乡村小学专任教师年龄均值为 45 岁，而教龄超过 30 年的教师占 43.7%，如表 2-1 所示。这说明青年教师占比非常低，年龄结构欠缺合理性。

调查也发现，在 S 镇乡村小学中，教龄超过 20 年的教师占绝大部分，但刚开始他们普遍是代课教师，再转为民办教师，最后成为公办教师，说明其中大部分属于非"科班"人员。尽管大多数老教师有丰富的教学经验及较强的责任心，但也存在身体疾病，教育理念落后，难以接受新方法、新理念及新知识，知识结构老化等问题，他们采用的教学方式依旧是应试教育，这些都会导致教育质量下降、教育基础被削弱等问题。

（三）教师编制紧张，新入职教师稀少

通过 S 镇小学教师教龄结构统计可以看出，5 年以下教龄的教师只占总数的 4.2%，表明乡镇新增青年教师数量较少，师资队伍中缺乏新鲜血液补给。在对该镇中心小学校长的访谈中发现，2012 年之后，我国乡村教师出现了较大的流动，乡村优秀教师开始从乡村地区、薄弱学校逐渐转移至城镇地区及优质资源学校，大量年轻教师通过参加遴选考试进入了教育资源较好的县城学校任教，乡村教育在城镇化过程中不断地萎缩。乡村小学长时间无法获得教师补充，导致乡村小学教师年龄结构断层问题严重，给贫困地区乡村义务教育发展留下了潜在隐患。

（四）教师学历水平整体较低、含金量不高

教师所取得的最高学历及所获最高学位构成即为教师的学历结构，它体现的是教师接受正规教育的程度，反映了教师的理论水平、发展潜力。《中华人民共和国教师法》第十一条对小学教师的学历条件进行了明确规定，即中等师范学校毕业及其以上学历；同时规定获取初中教师资格，必须具备高等师范专科学校或其他大学专科毕业及其以上学历。就调研地区小学教师学历结构而言，获得中师学历的占 37.5%，获得大专学历的占

33.3%，获得本科学历的占 25%，说明该小学教师学历合格率较高，如表 2 - 2 所示。

表 2 - 2　S 镇小学教师学历情况表

基本情况	受调查教师总数	学历			
		高中	中师	大专	本科
人数	48	2	18	16	12
%	100	4.2	37.5	33.3	25

另外，据 S 镇中心学校提供的师资学历资料，该镇教师学历达标率较高，但专业化程度不高，而且实际情况比调查数据还要严峻：一是第一学历为中师的教师并非完全毕业于正规中等师范学校，18 人中有 10 人毕业于教师进修学校等非正规师范院校。二是师资队伍中由民办老师转正的教师占比较高。三是部分教师通过自考、电大、函授等途径提升学历。此外，因为学历高低和工资待遇、职称评定等因素直接相关，所以教师群体中存在过度的文凭热。但学历高低和能力水平并非绝对呈正比，文凭和水平并不完全契合。非师范专业毕业教师，其教育理论知识匮乏，也未形成较强的教育研究意识，能力水平低下。

（五）教师职称结构不合理，职称评定制度有待改进

从职称结构看，具备中级职称的教师达到 52.1%，具备初级职称和无职称的教师分别占 37.5% 和 4.2%。高级职称受名额限制，人数非常少，比例也低，只有 3 人，占 6.2%。整体而言，S 镇小学教师中大部分为初、中级职称教师，他们是乡村师资队伍的主力军。如表 2 - 3 所示。

表 2 - 3　S 镇小学教师职称情况表

基本情况	受调查教师总数	职称			
		初级	中级	高级	无职称
人数	48	18	25	3	2
%	100	37.5	52.1	6.2	4.2

调查统计指标同时显示，教师年龄和职称等级间的正相关态势非常明显。大部分小学高级职称教师的获得者年龄超过 55 岁，中级职称、初级职称教师年龄分别在 35~45 岁、26~35 岁，26 岁以下新生师资力量中绝大部分没有获得职称。由此可见，论资排辈倾向在 S 镇小学教师职称评审制度中非常明显，这不利于对中青年教师的鼓励和培养。

（六）学科教师比例结构不合理

调查发现，S 镇小学教师中，数量较多的是语文、数学等基础学科教师，综合实践、体育、美术、音乐、计算机等学科教师严重缺乏，小学科教学需求无法得到正常满足。

课题组对 S 镇进行实地调研后得知，8 所小学中，开设音体美等课程的学校仅中心小学 1 所，剩下 7 所村级小学都仅仅开设语文、数学这两门课程。因为教师编制紧张，学校无法配备此类学科教师，只能由其他专业教师兼任，因而出现了严重的"教非所学""一人兼多门课程"等问题。调查显示，为应对上级部门领导检查，村级小学的大部分教师不仅要担任主课教师，还需要兼任体育、音乐等课程的教师。小学科只是上级部门检查时临时开设，日常教学中并未设置这些课程，因此很难保证其正常教学质量。

（七）教师待遇不高、压力大，社会地位低、进取心差

近年来，国家高度重视教师工资拖欠问题，还推行了义务教育经费保障机制，在一定程度上保障了乡村教师工资的按时、足额发放。相比较城市教师而言，乡村教师工资占比也有了明显提升。在对 S 镇 48 名小学教师的调查中发现，80％的人收入超过 4 000 元。但在教师收入满意度的调查中，72.9％的人对其收入并不满意；25％的人认为刚好合适；2.1％的人认为偏高。通过观察以上数据可以看出，尽管如今中国乡村教师待遇已得到大幅度提升，但教师的工资收入满意度依旧处于较低水平。如表 2-4 所示。

表 2-4 S 镇小学教师工资待遇情况表

基本情况	受调查教师总数	收入				收入满意度		
		2 000～3 000 元	3 000～4 000 元	4 000～5 000 元	5 000 元以上	偏低	偏高	合适
人数	48	2	5	34	7	35	1	12
％	100	4.2	10.4	70.8	14.6	72.9	2.1	25

（八）教师流动状况

从 S 镇 2015—2017 年乡村教师流动情况看，调出和退休的有 13 人，调入教师只有 1 人，几乎没有新教师进入，如表 2-5 所示。若教师配置依旧以"师生比"作为唯一标准，那些规模较小学校教师数量和课程开齐、开足之间必然存在冲突，进而影响乡村小学生知识结构的合理发展。

表 2-5 S 镇小学教师流动情况表

年份	人数	调入	调出（退休）	实有人数
2015	60	0	5	55
2016	55	1	4	52
2017	52	0	4	48

第二节　影响西部贫困地区乡村小学教师专业结构平衡发展的因素

一、影响西部贫困地区乡村小学教师专业结构平衡发展的主要因素

（一）政策制度

决定教师结构变化的首要因素是国家出台的政策制度。教师性别、专业、学历及学科结构的持续变化很大程度上取决于中央及各级政府相关部门所制定的政策制度。

1. 政策制度是教师队伍性别结构变化的最直接影响要素

各个教育阶段的男女教师基本数量、比例关系及性别结构变化等均受政策影响。教师性别结构受选拔录用、工资待遇等政策因素影响较大。教师性别比例直接受制于选拔录用政策，教师性别结构变化更受到工资待遇政策的间接影响。新中国成立后我国制定的首部宪法对男性、女性享有同等受教育权利做出了明确规定，推出了男女同工同酬、就业机会平等的政策。这些政策导致中国城乡女教师数量在短时间内迅速扩张[①]。

2. 政策制度是教师学历结构变化的重要影响因素

国家在各个历史阶段出台的教育政策法规都会对各教育阶段教师的学历标准、学历结构等做出明确规定。步入 21 世纪以来，因为经济、社会以及信息技术持续发展，我国对各类高层次人才的需求不断加大，为此，国家制定政策，推动高校持续扩招，使本科学历人才持续增加，进而使教师队伍学历层次也获得了持续提升。由此可知，教师学历结构持续变化的核心在于政策制度。

3. 政策制度是教师专业结构产生、发展的最直接影响因素

政策制度对从事教师职业的条件做出了明确规定，对教师专业地位、教师专业结构起到了决定性作用。所以，整体而言，教师队伍专业化是制定政策制度的基本要求，政策制度决定了不同历史阶段是师范专业毕业生还是非师范专业毕业生能成为教师。特岗计划明确提出师范类专业专科毕业生、非师范类本科毕业生都可作为特岗教师，未限制本科毕业生的非师范专业。此政策导致大量非师范类毕业生加入教师队伍，引起了教师队伍师范专业化程度的下降。由此可知，教师政策制度能够引起教师专业结构变化，教师专业结构变化是政策制度引导的结果。

---

① 武中哲. 单位体制下男女平等就业的政治过程及其局限性［J］. 文史哲，2007（6）：159 - 165.

（二）经济发展水平

教师结构变化的基础性因素是经济发展水平。社会职业选择受制于经济发展水平的高低，经济发展水平又会引起社会职业结构内部的变化。从性别结构看，教师性别结构的产生、发展在较大程度上受到经济发展水平的制约。在经济发展水平高的地区，人们往往有较高的受教育程度；在欠发达地区，女性受教育程度相对较低，男性相对有较高的学历水平。社会经济发展水平越高的地区，社会职业种类、经济来源渠道都越来越多。社会、家庭往往都希望男性的工作更加体面，报酬更加丰厚，但对于女性仅要求其经济收入稳定。因此，越是发达的地区，从事教师行业的男性越少、女性越多。调查结果表明，拥有五年教龄的西部贫困地区乡村小学教师，在扣除五险一金之后，每月的工资平均为 3 500 元，在就业选择少、社会收入总体不高的地区，这样的工资水平对男教师还是有较大吸引力的，不少高校男大学生也愿意留在乡村地区任教。

就学历结构而言，从马斯洛需要层次理论看，物质需要是人类最基本的需要。在满足物质需要后，人的需要层次才可获得进一步提升，进而追求高层次的精神需要。国家经济水平持续提升，必然带来人均 GDP 的提高和民众生活水平的改善，进而推动国家、学校、地方教师教育经费的增长，人的精神层面（知识需求量）的增长，以及教师学历的提高。如今中国经济获得了更高、更快的发展，更多的人得以从经济建设和生产一线解放出来读书接受教育，越来越多的人成为高学历人才，这直接促进了教师学历水平的提升。

综上所述，经济水平对社会结构有显著影响，教师学历、性别等结构受经济因素的影响而持续发生变化。在社会主义市场经济环境下，各个行业都在持续发展变化中，社会职业愈加丰富，各职业数量占比变化更加频繁。此变化趋势使人们选择自己喜欢的、能够胜任的职业的机会更多了①，这是造成教师结构持续变化的关键要素。

（三）内外环境

一般而言，教师专业结构变化受环境因素的间接影响。良好的环境条件，对合理的教师结构的形成有积极作用。社会、自然环境优越，对不同性别、不同专业的人就业吸引力就强；社会、自然环境恶劣则情况相反。区域环境优良，人们往往能够获得更好的职业心态；而生活在环境不良地区，个体及其家庭的发展则会受到影响②。所以，对环境良好地区而言，需要凸显其环境的优越性，通过引导、控制使教师结构更加合理；对

---

① 孟慧，等. 职业心理学 [M]. 北京：中国轻工业出版社，2009：8.
② 杜晓利. 教师政策 [M]. 上海：上海教育出版社，2012：237.

环境恶劣地区而言，则要求政府、学校共同努力优化环境，使教师结构趋于合理化。

所以，对乡村地区教师专业结构进行优化的前提就是乡村环境条件的优化。

二、西部贫困地区乡村小学教师专业结构平衡发展的问题及其原因

(一) 乡村教师专业职务配置方式不合理，影响了教师教学进取心

2015 年，宁夏回族自治区人民政府办公厅印发了《宁夏回族自治区乡村教师支持计划 (2015 年—2020 年) 实施办法》(宁政办发〔2015〕183 号)，其中明确提出，完善乡村教师职称 (职务) 评聘办法，切实向乡村教师倾斜，实现县域内教师岗位结构比例总体平衡。乡村教师在评聘职称 (职务) 时不做外语成绩 (外语教师除外)、发表论文的刚性要求，重点考察师德素养、工作业绩和一线实践经历。在乡村学校任教一定年限符合评聘条件且业绩突出的乡村教师，评聘中高级职称 (职务) 不受岗位职数的限制。城市中小学教师晋升中高级教师职称 (职务)，应有在乡村学校或薄弱学校任教 1 年以上的经历。因此，该县 2017 年中小学校 (幼儿园) 教师专业技术职务评审方案中规定，"在农村学校连续任教 25 年以上参评高级、15 年以上参评中级职称并符合评审条件的教师，可不受名额限制足额推荐"。

一线教师教学水平高低可以区分，但很难精确量化区分，因此，一线教师教学工作业绩也很难精确量化。绝大部分教师的师德修养都合格，但合格程度同样很难精确量化。而教师实践经历基本上都表现为任职年限和工作时间长短，但它并不代表工作能力和水平。因此，在区县两级政府相关计划、方案的实施过程中，一些教师出现了懒惰现象，不再努力提升教学业绩，进而达到评审条件，而是倚老卖老，动用社会关系，想办法争取县级先进。只要有县级先进，其他条件符合要求，均能评上高级或者中级职称。

(二) 西部贫困地区乡村学校专业发展环境不理想

首先，许多西部贫困地区乡村学校并未充分重视教师专业发展。学校是教师教育学生、实施自我教育的重要场所，在提升教师专业发展水平过程中，需充分发挥学校本身的促进作用。但是，长时间以来，不少乡村学校只是一味重视教学工作，并未对教师培训工作及教师自我专业素质的提高给予充分重视，未留出专门的培训时间，大部分教师无法获得进修、学习机会。在日常工作中，大部分教师都需承担非常重的教学、管理工作，无暇进行积极学习与研究，也没有时间认真思考教学、管理环节上的不足。多数教师也不能利用学校自身的优质教育资源提升自己，导致其自身的专业素养难以得到有效

提升。

其次，贫困地区乡村学校并未构建起理想的教师专业发展坏境，也没有形成能够为乡村教育发展提供支持的理想条件。当地教师受生活和工作条件所限，不具有较强的自我发展意识。而贫困地区乡村经济发展速度缓慢，办学经费严重缺乏，很长时间都无法改善教学基本条件，严重影响乡村教师教学成效，因而难以使其获得教学上的成就感。此外，因为客观条件限制，西部贫困地区乡村学校普遍不能组织开展教学、学术交流等活动，也无法组织开展其他深层次教师发展活动，导致多数教师不能清晰地认识自身发展存在的问题，满足于现状，不能形成清晰的专业发展理念。

最后，贫困地区乡村学校评价机制不合理，影响了教师自我提升的动力。在教师评价方面，乡村学校完全依据任课教师教授班级的考试成绩，普遍采用单一的评价标准，基本不考虑其他因素。考评制度上规定的需要考虑的其他因素，在实际考核过程中大部分也流于形式。

（三）乡村教师编制不合理

由于当前乡村学龄人口出现了主动流出、自动减少现象，所以未来乡村地区的教师、学生必然会出现比例失调问题。乡村教师绝对数量富余，但一些规模较小的学校会出现教师的结构性缺乏问题。教育部负责人曾提出，由于受到传统单一维度的"师生比"教师配置标准制约，"一师一校""一师多科"等问题在很多小规模学校都非常突出。若教师配置依旧将"师生比"视作唯一标准，则这些学校的课程开齐、开足和教师数量之间必然存在矛盾，乡村教师缺乏、结构失衡问题会进一步加剧[1]。

在S镇小学的教师流动中，调出教师多于调入教师。有些多年前就借调到县城中小学或者在教育局工作的，其编制却还在该校，导致表面上看该校编制人数和学生师生比符合要求，但在实际教学工作中却出现了教师短缺现象。

（四）城乡教师流动流于形式

依据西部部分地区教育行政部门规定，义务教育阶段教师队伍要积极探索改革"县管校聘"管理体制方案，让城镇教师到乡村学校任教活动的开展能够获得制度保障。各区域也要积极实施跨校竞聘、定期交流、学校联盟、学区一体化管理和乡镇中心学校教师走教等多种途径和方式，使优秀校长、骨干教师能够流向乡村学校。县域内的工作重点在于引导县城教师到乡村学校进行交流轮岗，乡镇内的工作重点在于促使中心学校教

---

① 纪秀君. 城镇化引出农村教师发展困局 [J]. 辽宁教育，2014（24）：8-9.

师到村小学、教学点进行轮岗。但是，贫困地区乡村学校建立起来的校长（其他干部）交流、专任教师交流方案，普遍是为了应付检查，等检查结束后，交流教师都回到原岗位工作，没有真正起到交流学习作用。

第三节　促进西部贫困地区乡村小学教师专业结构平衡发展策略

一、加强国家政策的指导作用

（一）积极贯彻实施《乡村教师支持计划（2015—2020 年)》

受经济、文化、自然环境和行政决策等因素影响，西部贫困地区交通不便，城乡发展失衡，学校地理位置偏远，办学欠账多，教育事业发展动力长期存在不足。尽管国家和地方早期出台了不少乡村教育与教师扶持政策，但乡村教师职业吸引力依然不高，教师流失率高、补充不足、老龄化问题严重，西部贫困地区优秀乡村教师资源无法得到有效配置，这些问题都造成西部贫困地区教师队伍整体素质水平不高[①]。西部贫困地区教师队伍质量不高，严重制约了乡村教育的持续、健康发展。因此，2015 年，国务院办公厅出台了《乡村教师支持计划（2015—2020 年)》，要求延伸乡村教师补充渠道，统一城市与乡村教师编制标准，加强城市与乡村的教师交流，促使城市教师积极流向乡村学校。同时，提高乡村教师待遇，改善乡村教师职称评聘条件，将乡村教师荣誉制度构建起来，全面提高乡村教师思想素质、师德水平。针对西部贫困地区乡村教师年龄结构失衡问题，以及乡村高级职称教师不足现象，政府提出要加大乡村地区人力资本投入，使年轻教师、高职称教师以及优秀骨干教师能够留在乡村，避免乡村教师流失。

一般而言，不同教育阶段教师工资待遇不同。小学教师工资待遇相对低于中学，相对于大学而言则更低。乡村教师与城市教师相比，前者的工资可能优于后者，但后者的总收入一般要优于前者。就乡村地区而言，贫困地区教师工资收入可能优于一般乡镇地区，但是，贫困地区教师的总体收益往往不如其他乡村。虽然国家给贫困地区乡村教师提供更多补贴，但获益更大的往往是职称高、有较长教龄的教师。整体来看，贫困地区乡村小学教师的工资待遇仍处于一般水平。因此，那些有更高人生追求的贫困地区乡村教师如果无法获得更多的经济利益，他们的流动和流失将不可避免。所以，对乡村贫困

---

① 张涛. 乡村教师互助式校本研修共同体创新实践研究［J］. 课程·教材·教法，2016，36（1）：101-106.

地区，教育行政部门必须加大教育财政投入。对长时间坚守在乡村贫困地区一线的教师，政府需要提供更优厚的待遇，评选出乡村贫困地区优秀留守教师，以资鼓励，以誉赞美。更重要的是，对于贫困地区乡村教师的子女，应提供更好的教育服务，以解决其后顾之忧，使其能够全身心地投入贫困地区乡村教育事业之中，使贫困地区乡村教育事业朝着可持续的方向发展。

（二）全面重视各学科教师的配备和各门课程的开设

2000 年以来，我国多次修改《中华人民共和国义务教育法》，以法律形式明确了素质教育这一政策理念。部分学者提出素质教育的宗旨在于使整个民族的素质得以提升，使受教育者能力获得长期发展，从而使全体学生的基本素养得到强化，获得德智体美劳的全方位发展。但学生学习的内容与招生考试科目和招生评价制度紧密相关，贫困地区乡村学校为提升升学率，往往对考试涉及的学科格外重视，并且直接体现在课时分配、课程安排及教师配备上。在考试临近时，诸如体育、美术、音乐、计算机等科目的课时便会被语文、数学、英语等考试科目占用，综合课程在日常教学中也未能获得重视，导致这些科目的教师配备受限，发挥不了应有的作用。所以各教育部门必须做好监督工作，确保贫困地区乡村学校能够真正落实好素质教育的方针，避免"上有政策，下有对策"的不良风气蔓延。乡村学校也要积极响应国家政策精神，着力于对学生进行德智体美劳的全面培养，全力开齐体育、美术、音乐等科目课程，全力配备好这些科目的教师。

二、完善西部贫困地区乡村教师管理制度

（一）完善乡村教师聘任制度

教师聘任建立在教师编制的基础上。而核定教师人事编制前，需要对班额、生源、教师与学生的数量比做充分考虑，还需要依据我国基础教育新课程改革、高质量教育需求，对乡村教师编制数额进行科学配置。以需要为依据对新教师进行聘用，将各个学科课程教师，特别是信息技术、体育、音乐及美术等科目的专任教师足额配齐，妥善处理西部贫困地区乡村存在的一师多科教学、一师包班教学、教师跨科等问题，使乡村小学教师学科结构更加合理。此外，各级政府及教育行政部门要强化教师编制管理，构建起人事预警机制，对教师招聘期间的关系户、随意更换教学科目等行为进行严厉打击，做好监督工作，规避不良工作作风。

（二）实行教师弹性退出机制

贫困地区乡村教师队伍年龄结构之所以存在失衡问题，其中一个原因就是乡村教师编制的制定与执行不科学、不合理。如在 S 镇小学教师队伍中，20 世纪末期"民转公"、中师毕业教师占比非常大。他们年龄普遍偏大、知识结构老化，无法适应现代信息化教育，但却因为不到退休年龄，仍然需要长时间在教师岗位上奋斗。编制名额有限导致年轻教师补充受到影响，因此存在着"老年教师出不来，年轻教师进不去"问题，从而引发了教师队伍年龄结构的失衡。所以，对此类教师要实行弹性退休制度，让身体不行、知识老化、满足一定教龄的教师提前退休，对那些无法与现代新课程教学要求相契合、自身教学水平难以获得提升的教师实行"劝离退养"。教育行政部门需要根据学校具体现状及学科教师缺编情况，有计划地补招高素质、高层次年轻教师。

（三）建立教师补充新机制

对经济落后、路途遥远的西部贫困地区，实行师范生定向培养政策。为其提供大学招录志愿填选经济补助、毕业后工作保证、高考加分政策倾斜等，同时提供生源地贷款，使其学杂费问题得到解决，且签订合同，使其毕业后能够主动回到家乡从事教育事业。当地政府的教育行政部门需要从乡村教师队伍现状着眼，对教师编制名额进行统计，给予一定资金，从综合大学、师范院校毕业生或社会中招录教师人才，使其能够投身于落后地区的教育事业之中，由此及时为乡村学校补充教师资源，使乡村教师队伍的整体素质、质量等得到保证。

教育部门应扩展教师聘任渠道，对于通过多项严格考核及获得教师资格证的个人，如果其有到乡村任教的意愿，且认定其对教师职业有极高的热情，可聘请其作为乡村教师。此外，要强化城镇与乡村学校间的合作，可设定时间，将合作学校的女教师及乡村地区所缺乏的"综合课程"教师分配到乡村学校，并且在乡村学校中选择一些男教师到城镇学校学习，参加交流活动，以此来补充乡村学校教师队伍中的女教师、年轻教师、综合课程教师及骨干教师，使乡村教师队伍的职称、学科及年龄结构等失衡的问题得到缓解。

（四）适当调整教师职称比例及学历标准

调查结果表明，西部贫困地区乡村小学教师教龄偏长、老教师居多，因此有较多高级职称教师，中低职称教师占比少，而正高级教师则几乎没有。老教师教龄长，教学经验丰富，但是往往无法适应新课程改革进程，因此也影响了乡村教学质量的提升。所以，在严格遵照职称评审标准的基础上，应使更多的中青年教师获得高级职称，进而使乡村骨干教师队伍人才断层、青黄不接的状况得到改善。这对乡村教师人才引进有积极作用，还能够优化乡村教师队伍职称结构。

调查同时显示，乡村地区小学招聘的主要是专科学历教师，本科学历教师占比小。一般而言，学历层次水平越高，其教学水平往往就越高。所以，乡村小学教师的招聘要求要与当地师资队伍学历现状相结合，对教师学历层次比例适时做出调整，使乡村小学教师保持合理的学历层次，适当降低低学历教师比重，提高高学历教师比重，从而提升西部贫困地区乡村整体教育教学质量，使学生得到更好的发展。

三、改善西部贫困地区乡村经济社会环境，着力提高当地教师待遇

（一）努力改善西部贫困地区乡村教师工作、生活环境

西部贫困地区乡村小学环境问题在很大程度上制约着当地教师的发展，为此，政府需加大财政倾斜力度，妥善处理教师住房问题，给贫困地区乡村学校建设完整的教师周转宿舍，保证乡村教师能够全身心投入教学之中。同时，及时完善和更新其教学硬件设施，让乡村教师、学生能够与教育现代化更新换代步伐保持一致，使乡村小学教学质量得以提升。另外，随着社会、经济的发展，女性的社会地位越来越高，相应地，女教师择偶标准也越来越高。所以，需要高度重视乡村女教师的婚配问题，积极改善乡村小学教师性别结构，积极解决其后顾之忧，让女教师能够就近安家立业，提高稳定性。

（二）着力提高西部贫困地区乡村教师工资待遇

适当放宽工资与教龄挂钩政策，切实贯彻多劳多得的津贴制度，消除传统的论资排辈观念，打破"年轻教师多劳少得，老教师少做多得"的局面。通过激励机制达到优胜劣汰目的，实现教师队伍有效管理，进而建立起科学合理的教师年龄梯队。同时，结合当地乡村实际情况，切实贯彻国家人才引进政策，确保财政补贴等各项优惠政策能够落实，使乡村教师年龄结构能够走上合理化发展的道路。

教师工资待遇往往和当地地方财政关系密切。所以，国家需积极开展西部贫困地区新乡村经济建设，有效发挥经济对西部贫困地区乡村教育的基础作用，进而促进当地乡村教育发展，增强乡村吸引力，推动乡村各项事业健康发展。通过经济带动教育发展，再依托于教育发展经济，使经济与西部地区各行各业形成良好的互动关系。通过营造良好的经济环境可以给当地留下优质生源，让优秀教师主动留在乡村，同时能吸引更多的优秀教师投入乡村教育事业，进而保持乡村教师队伍建设活力，保证乡村教育质量。

四、切实做好西部贫困地区乡村教师教育工作

(一) 为西部贫困地区乡村小学培养全科教师

实践证明，我国西部贫困地区乡村小学"综合课程"教师缺乏，一人带多班、跨科目任教等问题突出，大大影响了当地教育教学质量。因此，各级政府需吸取其他地区经验教训，及时出台相关政策，为当地师范院校提供专项资金，支持其专门设计小学"全科"专业，大力推进西部贫困地区乡村教师教育人才培养模式变革，大力培养能够满足当地教育教学需求的小学全科教师。在全科教师专业招生与就业过程中，则要坚持严格公正准则，保证教师整体质量、素质，将全能型、多能手教师输送至当地小学，并使其扎根当地教育。

对我国乡村地区而言，全科型小学教师培养模式及方案尝试时间不长，因此需以教学实践为依据获得实效性较强的经验，进而调整全科教师培养方案，将实践上升至理论层面，然后以先进的实效理论为依据，为实践提供精准指导，确保全科教师培养工作的有效开展，将具备"一专多能"的全科型小学教师培养出来。具体而言，可以通过主攻"语数外"其中一门科目，辅之以其他"综合课程"，使教师一专多能的教学水平得以增强，进而推动小学全科教师培养工作的开展。在课程设置过程中，则需要克服传统的过于专业化的倾向，设置能够适应小学综合实践教学的大文科、大理科专业。接受全科模式培养的毕业生从事教师职业一段时间后，所属培养院校可以根据其实际教学情况，及时调整教学与培养方案，进而确保能够为学生提供行之有效的全科型教师服务，有效处理乡村教师学科结构失衡问题。地方政府与培养全科型教师的师范院校要在充分考虑当地教育资源、师资力量基础上，及时调整、处理学校招生、学生毕业就业过程中产生的系列问题，包括从大学招生到学校全科培养再到最后安排毕业生到指定小学任教期间的所有问题。毕业生获得全科培养后，要按照岗前地方工作单位与培养院校订立的就业协议内容上岗就业，充分享受所拥有的权利，也需要充分履行全科型教师义务及责任。

(二) 切实做好乡村教师在职继续学习工作

2004 年 4 月，教育部启动了"农村学校教育硕士师资培养计划"，提出通过推荐免试攻读教育硕士等政策导向，使大学毕业生积极为乡村教育事业服务，同时使农村教师的学历层次及素质都获得提升[①]。计划也明确规定：高校毕业考取"特岗计划"的大学生如果

---

① 杨大鹏."硕师计划"实施现状的调查与分析 [D]. 大连：辽宁师范大学，2013：13.

同时被"硕师计划"录取，则可选择先到乡村义务阶段学校任教，时间为 3 年，在此期间对研究生课程进行自学，第 4 年再集中脱产学习。政府和高校要通过实施"硕师计划"，鼓励和激励师范专业毕业生主动去乡村学校任教，从而有效结合"特岗计划""硕师计划"，使特岗教师学历水平得以提升。但是，调查结果显示，部分西部贫困地区的乡村教师很少享受到此项政策支持。为此，相关部门需加大此项政策的落实力度，并继续完善该计划。

结　语

学校教师专业结构的合理性是教育结构合理性的重要方面，是衡量教师队伍建设质量的关键指标，也是构建高质量学校教师队伍、提升教师队伍整体素质的核心要素。

教师专业结构合理，学校人力资源利用效率就比较高。如今我国经济社会不断发展，教育改革也在持续深入推进，但与此同时，西部贫困地区乡村小学教师专业结构失衡的问题愈加凸显。为此，课题组依据教育均衡发展理论进行了相关调查，对 L 县 S 镇乡村小学教师专业结构的不足进行了初步揭露，对诱发问题形成的要素进行了分析，并提出了西部贫困地区乡村小学教师专业结构的优化策略。

课题组认为，未来仍需在理论上对西部贫困地区乡村教师专业结构与当地经济、社会之间的关系及各自的特征进行探讨，在实践上则需要对西部贫困地区乡村教师专业结构要素进行深入探索，在更广的范围内开展调研活动。同时，要对城乡教师专业结构进行更详细的比较，以期取得更理想的效果。

第三章
西部贫困地区乡村小规模学校教师专业结构困境与突破

21世纪初期，受经济社会发展以及城市化进程影响，我国对乡村小学的布局进行了重新调整和部署。近年来，由于西部贫困地区办学条件差、学生上学难、专业型学校师资短缺等原因，人们开始注意到小规模学校的保留与建设。2012年国家正式提出，要保护我国农村小规模学校。2018年，教育部再次提出，农村小规模学校不能"撤并了之"。教育以人为本，不能放弃每一个贫困家庭的孩子，兴国必先兴教。要做好西部贫困地区乡村小规模学校教育，就要促进本地区城乡义务教育均衡发展。乡村义务教育发展的主要目标是争取办人民满意的教育。要想深入推进西部贫困地区乡村义务教育，教师队伍建设就是强有力的保证。

本研究以宁夏回族自治区y区乡村小规模学校为研究对象，描述了该地区乡村小规模学校现状，分析了该地区乡村小规模学校教师现状、问题及其原因。调查发现：该地区乡村小规模学校管理按部就班，教师一岗多责，骨干教师和高级职称教师比例偏低，男女教师性别比例不均衡；教师工资待遇不高，交通和生活压力相对较高，职业满意度和社会地位较低；师生比和开齐开足课程之间的矛盾突出，教师工作量太大，代课教师依然存在；教师的工作环境差，办公条件落后；教师的生存环境差，精神生活过于单一。根据乡村小规模学校教师队伍方面存在的问题，课题组认为，加强乡村小规模学校教师队伍建设，必须建立健全学校管理制度，增加乡村教育投入，优化乡村小规模学校教师队伍结构，完善乡村学校资源配置机制，努力建设一支工作水平高、工作能力强的教师队伍。

课题组拟通过此次研究，对 y 区乡村小规模学校教师队伍建设中存在的问题进行分析，综合运用定性定量方法，对问题原因进行正确诊断，并总结归纳出解决乡村小规模学校教师队伍建设问题的对策建议，以期对乡村小规模学校教师队伍管理起到参考作用，进而对提高乡村小规模学校教育教学质量起到积极作用。

第一节　西部贫困地区乡村小规模学校教师专业结构现状

课题组选取了宁夏回族自治区 y 区为研究范围，依据分层设计、随机抽样原则，重点选择了 3 个乡村。然后，从每个乡村中又分别选取了 2 所小规模学校，共计 6 所，其中一所是教学点。在此基础上，对上述 6 所学校的 125 名教师进行了问卷调查，对 9 名校长和 15 名参与乡镇中心小学管理的教师进行了访谈。在参加访谈的校长当中，3 名是乡镇中心校校长。调研结束后，课题组对 y 区乡村小规模学校教师队伍建设现状进行了分析和描述，在描述现状的过程中分析了其中存在的问题及其原因，并提出了相应的对策和建议。

一、y 区教育基本情况

y 区位于宁夏南部，六盘山东北麓，黄土高原中西部。y 区总面积为 2 739.01 平方千米，居住汉族人口 23.57 万人，占 51.2%；回族人口 22.35 万人，占 48.6%；其他少数民族人口 0.09 万人，占 0.2%。人口密度为每平方千米 167.9 人。y 区成立于 2002 年，是传统农业县（区）。2016 年撤乡并镇后，y 区现辖 7 个镇，4 个乡，3 个办事处，153 个行政村，35 个居委会[①]。y 区现有 264 所各类型学校，其中 1 所完全中学，9 所初中，2 所九年制学校，155 所小学，97 所幼儿园（包括 62 所私立幼儿园），此外还有 10 个教学点。各级各类学校现有学生 78 311 名，其中小学生 41 195 名，初中生 17 604 名，高中生 2 098 名，幼儿园学生 17 414 名。

---

① y 区人民政府网.

二、y区学校教师队伍基本情况

(一)数量结构

y区中小学共有教职工3 985人。其中,专职教师3 839人。小学教职工2 508人,其中专职教师2 407人;初中教职工1 327人,其中专职教师1 287人;高中教职工150人,其中专职教师145人。另外,还有96名公办幼儿园教师和工作人员。如图3-1所示。

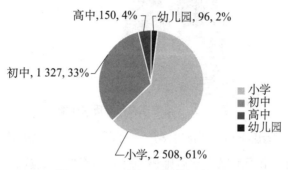

图3-1 y区教职工按学段分配图

从图3-1中可以看出,在教师人数上,y区小学教师比重占当地教师总数的61%,是全区教师队伍建设的核心力量。当然从教职工总数和专职教职工的差值上也可以看出,y区代课教师依然存在。

(二)年龄结构

y区专职教师中,30岁以下的有657人,30～39岁的有992人,40～49岁的有1 384人,50岁以上的有806人。如图3-2所示。

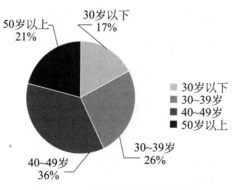

图3-2 y区专职教师年龄结构图

从图 3-2 中可以看出，y 区 40 岁以上教师比重较大，老龄化程度明显，30～39 岁的中青年教师比例相对较小，30 岁以下的青年教师很少。

(三) 学历结构

在 y 区专职教师中，11 人具有研究生学历，占 0.3%；2 398 人具有本科学历，占 62.5%；专科学历的有 1 214 人，占 31.6%；高中毕业生 216 人，占 5.6%。如图 3-3 所示。

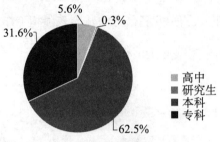

图 3-3　y 区专职教师学历结构图

从图 3-3 中可以看出，y 区研究生学历教师匮乏，本科学历教师占比很大，高中学历教师比例相对较低。由于 y 区中学教师招聘计划明确要求需具备本科以上学历，因此，高中学历和专科学历教师集中在小学和幼儿园。

(四) 职称结构

y 区全日制中小学教师队伍中，高级职称的 574 人，中级职称的 1 709 人，初级职称的 1 477 人。

从图 3-4 中可以看出，y 区全日制教师职称结构中，具有中级职称教师的比例为 45.5%，高级职称相对较少，占 15.3%，初级职称比值为 39.3%。自从实施乡村教师支持计划以来，乡村高级职称教师比例有了大幅提高，促进了全区高级职称教师数量及比例的提升，也促进了西部贫困地区乡村教师职称结构的改善。

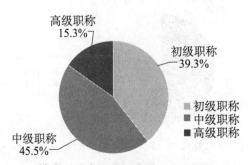

图 3-4　y 区专任教师职称结构图

三、y区乡村小规模学校教师队伍基本情况

（一）小规模学校教师来源

长期来看，全区乡村教师编制数量有限，乡村教师配备深受师生比制约。加之城区小学不断新增、扩建，很多乡村地区中青年教师被遴选进城，导致乡村教师严重紧缺。为了整合资源，乡村骨干教师又集中在乡镇中心小学和百人以上村小，致使乡村小规模学校教师短缺。

据数据统计，全县小学教职工与学生比为 1 ∶ 16，其中乡村小规模学校教职工与学生比为 1 ∶ 8，全区专职教师比例占到教职工总数的 96%。全区乡村小规模学校（学生在 100 人以下的学校）共 69 所，其中 10 所为教学点。乡村小规模学校学生总数 1 861 名，其中女生 948 名，男生 913 名。全县乡村小规模学校教师总数 231 名，其中女教师 75 名，男教师 156 名。近年来，y区教师队伍建设取得了相应成果。在提升教师自我修养和内涵的同时，更加注重优秀人才的引进，每年都能够本着公开、公正、竞争、择优的原则招聘新教师（包括乡村义务教育阶段的特岗教师、国家免费师范生），保证每年都有优秀人才加入教师队伍行列，不断改善乡村学校师资队伍结构，为y区的教育发展增添新活力。自 2006 年以来，y区选聘"特岗计划"教师 1 152 名，免费师范生 168 名（包括与当地签约免费师范生 47 名），不仅缓解了教师人数不足问题，而且提高了乡村学校教师的素质，优化了乡村学校教师的结构，特别是在一定程度上解决了紧缺型学科教师的短缺问题。

具体而言，乡村小规模学校教师队伍来源渠道主要有以下几种。

1. **事业编教师**

事业编教师是参加国家统一考试选拔录取、统一分配、拥有正式编制的教学人员，他们拥有国家工作人员身份，工资享受财政拨款。在乡村小规模学校，在编教师比例相对较大，这在某种程度上是政策和历史原因造成的。相比其他学校的在编教师，小规模学校相当一部分教师的年龄偏大。在中青年教师争先恐后进城或者去乡镇中心小学，以及大部分都选择了学生数量较多的村小的情况下，这样一波被历史潮流推送进来的教师们留在了小规模学校。

2. **特岗教师**

特岗教师是解决乡村教师编制不足，依照各级政府编制外教师政策规定，直接分配到乡村学校任教的教学人员。国家旨在通过特岗计划，提升乡村教师队伍整体素质，着实是一项促进乡村教育发展的大好事。可是，特岗教师大部分是刚走出大学校门的年轻

人，他们普遍面临结婚生子问题。而乡村小规模学校条件相对落后，几乎没有自愿到这里任教的，乡村小规模学校也很难留得住这些教师。y 区规定，特岗教师在三年特岗期内不得调动，试图稳定教师队伍，但是，其执行效果也不理想。

3. 支教教师

支教教师是乡村学校的"流动教师"，这部分教师由于不在编制内，他们在从教过程中仍要备考，一次次参加各级各类的考试，一旦榜上有名，便会立即终止合同，弃校而去。一般情况下，这类教师大多被分配在一些乡镇中心小学等规模大一点的学校，填补因产假、病假等原因产生的教师空缺，只有极少数被安排到乡村小规模学校任教。因为乡村小规模学校普遍是"一个萝卜一个坑"，若支教教师因考试等原因请假或者辞职，将直接影响小规模学校的正常教学。

4. 代课教师

在教师编制紧缺、正式教师数量不足的情况下，为了维持乡村小规模学校正常运行，学校大多会聘请当地知识青年做代课教师，条件好一点的学校还能聘请到大学毕业以后没有找到工作的一部分人来当老师。这些非正式教师在有些地方似乎已经成了乡村小规模学校教师队伍的主要力量。

(二) 小规模学校教师队伍结构现状

1. 教师性别结构

教师性别结构是指学校中男女教师的构成及其比例关系。不同性别教师对于学生的身心发展有着不同的功能，对各种教育教学活动也会产生不同的作用。根据 y 区基础教育统计数据：y 区乡村小规模学校教师总数为 231 名，其中男教师 156 名，只有 75 名女教师。女教师仅占总数的 32.5%，而男教师占总数的 67.5%，如图 3 - 5 所示。

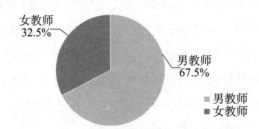

图 3 - 5　y 区乡村小规模学校教师性别结构图

由此可以看出，y 区乡村小规模学校教师性别结构不平衡，男教师人数远远高于女教师人数，性别比例超过 2∶1。女教师数量如此之少，直接影响了乡村小规模学校女学生的健康成长。女性是一个家庭中教育子女、呵护老人的重要角色。而小规模学校条件相对较差，地理位置比较偏远。年轻女教师孩子小，每天返程困难；中年女教师父母亲年迈，需要女教师回家赡养，女教师来回学校也不便。因此，在教师分配过程中，尽量避免把女教师分配到小规模学校。然而，在与小规模学校校长的访谈中得知，他们仍然希望增加女教师数量：一是女教师在班级管理方面很细心，尤其在班级文化建设方面有优势；二是女教师更善于处理和学生的关系，也更善于用言传身教来影响学生；三是女教师思想比较活跃，善于组织各种校园活动，从而改善学校育人氛围。

2. 教师年龄结构

从 y 区各学校上报教育局的数据可以看出，在 y 区乡村小规模学校中，30 岁以下的教师有 11 人，占教师总数的 4.8％；30～39 岁的教师 48 人，占教师总数的 20.8％；40～49 岁的教师 83 人，占教师总数的 35.9％；50 岁以上的教师 89 人，占教师总数的 38.5％。如图 3-6 所示。全区一共 69 所乡村小规模学校，只有 11 名 30 岁以下的教师。由此可以看出，乡村小规模学校老教师占比大，普遍缺少青年教师。

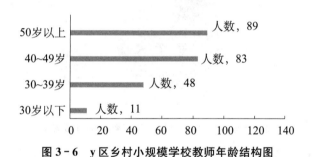

图 3-6　y 区乡村小规模学校教师年龄结构图

3. 教师教龄结构

教龄结构指学校教师参加教育教学工作的时间长短及其比例关系状态，一般以年为单位来计算。不同教龄阶段的教师对教材的熟悉程度、对专业领域知识的掌握程度不同，对课堂的驾驭能力不同，对学生的引导能力也完全不一样。经随机抽样调查（77 人），y 区乡村小规模学校教师教龄结构如图 3-7 所示。

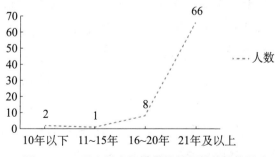

图 3-7　y 区乡村小规模学校教师教龄结构图

20 多年教龄教师占教师总数的 85.7%，不到 10 年教龄的教师仅占教师总数的 2.6%，10～20 年教龄教师仅占教师总数的 11.7%。由此可以得出，y 区乡村小规模学校教师教龄普遍较长，而这部分教师大都体弱多病，一定程度上阻碍了乡村教育教学工作的顺利开展。

4. 教师学历结构

教师学历结构所反映的是学校教师专业知识层次及其比例关系，是衡量教师业务水平高低、教育教学能力好坏及文化素质高低的最直接的量化指标。通过对 y 区基础教育统计表中小规模学校教师学历情况的整合比对计算发现，本科学历教师 58 名，占教师总数的 25%；专科学历教师 136 名，占教师总数的 59%；高中学历教师 37 名，占教师总数的 16%。如图 3-8 所示。

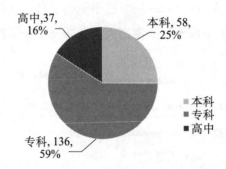

图 3-8 y 区乡村小规模学校教师学历结构图

从以上数据中可以看出，y 区乡村小规模学校教师知识和能力大多达到专业标准。其中，本科教师比例占 1/4。课题组在访谈中同时发现，乡村小规模学校教师的本科学历大都通过进修获得。由此可以看出，学校教师资格水平普遍较低，教师的知识结构和教育观念相对落后，现有教师学历层次水平并不能满足当地教育需要，小规模学校教育教学质量也就不能随之提高。

5. 教师职称结构

教师职称结构指经过专业技术职务考评形成的教师专业能力层次及其比例关系。职称是教师任教实力的一种体现，但由于教师职称和教师工资密切相关，因此，教师职称在很大程度上制约着教育教学活动的开展，教师职称结构也影响着教师工作的积极性。合理的教师职称有助于教学团队的正常运作，有助于调动教师的积极性，提高教师的工作效率。经随机抽样调查（129 人），y 区小规模学校有高级职称教师 18 人，占教师总数的 14%；中级职称教师 88 人，占教师总数的 68%；初级职称教师 11 人，占教师总数的 9%；未定级教师 12 人，占教师总数的 9%。如图 3-9 所示。

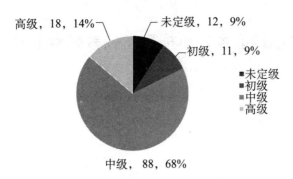

图3-9 y区乡村小规模学校教师职称结构图

访谈中有教师指出，2016年，中共中央办公厅和国务院办公厅颁发了《关于深化职称制度改革的意见》，引入了一系列农村教师职称倾向政策，引起了乡村小规模学校中高级职称教师比例的迅速提高。

（三）教师队伍培训现状

教师培训是目前促进教师专业知识增长和专业能力提升，进而帮助教师实现专业成长的最有效途径。相关育人机构通过跟岗实践、走访名校、在线讲座等多种形式对教师进行全方位培训。西部贫困地区大部分教育主管部门每年用在教师培训方面的经费占到了公用经费的10%左右。尽管如此，在对y区乡村小规模学校教师队伍现状调查过程中发现：对于"近三年，您是否接受过培训"这一问题，只有76.9%的教师选择了"是"，23.1%的教师选择了"否"。在有关培训内容的问题方面，回答更是出乎意料，大部分教师认为培训的内容脱离实际，针对性不强，跟当地教育情况不符。已经参加过短期培训的教师在回忆自己的培训内容时，65%的教师认为培训中没有"课堂管理技巧方面"的内容，67.5%的教师认为没有接受过"备课方法"的训练，69.8%的教师认为没有接受过"讲课方法"的训练，55%的教师认为没有接受过"网络应用培训"。在培训的参与度上，不愿意出去培训的部分教师认为培训时间和教育教学时间冲突，导致课业负担过重，落下的课程不容易补上来。而且，经常外出培训对班级管理很不利。部分老教师认为培训是一种负担，自己出去学习意义也不大，从思想上不够重视培训。还有部分教师表示最希望得到有关多媒体应用方面的培训，并希望能够多多观摩一些优秀班集体教师管理经验，以提升自身管理能力。

第二节　西部贫困地区乡村小规模学校教师专业建设中的问题及其原因

一、存在的问题

（一）教师队伍结构不合理

1. 性别结构不合理：男女教师比例失衡

教师性别结构是指学校男教师与女教师的比例结构及其关系。教师性别结构的合理性不是针对教师本身，而是针对教师队伍性别关系和基于学生自身成长需求及其发展规律与功能效应的合理性。合理的教师性别结构可以促进教师整体功能的实现，是教师组织结构的重要组成部分①。人们常说，教师是学生成长的指南。男女教师彼此擅长的领域不同，对学生发展的影响也不同。女教师在班级文化布置、德育安排、主题演讲、表演类活动和带班等方面具有明显优势。所以，在对各样本学校校长的访谈中，大多数人都希望能够多配备几名女教师，重点是女教师更容易与学生沟通。

课题组：×校长，你认为在分配新教师时，是分配男教师还是女教师好一些？为什么？

李校长：在我看来，女教师更适合小学生教育工作，我仍然希望给我们的学校分配一些女教师。相对来说，女教师工作更加细致，和学生关系好处理，平常生活中，学生们也愿意和女教师沟通，能畅所欲言，拉近师生关系。除此之外，女教师更加活跃，可以改变学校氛围。相比之下，男教师就不如女教师。

（访谈 B3 学校李校长）

黄校长：还是希望分配来的女老师多一些吧。女老师在平时的工作中，总体来说比男老师认真，好管理。像我们这类学校，每个老师带几门课，女老师在唱歌、跳舞、绘画、剪纸、演讲等方面很有优势，能够带动学校各项活动有效开展。

（访谈 C1 学校黄校长）

课题组在从教过程中也发现，小学生对教师依赖性较强，而女教师普遍更有耐心，便于与学生沟通，所以，小学生普遍更喜欢女教师。在乡村小规模学校中，女教师天然

---

① 王安全. 中小学合理性教师性别结构及其形成 [J]. 教育学术月刊，2012（9）：59-61.

的人格魅力对学生的身心发展有巨大影响，在学生群体中很受欢迎，是学校各级各类活动正常开展的主力军[①]。然而，调查发现，乡村小规模学校费用相对紧缺，住宿条件不佳，教育行政部门考虑到女教师的人身安全，一般不会将其分配到偏远的乡村小规模学校任教。特别是山区学校交通不便，不少教师利用私家车出行，而有些女教师的驾驶技术相对有限，影响了其正常教育教学活动的开展。

　　课题组：×同学，你认为在分配新教师时，分配的男教师多还是女教师多好一些？为什么？

　　×学生：女老师，我们喜欢女老师。女老师有耐心，不严肃，让人感觉很亲近，我们喜欢和她说我们心中所想的。女老师的声音非常好听，讲话温柔，我们不怕。

（访谈 A1 学校一年级×学生）

在调查过程中，课题组在对学生的访谈中了解到，大多数学生也更喜欢女教师，特别是低年级学生，有的说女教师讲课听起来清楚，不会了敢大胆举手询问；有的说女教师平时对班里大大小小的事情都会过问，细心处理直到学生满意；有的说女教师上课很严肃，下课了看起来像是妈妈一样，让人喜欢亲近；等等。由此可见，无论是校长还是学生，都希望乡村小规模学校的女教师可以更多一些。

2. 年龄结构不合理：老龄化趋势明显

教师队伍合理的年龄结构，有助于发挥师资队伍整体优势，促进学校教育教学工作的稳步有序发展。但是，调查数据显示，西部贫困地区乡村小规模学校教师年龄结构不合理。在 y 区 69 所乡村小规模学校中，30 岁以下教师只有 11 名，平均 6 所学校只有一名年轻教师。这说明西部贫困地区乡村小规模学校教师年龄整体偏大。相比乡镇中心小学和一些规模大一点的村小，小规模学校学生人数少，班级课业工作量相对较少。在一些边远地区，特别是偏远山区，小规模学校往往成为老教师争先恐后的去处。有一些乡镇也有意将老教师安排到小规模学校，此举加剧了小规模学校的老龄化现象。老教师中只有少数人接受过专业教育，教学方法已经过时，知识体系、教学能力和综合素质没有得到相应的提高。他们虽然普遍具备教师资格证和相应的学历证书，但缺乏系统的专业知识技能培训，大多数只能依靠自己积累的经验进行教学，无法胜任音乐、体育、美术、现代信息技术等专业技能课的教学。

　　课题组：您认为自义务教育均衡验收以来，学校配置的各种先进的多媒体资源用起来怎么样？有什么困难吗？

---

① 杨兆山．义务教育阶段农村师资队伍建设标准初探［J］．教育理论与实践，2008（1）：45-48.

丁老师：我们这一代人，想学会计算机，这辈子已经不可能了。做课件什么的我都不会。平时给学生上音乐课，我也不会唱。就用电视一体机给学生放音乐，让学生跟着唱。这些教学资源带来了很多方便，就是我们年纪都大了，实在学不会了。

（访谈 A2 学校丁老师）

杨老师：我们没有年轻人学得快，平时动不动就玩不转了。我们这里交通不便，维修起来也不方便，害怕不会操作弄坏了，所以平时基本上不用。

（访谈 B2 学校杨老师）

访谈中发现，西部贫困地区乡村小规模学校老教师适应不了现代教学方式，很多老师平时几乎不用现代设备或者只会简单地操作鼠标，基本上都不会使用计算机，根本达不到信息技术与教育教学的深度融合。因此，年龄结构不合理严重制约了西部贫困地区乡村小规模学校的发展。

3. 专业教师稀缺

国家相关制度要求每个学校的每个学科都应有一定数量的专业教师，以保证各门课程正常开设。小学生处于兴趣爱好培养、潜能开发的最佳时期，开齐开足各门课程显得尤为重要。但是，据调查，西部贫困地区的乡村小规模学校小学科专业教师短缺。一些学科如语文和数学的教师相对充足，而英语、信息技术、音乐、体育、美术以及综合性活动课教师供不应求。如表 3-1 所示，从中可以看出乡村小规模学校专业教师的稀缺。

表 3-1　样本学校专业教师配置情况

学校	英语	信息技术	音乐	体育	美术	科学	思想品德
A1	1		1		1		
A2				1			
A3		1					
B1	1			1			
B2	1		1		1		
B3				1			
C1					1		
C2				1			
C3				1			

为了更好地促进西部贫困地区学生全面发展，y 区每年都在"六一"儿童节组织各乡镇小学、城区学校进行汇报演出、体操比赛、绘画比赛等各种活动。然而西部贫困地区乡村小规模学校学生数量不足，音体美专业教师也是"巧妇难为无米之炊"。教育行政部门在分配小学科专业教师的时候，会考虑学生人数，导致小专业教师一般都被分配到规模大一点的学校。从表 3-1 可以看出，y 区严重缺乏小学科专业教师，学校无法开齐开足这类

课程。个别学校有音体美专业教师，但是没有机会带专业课，而是带了学校的语文或者数学等课程。由于小专业课程教师课业负担相对较轻，因此这些课程大部分交由老教师带。加之这部分老教师大都是中专师范学校毕业，或多或少都会一点小学科知识，会多少就给学生教多少。

> 陆校长：我们这里主要缺音体美教师。这类老师每年全乡镇分配三五个，大都集中到了大一点的乡镇学校。2015 年以前，我们学校音体美课基本不上。一方面缺少师资资源，另一方面老师不会教。2016 年义务教育均衡发展以来，学校配置了各种多媒体资源，老师就可以通过电视一体机给学生上课。美术课把图调出来，让学生照着画，大致会办个手抄报就行了。音乐课老师放曲子，让学生跟着唱，每学期能唱会几首曲子就行了。
>
> （访谈 A1 学校陆校长）

> 马校长：我们这里主要缺英语老师和信息技术老师。之前固原民族师范毕业的老师，大都会弹琴和简笔画，小学音乐课程、美术课程还能凑合教。像英语和计算机，我们直接没办法开设，这两门课程基本上都没有上过。
>
> （访谈 C2 学校马校长）

> 吴校长：学校教师年龄都太大了，对计算机和英语这类课程心有余而力不足。至于音体美课程，老师工作量太大了，都是几个年级合在一起上。没有按照音乐和美术书上教，只是让学生会画和会唱。至于考核结果，也没办法衡量课堂质量。
>
> （访谈 B1 学校吴校长）

> 赵校长：要说缺老师，各科教师都缺呢，最缺的是音体美小学科专业课教师。但是，小学科专业课教师一旦配备齐全，我们的语文、数学课就没人带了。老师本来就少，语数课程能开齐开足已经不容易了，要想奢望音体美专业老师全部带专业课不现实。所以，即便有这类教师也得带语文和数学，兼带几节音体美课程。
>
> （访谈 B2 学校赵校长）

就课题组调研的九所学校而言，从学科分布角度看，语文和数学教师都相对充足。道德与法治、科学等课程大都是兼职教师，能够保证正常上课，音体美教师不足，信息技术和英语教师更是不足。一方面教师不愿意来，另一方面学校也不乐意接受小学科、小专业类教师。因为小专业教师进学校后并不能完全教小专业课，而是主要教语文和数学，而小专业教师大都认为自己不能胜任语文和数学课教学，所以不愿意进小规模学校任教。因此，学校都表示，还是希望能够配齐这些小专业教师，一方面能够开齐开足课程，另一方面能达到促进学生全面发展的目标。

（二）教师数量不足，工作负荷过重

教师数量不足，导致其课业负担过重，幸福指数下降，工作积极性不高，这是一直以来影响乡村学校发展的重要因素。本次研究样本学校学生与教师数量情况如表 3-2 所示。

表 3-2 样本学校学生与教师数量情况

学校	学生数	教师数	班级数	师生比	班师比
A1	11	12	5	12∶11	5∶12
A2	66	10	6	5∶33	3∶5
A3	78	11	6	11∶78	6∶11
B1	68	10	6	5∶34	3∶5
B2	47	7	6	7∶47	6∶7
B3	78	9	6	3∶26	2∶3
C1	8	1	1	1∶8	1∶1
C2	7	1	2	1∶7	2∶1
C3	2	3	2	3∶2	2∶3

从表 3-2 中可以看出，y 区乡村小规模学校师生比例远远高于国家规定的 1∶23 的师生比例。从表面上看，这里的教师应该很充裕，但是通过与教师们的沟通交流发现，实际情况并非如此。对于乡村小规模学校来说，"麻雀虽小，五脏俱全"。学生人数少，学校课程总数并未减少。就班师比而言，若要课程开齐开足，教师的工作量就会很大，每个教师都要带数门课程。在有关带几门课程的问题访谈中，教师们的回答如下：

牛老师：我们这里老师数量少，基本上都是"包班制"，平均一个老师一个班的课程。一般情况下就高段和低段岔开带。比如这学期，我的周课时数是 26 节。我带五年级语文和一年级数学课，还有其他一些副课，如五年级思想品德、美术课、音乐课，一年级科学课、美术课和音乐课。

（访谈 B3 学校牛老师）

贾校长：作业数量看似不多，但是课程数量太多了，教师数量太少了。我们目前有七个年级，其中学前班老师是雇用的代课教师，剩下六个年级六个老师。为了避免学生视觉疲劳，避开"包班制"，学校依据年级划分，高低年级搭配均匀。这样一来，每个老师全天都有课。不在这个班就得在那个班上课。可以说，老师从早晨进了学校大门，就没有一分钟空余时间。除了上课之外，中午还得陪餐、给学生打饭、看着吃饭。中午也不能去宿舍休息，只能在教室陪着学生一起趴在桌子上睡觉。

（访谈 A3 学校贾校长）

从牛老师的回答中可以看出，他一个人带了 6 门课程。若要保质保量地完成教学任务，他就要备 6 门课，每周的周课时 26 节左右（不含早自习和午休时间）。可见，牛老师的工作量是超负荷的。可以说，这样的工作量是乡村小规模学校教师普遍面临的情况。在一些学校，由于校长要负责一部分行政工作，带课相对较少，大多数教师都要带 4 门以上课程。近几年 y 区推行书法课程、德育课程进校园等，这在丰富乡村小规模学校校本课程和综合类课程的同时，也在一定程度加大了教师们的工作量。

（三）教师社会地位和职业满意度较低

从各类研究成果中可以看出，乡村教师流失问题长期得不到有效解决，主要原因仍然是乡村教师职业满意度不高。自 2016 年乡村教师支持计划实施以来，国家及各级政府实行了一系列乡村教师优惠和福利政策，乡村小规模学校教师待遇有所改善。但是，乡村小规模学校教师的专业满意度并没有相应变化。在现代化与城市化过程中，城市中小学学生数量不断增多，选择到城里任教的乡镇学校教师数量不断增长，使城市学校教学规模不断扩大，进一步导致了乡村小规模学校教师数量和质量的下降。

在被调查的小规模学校中，月薪 2 000～2 500 元的教师占教师总数的 21.7%，月薪 2 500～3 000 元的教师占教师总数的 36.4%，而代课教师的收入不到 1 500 元。微薄的收入在较大程度上影响了他们的生活质量。

刘老师：我们的工资，除去生活花销还不够支付每月的抵押贷款，生活压力很大。

（访谈 C2 学校刘老师）

王校长：相比其他职业，教师整体待遇真的很低。不少教师因此时常怨天怨地：物价、房价一直在上涨，教师的生活压力越来越大。相比年轻教师，老教师工资还能凑合，但也承担不了给子女结婚和买房的压力。像年轻人，刚走上工作岗位的特岗教师也就 2 580 元（其间不享受任何补贴），代课教师的全部收入还在 1 500 元以下，维持自己的生活都有点困难。

（访谈 C1 学校王校长）

y 区的大多数乡村小规模学校都位于偏远山区，交通不便。年轻教师为了能让孩子享受优质教育，普遍将自己的小家庭安置在县城。老教师为了帮子女带孩子，也选择在城区买房子。从学校到家坐车一般需要一个半到两个小时。乡村公交一天只有一两趟，时而因包车等因素还不能按时按点经过。加之公交车行驶时间和学校上下班时间不能同步，给教师下班回家带来了诸多不便，也在一定程度上影响了乡村教师职业满意度。

（四）工作和生活环境简陋

1. 工作环境差，办公环境有待进一步改善

乡村小规模学校教师也渴望有一个良好的工作环境。但是，乡村小规模学校学生人数太少，地方财政拨款有限。2016年实施锅炉改造以后，取暖费用开支加大。有些学校的取暖费不能满足庞大的煤炭用量，难以满足师生取暖需求。

被调查的九所小规模学校办公条件很差，部分学校教师没有一个集体办公室，教师在宿舍放一张破旧的办公桌办公、做饭，住宿和办公都集中在一间18平方米左右的房间里，生活和工作环境简陋。个别学校由于学生逐年减少，有些年级甚至出现断层现象，就将空教室改造成办公室，将学生桌子并成会议桌。下面是两位教师对其当前工作环境的描述：

> 万老师：学校工作环境太差了，前几年进来的年轻人一个个都待不住。找个对象电话都打不通，信号总是断断续续的，网络也时有时无的。所以，年轻人都拼命学习参加各种考试：有转行的，有考着进城的，大都走了。
>
> （访谈 B1 学校万老师）
>
> 李老师：学校办公桌椅都是城区各个事业单位退下来、以捐赠方式配发给我们的。学校仅有一台打印机、两台电脑。一台电脑用于营养午餐入账，全校教师就轮换使用另一台电脑。图书资料过于陈旧，无法满足老师备考查阅资料的需要。
>
> （访谈 A1 学校李老师）

2. 生活环境仍需改善，精神生活有待丰富

按照国家政策，目前 y 区乡村学校全部实施了营养改善计划，教师的午餐可以和学生一起在学校吃，晚餐除个别住校人数较少的学校由教师自己做饭以外，其余学校都安排了厨师做饭。但是，早餐就无法得到保障。一般是教师周日带够足够的早餐来学校，馒头等到周三就发霉了，剩下的两天基本上就是不吃早餐。这样，一日三餐时不时地就变成一日两餐。

不少学校用房紧张，常常两个教师安排一间宿舍，即用于住宿，也用于办公。学校办公经费不足，仅有的办公经费基本全部用在了学生身上，改造校舍的时候往往忽略了教师的需要。课题组的一位成员讲到，2014年，她被调到了 y 区 A 学区的一所小规模学校当校长。入校前满腔热血，准备雄鹰展翅。可当自己真正踏进这所学校后，就被眼前的一切惊呆了：校长办公桌油漆都脱落了，宿舍的床是用几张旧课桌拼凑在一起的。学校电路严重老化，电线硬得可以用手折断，房顶抬头能看到天。冬天为了取暖，教师满宿舍串联了各种各样的插线板，存在严重的安全隐患。外面下大雨的时候，办公室里面往往要下小雨。为此，该成员花了四年时间申请各种捐资助学项目，逐步改善了学校办学条件，修好了办公室和漏水宿舍的屋顶，给教师更换了办公桌。即便如此，教师的床依然没有得到有效解决。

西部贫困地区乡村小规模学校教师的物质生活简单，精神生活也很单一。被调查学校除了一张乒乓球桌以外，几乎没有其他的娱乐设施。有的学校网络信号不稳定，电视电脑都用不了。学生放学之后，教师们只好一起做饭、散步、聊天、备课、批改作业，精神生活单调乏味。据调查，76.5%的男教师选择在课余时间准备课程并批改作业；女教师下班后则常常坐在一起绣十字绣、聊天。对此，被调查学校校长很有感触：

吴校长：生活环境就这（一边指一边笑）。哎，平时晚上老师就是聊天，要么就阅一下作业，写一下教案，然后就睡觉。每天都一样，自己的性格也逐渐孤僻了，不愿意与人过多地交流。每个周末下山进城，亲戚们都说我死气沉沉的。

（访谈 B1 学校吴校长）

邢校长：学生没放学的时候，还觉得学校一天闹哄哄的，不觉得心慌。等学生一走，学校寂静得可怕。冬天天气冷，宿舍的墙壁基本上都冻透了。冬天天也短，下班做好饭吃完就天黑了，在灯光下批改一下作业、备备课就睡了。夏天天长一些，吃完饭还可以出去走走。年龄大了，也不喜欢上网、看电视。

（访谈 A1 学校邢校长）

乡村小规模学校教师工作和生活环境等各个方面与城区的条件无法相提并论，工资待遇也不高，而且，他们还面临着来自家庭等各方面的压力。长此以往，他们的心理会出现一些问题，产生负面情绪，导致他们中有些人缺乏生活信心，无法投入正常工作。

二、问题归因分析

乡村小规模学校地理位置普遍较偏僻、交通不便，教育发展长期受到经费投入不足、教师编制管理体制不健全、师资流动不合理等因素影响，教师队伍结构长期处于不平衡、不合理发展状态。

（一）教师编制管理体制不健全

目前，我国对教师编制体制采取全国统一管理的原则，各级教育主管部门和人事部门拥有人事管理权利。这种制度抑制了人为、随机和其他一些不合理的教师入职现象，但也存在不能随时间变化和地区差异而灵活调整编制的问题。近年来，乡村小规模学校学生人数逐年递减，流失严重。按照国家师生比计算教师编制，显然很不合理。虽然乡村小规模学校学生人数少，但其年级数量和课程数量并没有因此而缩水。如此一来，就造成了乡村小规模学校师生比远大于其他学校，但实际上教师数量不足的现象。受编制制度影响，乡村小规模学校不可能给各个学科配置专业教师，进而出现了专业教师稀缺，只能由非专业教师授课的情况。同时，由于编制有限，乡村小规模学校教师数量偏少，造成了一个教师通常要教授数门课程，教师工作量加大的问题。

（二）学校教育经费投入不足

师资队伍建设是一个需要"花钱"的事业，也是一个值得"花钱"的事业。师资队伍建设经费主要依赖各级政府教育经费投入。经费投入不仅是吸引更多教师和人才到乡村来工作的重要动力，也是平衡乡村小规模学校教师专业结构的方式。然而，由于国家每年都是按照学生人数给学校拨付公用经费，而乡村小规模学校学生人数少，因此每年拨付的经费数额有限。不少学校每年的公用经费仅能维持正常的学校开支，学校没有多余资金去改善教师艰苦的工作和生活环境。由于国家教育投入总体有限，国家及各级政府用于乡村小规模学校的教育投入就更加有限。乡村小规模学校教师队伍建设一直缺乏足够的资金支持，这已经是多年来影响乡村小规模学校师资队伍结构改进的共性问题。经费投入不足，严重影响了教师入职乡村小规模学校的积极性、主动性。在访谈中，对于经费投入不足对自己的影响，教师们是这样说的：

> 邢老师：母亲年纪大了，身边离不开人。我每天下班都要回家，往返于城乡、学校与家庭之间，一个月下来光油钱就烧掉了 1 200～1 500 元。我工作的学校属于山区，交通补贴 300 元，乡村教师生活补贴每月 700 元，全部贴补到交通上都不够。
>
> （访谈 C1 学校邢老师）
>
> 武老师：孩子在城里上小学，我们夫妻都在乡下工作，每天都得回家。我们学校离城区 30 千米，属于川区，交通补贴每月 150 元，外加农村教师生活补贴 500 元，合计 650 元，基本上全部补贴到了交通费上。
>
> （访谈 A1 学校武老师）
>
> 李校长：说起补贴，老师们都不会因为补贴而留在乡下工作，因为补贴和实际开销比起来差距太大。看上去乡村小规模学校老师比城区老师每月多拿几百元补贴，但老师们的实际开销远远超出了这个数字。像我自己，开会、带学生参加比赛，一个月

的工资除了交通费，还个房贷，基本上就没有结存了。村小校长这几年很难任命，尤其是这种小规模学校校长更没有人愿意当，主要是开销太大。由于管理严格，差旅费一直都没有报销过。

（访谈 B3 学校李校长）

（三）教师结构性不合理流动严重

受城乡经济发展不平衡和城乡分治等因素影响，城乡劳动力市场的二元制结构成为客观现实，城乡劳动力资源配置不均衡、城市劳动力供大于求等问题日益突出。正是由于城乡发展的不均衡，城乡教师工作量、工作环境、生活环境等方面才会存在巨大的差距。城乡教师资源难以做到余缺互补、调剂平衡，进而出现了较为严重的教师不合理流动现象。

教师之间合理的流动能够促进教师间的沟通交流，帮助教师取长补短、共同提高，同时还能够促进人才资源的合理配置[1]。但是，课题组成员在调研中发现，y 区乡村小规模学校教师流动性很大，且主要流动人员为年轻教师，流动的专业结构不合理。部分乡镇为了留住年轻骨干教师，提出在乡村小规模学校任教可以获得县级奖励，但成效不大。而老教师们为了满足评职称的硬性条件，往往主动请求去小规模学校任教。但大部分城区教师不愿意去规模太小的学校支教，一方面是因为受地理位置和交通不便等因素影响，小规模学校教师工作生活条件相对落后；另一方面是因为小规模学校学生太少，与其惯有的教学模式不匹配。很多教师在交流过程中表示，自己看到班里坐着个位数的学生后，就不知道怎么开口讲课了。这种差异使得乡村小规模学校教师在数量上难以得到及时补给，专业结构性补给也就更加难以实现。

第三节　促进西部贫困地区乡村小规模学校教师专业结构改进策略

一、促进西部贫困地区乡村小规模学校教师专业发展的基本原则

促进西部贫困地区乡村小规模学校教师专业发展是一项浩大的系统工程，需要依据当地经济社会与教育发展现状、问题及其原因，以及乡村小规模学校师资队伍专业化发展中存在的问题及其原因，综合考虑，精准施策。

---

① 李静. 山西省襄汾县农村小学教师队伍建设问题研究 [D]. 太原：山西财经大学，2013.

(一) 需求性原则

需求性原则是指综合考虑乡村小规模学校教师自然流失率等因素，对其所需要的教师数量、质量和规格进行科学预测，以科学满足其现实与未来的发展需要。在建设乡村教师队伍过程中，乡村学生人数、高峰期学生人数、师生比例、专职教师与非专职教师的比例、班级规模大小、学生课时数、教师年龄结构与知识结构，以及地方经济发展水平，都会产生重要影响[①]。所以，对教师专业结构的供给与调整要根据现实和未来的发展需要来进行，也就是要遵循需求性原则。

(二) 公平性原则

教育公平是社会文明的重要标志，也是社会公平的重要基础。实现教育公平最重要的是实现教师教育公平，因此，要实现城乡教育公平发展，就要实现城乡教师教育公平发展。然而，由于城乡二元教育制度长期存在，乡村小规模学校教师教育并未获得公平发展。

城乡差距、城乡二元教育制度是我国长期实行的城乡二元经济体制的历史产物。这种体制在我国持续了很长时间，是城乡教育投入、办学体制等方面不均衡的根本原因。近年来，国家坚持缩小城乡差距，积极实施义务教育均衡发展验收政策，出发点是为乡村小规模学校提供更为公平的教师平台，也是为乡村小规模学校发展合理配置教师教育资源，进而使乡村小规模学校得到公平发展。但是，这项工程尚未完成，尚需要进一步落实。

(三) 本土化原则

乡村小规模学校教师队伍本土化原则，是指各级师范院校，特别是地方师范院校要把为乡村学校选拔和培养教师列入其教育目标当中。为乡村小规模学校选拔师资培养对象首先考虑的是其生源地是否为乡村地区。苏霍姆林斯基教授的帕夫雷什中学（Pavresh Middle School）教师稳定的一个重要原因就是学校教师的来源。他认为，只要一个人有成为农村教师的基础和条件，同时具有寻求知识的精神，无论他是否接受过教师教育，都可以选择，然后学校将集体训练和指导他[②]。乡村生源地教师从小生活在乡村，对乡村生活和乡村孩子的成长环境更加了解，更为重要的是他们对乡村有独特的情感。从职

① 王毓珣. 关于教师队伍建设的理性思索与实践探讨 [J]. 河北师范大学学报（教育科学版），2001（4）：23 - 27.

② 苏霍姆林斯基. 给教师的建议 [M]. 杜殿坤，译. 北京：教育科学出版社，1984.

业认同感上讲，选择出身于乡村的教师也更有利于教师队伍的稳定，有利于乡村学生的教育。当然选拔乡村生源地师资培养对象时也要了解他们的从教意愿，了解他们是否愿意毕业后回归乡村教育事业。如果选择那些不愿意留在乡村地区小规模学校教书的培养对象，则不利于教学人员的稳定，也不利于乡村小规模学校教育和学生发展。

（四）以人为本原则

以人为本是科学发展观的核心，也是实现人的全面发展的目的[①]。以人为本的原则要求教育行政主管部门和学校主要领导时刻关注教师需求，设身处地地为教师着想，想教师之所想，急教师之所急，尽可能地为教师创造优质条件，使其能够安心投入教育教学工作当中。学校领导与管理者要以真情实感与教师进行交流，善于与教师沟通，关心他们的生活和工作环境，时刻关心教师的生活和内心情感，消除教师工作的后顾之忧。同时，要通过激发教师潜在能动性，调动教师的积极性和创造性。在乡村小规模学校教师队伍建设中坚持以人为本，也是以全体教师工作为立足点，以本校教师的切身利益为出发点，尽力满足教师教育需要，让教师为学校发展贡献自己的知识和能力。

二、促进西部贫困地区乡村小规模学校教师队伍专业结构平衡发展的有效策略

兴国必兴教，兴教必重师。打好教育精准脱贫攻坚战，促进义务教育均衡发展，努力办好人民满意的教育，是 y 区目前乡村小规模学校发展的主要目标。想要深入推进乡村小规模学校发展，就要平衡和发展好乡村小规模学校教师队伍专业结构。

（一）完善小规模学校教师队伍专业结构

1. 积极推进人事制度改革，不断完善教师队伍专业结构

据调查，y 区学校教师队伍专业结构长期不合理，主要体现在乡村小规模学校领域。这与学校教学人员水平、学校教育教学质量以及学校长期发展直接相关。乡村小规模学校的教师配置过于随意，直接影响了当地小规模学校教师队伍的整体质量。因此，在人事制度方面，各级教育主管部门应当遵循人事部和教育部印发的《关于深化中小学人事制度改革的实施意见》，努力提高乡村小规模学校人力资源水平，尽力做到合理配置。认真遵循教育规律，坚持高起点、专业化原则，提高乡村基层学校教师的各种津贴补贴，引导优秀毕业生和骨干教师到乡村来支持乡村小规模学校发展。鼓励农村地缘学生重返

---

① 牛倩. 农村小规模学校教师队伍现状、问题及对策研究 ［D］. 兰州：西北师范大学，2015.

乡村小规模学校教学，及时为乡村小规模学校补充新鲜血液。

要在确保西部贫困地区乡村小规模学校教师队伍数量稳定性、工作积极性的大前提下，结合当地具体情况，因地制宜选择合适的人事管理制度。规范人事考核制度，对现有教师实行任用制度和合同管理，完善竞争激励机制，增强教师的自我保护意识，建立有效的自我约束制度。通过政策上的扶持，吸引普通高校毕业生和公费师范生自觉投身于乡村小规模学校建设，从源头上改善教师队伍结构，促进教师在乡村小规模学校的新陈代谢。

2. 规范混班教学

混班教学模式在国外很盛行，我国不少西部贫困地区乡村小规模学校也常常把各个年级学生放在一起进行混班教学。不少小规模学校在音体美教师严重不足的情况下，将几个班甚至几个年级课程放在一起上，普遍实施混班教学模式。我国发达地区的一些幼儿园在尝试了混班教学这种新型教学模式之后，也感觉效果颇为显著。采用混班教学一方面减轻了教师的教学负担，另一方面不同班级同伴之间的相互影响也是促进孩子健康成长不可或缺的因素。因此，2016 年以来，y 区乡村小规模学校普遍实行了这种教育教学形式。当然，在管理方面，混班教学也存在漏洞，比如在课程编排上，没有把学生年龄差异体现出来。应该将不同年龄段学生编在同一节课中，进行不同的考核评价，从而促使其掌握不同层面的知识。

（二）合理分配教师编制，建立健全教师配置长效机制

要想解决乡村教师专业结构发展不平衡问题，就要从实际问题出发，根据学校地理的具体情况和学生人数，按照学校具体需要专门制定针对乡村小规模学校教师管理方面的编制标准，确保小规模学校必要的编制需求。西部贫困地区乡村小规模学校编制要体现灵活性，酌情考虑班师比，而不是实行单一的师生比。只有这样，才能从根本上解决乡村小规模学校教师数量紧缺、专业结构不平衡问题。

解决教师编制问题，实际上首先要解决的是学校教师数量问题。一所学校是否拥有充足的教师资源，直接决定着这所学校师资专业结构是否能平衡发展，决定着教师工作量的大小，以及学校教育教学质量和教师的幸福指数。因此，科学合理的教师编制制度是促进一所学校发展的有力保障。根据调查，y 区乡村小学师生比例已经超过了国家标准。但是，根据乡村小规模学校课程设置与教育教学需要，教师编制不足现象还很严重。因此，某一地区的教师总数符合国家标准，并不意味着教师人数已经满足了该地区每所学校的需要。

因此，课题组认为，教育行政主管部门应该根据西部贫困地区每个乡村学校上报的

教师数量的相关数据分析其实际需求。当地人事部门也要实地走访每一所乡村小规模学校，访谈乡村小规模学校校长，了解乡村小规模学校课程设置、教师教学情况，根据每所学校教师的工作量计算其编制，减少一师多科情况，尤其是"包班制"的恶性循环现象。学校教师编制的核算每年都应该进行，以便及时适应学生人数变化。

（三）增加乡村小规模学校教育投入

1. 加大政府财政投入力度，提高小规模学校教师工资待遇

众所周知，教育事业的成败看教师队伍质量，教师队伍质量与其收入待遇息息相关。因此，西部贫困地区的各级政府部门要理解、关心和支持小规模学校教师的工作，保障他们的收入，改善他们的工作、生活环境，使他们能够在乡村小规模学校安心工作。

西部贫困地区地方财政往往入不敷出，而乡村小规模学校教师工资收入完全受国家财政投入金额影响，因此，国家必须增加乡村小规模学校财政投入，提高小规模学校资金投入比例，优化小规模学校教师工资结构，有效落实乡村小规模学校教师的政策倾向，吸引更多的师范生到西部贫困地区乡村小规模学校就业，进而逐步改善当地小规模学校教师专业结构。

2. 建立西部贫困地区乡村小规模学校教师特殊津贴制度

目前，迫切需要建立西部贫困地区乡村小规模学校教师专项补助制度，解决乡村小规模学校教师不稳定、教师严重流失的问题。通过设立西部贫困地区乡村小规模学校教师特殊津贴等措施，切实提高乡村教师经济收入，以吸引相应学科、专业、学历和年龄段教师，进而有效改善本地区教师专业结构。小规模学校教师特殊津贴的设立要依据当地经济水平分类进行，不同经济发展水平地区要建立不同的教师特殊津贴制度。经济越是落后的地区，当地教师的特殊津贴应该越高。

津贴的数额不应该是象征性的，而应当起足够作用。西部贫困地区乡村小规模学校的教师补贴金额不应低于当地国家公务员的补助金额，同时应高于当地城市教师的补助金额。只有这样，才能真正稳定乡村小规模学校教师队伍，还可以吸引更多优秀教师和城镇教师到乡村小规模学校教学，促进乡村小规模学校教育的发展。这一制度应主要由中央财政保障实施，这是由于实施"一费制"改革后，经济发展本来就普遍落后的乡村地区更无力支付这一费用。只有国家承担起西部贫困地区乡村小规模学校教师特殊津贴费用，这一制度才能得以实施，才能真正体现出国家对西部贫困地区乡村教育的支持和政策倾斜。有学者提出，民族贫困艰苦边远地区教师津补贴政策要突出重点、加大额度，只有这样才能吸引和留住优秀教师。在实施物质性激励政策的同时，还要同步加强教师

专业发展、学校管理创新、课程教学改革等各种非物质性激励政策的落实[①]。

据调研，y区乡村小规模学校教师中90％以上不是本地居民。由于子女上学、老人就医方便等原因，大多数教师都在市区购房。近年来，受物价持续上涨等因素影响，y区房价连年上升，教师生活压力越来越大。周一到周五在学校工作生活，周六、周日才能回一趟家，这让他们中的不少人难以安心于当地教学，想方设法转入市区小学。因此，除了改革教师聘用制度，还应下大力气解决乡村小规模学校教师住房问题。可以结合城市建设的总体规划，制订西部贫困地区乡村教师的安居工程建设计划。可以在市区或所在的乡镇开发教师住宅小区，辐射周边小规模学校教师，以解决教师住房问题。国家应根据学校具体情况，拨出资金改善教师生活条件，在学校为教师提供方便的宿舍，解决当前教师住房困难的问题。有条件的学校还要设立专门的教工食堂，没有条件的学校也要尽量为教师提供做饭的厨房以及基本的厨房用具。在保证教师基本生活之外，还要配齐电脑和电视，尽量提供公共休闲娱乐场所，以方便教师学习和娱乐，以此缩小在乡村小规模学校工作的教师与城镇教师之间生活水平的差距，这样他们就有可能扎根于乡村，一心为乡村小规模学校工作和服务。

结　语

随着乡村经济的不断发展，人们逐渐将注意力转向发展西部贫困地区乡村小规模学校。国家通过各种政策，支持西部贫困地区乡村小规模学校发展，并尽最大可能改善其基础设施和硬件条件。教师是教育计划实施的基础，学校教育质量的高低好坏并不只是看校园建设的美丽程度，以及教学设施的先进程度，关键是要看教师的素质。因此，加大乡村小规模学校教师队伍建设，是目前乡村小规模学校发展的重中之重。

本章以西部贫困地区乡村小规模学校为研究对象和出发点，通过分析和思考乡村小规模学校教师专业结构建设现状，指出乡村小规模学校教师队伍建设中存在的问题及其原因，继而提出了解决问题的对策建议。本研究选择的地点是N省y区。y区是国家重点扶贫开发县之一，也是六盘山连片特困区的重点扶贫开发县之一。课题组成员在y区从事小学教育教学工作近十年，特别熟悉当地小规模学校教育教学工作，具有研究该县乡村小规模学校教育的前期基础和条件。在确定了研究对象的基础上，根据分层随机抽

---

① 任琳琳，邬志辉. 国外实施"艰苦边远地区教师津补贴政策"状况分析 [J]. 比较教育研究，2013，35（3）：99-104.

样原则，从 y 区的 11 个学区中选出了三个学区的九所学校（其中一所为教学点）进行了具体研究。通过对这几所学校教师的问卷调查以及对每所学校校长和部分教师的访谈，了解了该地区教师工作生活现状，得出了以下结论：乡村小规模学校教师人数明显不足，导致代课教师长期存在；教师工作和生活环境差，教师地位和待遇低下；教学人员专业结构不合理，改进效果不明显。通过对 y 区乡村小规模学校教师存在问题原因的分析，课题组提出了相应对策建议。但是，由于采集的数据数量极其有限，本研究结果存在一定的局限。另外，对乡村小规模学校教师专业结构问题的原因把握得不够全面，提出的对策和建议不一定准确，期待进一步探讨和完善。

第四章
西部乡村教师专业合作研修工作坊状况与发展策略

　　随着教师教育研究的不断深入和对乡村教育质量的持续关注，如何确保西部乡村教师研修培训的实效性，促进西部乡村教师专业发展与质量提升，已成为国内研究者广泛关注的话题。近年来，在中小学常见的教师教育研修模式——教师工作坊，是以工作坊主持人为引领，以促进教师专业发展为目的，以开展合作活动为依托，以构建教师专业学习共同体为形式的一种具体实践模式。

　　目前，国内学者关于教师工作坊的研究主要集中于不同学科、不同学段，以西部乡村教师作为研究主体的文献相对较少且多以介绍工作坊建设与发展的实践经验为主。本研究以西部地区 H 乡村教师工作坊（简称 H 工作坊）为个案，从专业合作视角出发，探讨了 H 乡村教师工作坊合作研修的方式及取得的成效，并对合作研修过程中存在的问题进行了归因分析，从而为工作坊的合作研修提出优化策略，以期为更多参与工作坊研修和培训的乡村一线教师提供合作研修及专业发展思路，为目前乡村教师研修和培训的相关研究提供新成果。

　　在具体研究过程中，课题组成员通过实证调查梳理了 H 乡村教师工作坊与不同对象开展的专业合作研修活动，包括依托学校开展的跨校合作研修、U-S 合作研修、与教师发展中心的合作研修、与不同级别工作坊的合作研修以及在"互联网＋"背景下的网络合作研修。研究发现，目前 H 工作坊的合作研修取得了落实合作研修的共同愿景、促进异质性成员间的合作共享以及提升主持人团队领导力等成效。但在合作研修过程中也存在一些问题，主要是工作坊合作研修吸引力不足、研修评估制度乏力以及在合作研修中成员主体地位不够凸显。其主要原因是合作研修资源相对匮乏、研修制度不够明确以及坊内成员工学任务繁重。为此，本研究从外部条件保障、内部自生动力以及内外部机制的协调配合三个维度对乡村教师工作坊合作研修提出优化策略：在外部条件保障支持方面，各级职能部门应全力落实经费保障，为乡村教师工作坊提供多样的合作研修机会，评选标准应向乡村教师及乡村教师工作坊适度倾斜；在内部自生动力方面，工作坊要加强共同体合作文化建设，激发成员的合作研修意识，缓解成员研修压力；在研修机制方面，应改善工作坊考核机制，采取多种评价方式完善工作坊激励机制，着力提高工作坊合作研修的实效性。

第一节　西部乡村教师工作坊个案

开展西部乡村教师工作坊研究，首先要对研究对象学校的地理位置及基本情况进行说明，重点对该工作坊成立的背景和建设理念、共同目标和共同愿景以及工作坊成员结构，尤其是工作坊主持人个人情况进行较为详细的描述，以期从工作坊的外部环境、内部条件、成员结构等多方面明确该乡村教师工作坊的情况。

一、H 乡村教师工作坊简介

（一）挂牌学校的地理位置及基本情况

挂牌学校是指教育行政部门对教师工作坊授予证书和牌匾后，该工作坊主持人所在单位自然享受的称号。H 乡村教师工作坊的主持人是 H 老师，他所在的单位是 D 小学，因此 D 小学就成了 H 乡村教师工作坊的挂牌学校。D 小学要依据相关规定和协议为 H 工作坊提供工作场地，对 H 工作坊开展的工作和活动予以支持。

D 小学如图 4‑1、图 4‑2 所示，位于西部地区月牙湖乡大塘村，始建于 1989 年，是月牙湖乡第一所"吊庄移民小学"。2002 年，因属地划分移交至 N 省 Y 市，距离市中心约 56 千米。学校占地面积 36 200 平方米，校舍建筑面积 5 020 平方米，拥有符合 N 省教育现代化标准的各类教学配套设施：校园网络系统、多媒体教学设备、教师课件制作室、自然实验室、图书馆、多功能厅、音乐室、舞蹈室等。截至调查时共有 21 个教学班，35 名专职教师，876 名学生。D 小学秉承"以德治校、依法治校、科研兴校、质量强校"的办学宗旨，在重视学生发展的同时，非常重视乡村教师科研水平的提升。

图 4-1　D 小学整体外观

图 4-2　D 小学校园环境

（二）工作坊成立的背景及建设理念

近年来，国家为振兴乡村教育、支持乡村教师采取了一系列卓有成效的政策措施。2016 年，教育部为贯彻落实《乡村教师支持计划（2015—2020 年）》中提出的乡村教师培训举措，专门研究制定了《乡村教师工作坊研修指南》，明确提出了组建乡村教师工作坊的目标任务、实施流程以及职责分工，旨在提升乡村教师专业素养，破解西部乡村师资力量薄弱等难题。H 工作坊作为区县首批以"乡村教师"挂牌成立的工作坊，由县区级教师发展中心直接管理。回忆起申请乡村教师工作坊的成立过程时，H 老师谈道："在申请成立 H 乡村教师工作坊之前，我就已经是另一个工作坊的老成员了。工作坊的研修活动确实令我收获不少，但那个工作坊成员基本上都是在城里教书的老师。我就在想，什么时候能成立一个针对乡村教师研修的工作坊。从参加工作开始，我就一直密切关注乡村教育相关政策。这次区里一下发文件，我就积极筹备申请做主持人。前两年参加工作坊的经验，让我对成立乡村教师工作坊的信心很足。"

乡村教师工作坊建设旨在培养一批有理想、有追求、高素质的乡村教师，促进乡村地区优秀教师队伍建设，充分发挥工作坊主持人及成员的示范、引领、辐射和带动作用，打造乡村教师专业学习共同体，加快乡村教师专业化发展进程，提升乡村教育质量，造福每一个乡村孩子。在这批乡村教师工作坊申请过程中，四位乡村中小学教师脱颖而出，成为首批乡村教师工作坊主持人，分别带领若干名中青年乡村教师成立工作坊，开展为期两年的工作坊研修。H 老师就是这四名优秀的乡村教师之一，并成立了以其姓名命名的 H 乡村教师工作坊。图 4-3 所示是 H 乡村工作坊的正式授牌。

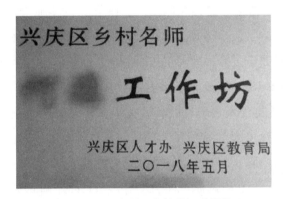

图 4-3　H 乡村工作坊的正式授牌

（三）工作坊成员结构

H 乡村教师工作坊成员以"1＋6＋n"模式构成：工作坊由 1 名主持人负责，6 名核心成员协作开展工作，n 代表主持人及成员之外的若干名教师以及 H 网络教师工作坊的成员。坊内成员分布于同科异校之间，是来自不同乡村小学的同学科教师。

主持人是工作坊的负责人，一般以其姓名或者专业特色命名工作坊。成为主持人的基本条件主要是：要有先进的教育教学理念，能够主动进行学科教育教学改革，具有较强的教育教学能力和研究能力，有独特的教学风格和教学艺术，教学质量高，教学成绩突出；热心青年教师的培养和培育工作，有较强的组织、管理、培训和创新课题研究的能力；具有自我发展、自我完善、自我突破的自主发展意识。职能部门一般根据申报人的具体条件，遴选出符合条件的教师成为工作坊主持人。乡村教师工作坊主持人的主要职责为：带领乡村教师工作坊成员共同制定研修方案，建立坊内专业学习共同体，制定共同体合作学习机制，组织开展主题研修活动，对本坊成员进行个性化指导，引导成员形成实践成果，做好典型经验总结、宣传和推广工作，着力解决乡村教师教育教学中的突出问题。乡村教师工作坊的运作周期是两年，在这期间职能部门要对工作坊进行几轮考核，最终评选出合格工作坊继续支持其发展。

1. H 工作坊主持人介绍

乡村教师工作坊主持人 H 老师，男，一级教师，祖籍 N 省，1989 年出生在 P 县一个美丽的乡村。在这片"花儿地中出，花儿田中长"的独特土地的滋养下，H 老师度过了他的童年与求学时光。因为这份乡土文化的浸润，H 老师对乡村有着深厚的情感。2011 年，硕士研究生毕业后，他通过参加考试来到了月牙湖乡 D 小学教书。在从事乡村教学工作的九年中，H 老师一直秉承着教学科研"两不误"理念，先后公开发表学术论文 10 多篇，在校内外受邀做讲座 50 余场次，荣获自治区级教科研成果三等奖一项、市级教科研成果一等奖两项，主持或参与自治区级课题四项。2014 年，H 老师荣获"国培计划——宁夏回族自治区优秀学科坊主"荣誉称号。2019 年，他又成功入选乡村优秀青年教师培养奖励计划。2020 年前，他是宁夏乡村教师工作坊主持人中最年轻、学历最高的一位。

初识 H 老师是在 2018 年宁夏大学举办的"乡村教育振兴与教育扶贫"研讨会上。H 老师受邀作为分会场发言人之一，做了《关于乡村教师工作坊如何促进教师专业发展》的主旨报告。发言台上的 H 老师面容清瘦，一身简单的休闲西服配合着逻辑清晰的发言，给人以干练沉稳之感。2018 年 10 月，研究者去了 H 老师所在学校，即 H 工作坊的挂牌学校 D 小学进行学习和调研，而且有幸与 H 老师同路去了该学校。当天早晨 6：40 从市内出发，大概用时一个小时车程抵达村小。据 H 老师讲述，学校为教师提供了宿舍。但因孩子年幼需要照料，所以还是每天坚持回家。在被问及从业之初是否适应乡村教学工作时，H 老师坦言自己也是在乡村长大的，学校附近村民说的方言同他家乡的方言口音颇为接近，这使自己的教学工作以及跟学生家长的沟通省力不少。到达 D 小学后，H 老师第一时间进教室。作为班主任，H 老师要负责学生的早读并对班级的缺勤人数进行检查，还要为孩子们分发学校提供的营养早餐。早读结束之前，H 老师与家长通电话确定缺勤学生情况。正值流感多发期，H 老师细心叮嘱学生早晨的体育课要注意安全，尤其是嗓子发炎的同学，尽量不要剧烈运动。短短几句话，让研究者看到了一个不一样的 H 老师——少了几分沉稳严肃，多了几分家长般的亲切感。

早读结束后，研究者跟随 H 老师来到其办公区域。H 老师边打扫卫生，边向研究者介绍办公室情况。H 老师除了担任班主任之外，还担任行政职务——教科研主任。最初计划与校长共用一间办公室，也是 H 工作坊的挂牌办公室，但因办公室空间有限，为方便拿取资料，H 老师选择在隔壁办公室与其他教师一起办公。图 4-4 所示是办公室的档案柜和摆放的材料，图 4-5 所示是 H 老师的办公桌。H 老师略带调侃地"嫌弃"自己办公桌有些乱，但仔细观察不难发现，摆放的文件都是有条理的，桌面醒目处是一会儿开会用的笔记本和早读刚收上来的听写测验，整个办公室打扫完显得整洁有序。

图4-4 办公室的档案柜和摆放的材料

图4-5 H老师的办公桌

2. H工作坊成员简介

能够成为乡村教师工作坊成员的基本条件是肯钻研、能吃苦，专业基础扎实，具有团队合作精神，在县区及以上级别的教育教学大赛中获得过奖项。符合条件的人经过个人申请、单位推荐、主持人考证后得以入选。根据教育行政部门的明确规定，乡村教师工作坊成员中乡村学校教师比例不少于40%，45岁以下中青年教师不少于80%。H工作坊成员如表4-1所示，均为乡村教师，且年龄在45岁以上的教师只有一位。H工作坊主持人及成员是来自5所不同乡村学校的7名小学语文教师。

表4-1 H工作坊成员简介

工作坊成员	职称	年龄	学历	任教时间
P	一级教师	34	本科	9年
Y	一级教师	50	本科	29年
W	二级教师	30	本科	6年
M	一级教师	30	本科	8年
Z	一级教师	40	本科	14年
D	二级教师	32	本科	8年

二、工作坊的共同目标与共同愿景

(一) 共同目标

H 乡村教师工作坊在成立之初就将发展总目标定位在"服务乡村教师群体,提升乡村教学质量"上。通过为乡村教师搭建合作交流学习平台,激励坊内乡村教师从合格教师向优秀教师再向卓越乡村名师迈进。H 工作坊制定了明确的长期目标和短期目标(阶段性目标),并帮助共同体成员确立自己的预期目标,制订行动计划,建立了共同体中每一位成员的教学技能档案。H 乡村教师工作坊以"合作、发展"为两翼,以"共同愿景、自主学习、平等互助、共享成果"为四驱,打造乡村教师专业学习共同体,着力解决乡村小学语文教师在专业发展过程中面临的实际问题,从而实现"更新教育理念、积淀专业知识、提升教学技能、引领教师成长"的具体目标,着力创造适合学生成长的教育环境。

(二) 共同愿景

共同愿景是指专业学习共同体参与者对共同体美好未来的共同期许和需要。共同愿景只有在个人价值观和规范与共同体的正式愿景相一致时才能发挥其作用,也就是说制定共同愿景的最佳途径是寻求个人目标与共同体目标之间的和谐。乡村教师工作坊的共同愿景反映了包括主持人在内的每一位成员的真实想法,也是大家共同磋商、达成一致并自愿为之奋斗的使命,集中体现了作为一个专业学习共同体应有的共同价值观和师德规范。H 工作坊的共同愿景汇集了成员的个人愿景,可以描述为"带头践行和落实立德树人要求,带头传承乡村优良传统、传播乡村先进文化,带头挖掘乡村教育资源,促进乡村教师专业发展"。

"工作坊中聚集的都是德高望重的教师,其言行必然会对该地区教育教学活动的开展产生重要影响,对人生观、价值观、世界观尚未完全形成的未成年乡村孩子的影响更大。乡村教师的言行就是他们的榜样,更是他们的标尺,这就要求教师有坚定的理想信念和高尚的道德情操,作为乡村名师工作坊更要带头落实立德树人根本任务。"[1] H 工作坊将"践行和落实立德树人要求"放在首位,体现了乡村教师对教育事业的使命感和责任感,"育人者必先育己,立己者方能立人",以德为首是成为一名合格人民教师的根基。

---

[1]　摘自 2019 年 H 乡村教师工作坊年度发展计划.

如果说"带头践行和落实立德树人要求"共同愿景体现了乡村教师共同体对乡村学子未来发展的责任感和使命感，那么，"带头传承乡村优良传统、传播乡村先进文化"则反映了乡村教师共同体对乡村文化的深厚情感。乡村教师是乡村学生了解世界的窗口，肩负着开阔学生眼界、丰富学生知识、帮助学生及其家长树立乡村文化自信的使命。如果说"带头传承乡村优良传统、传播乡村先进文化"更多的是为了服务于乡村振兴、服务于乡村学生发展，那么"带头挖掘乡村教育资源"就是为了将乡土文化有机融合在校本课程中，让乡村孩子对自己生活的土地有更深刻的了解，进而实现乡村文化"走出去"的目标与任务。让更多的教师走进乡村，共享乡村教育资源，惠及广大的乡村学生群体，成为 H 乡村教师工作坊共同的愿景和担当。"促进乡村教师专业发展"就是要开阔乡村教师的学科视野，提升乡村教师的专业能力。乡村教育工作有其特殊性，作为乡村教师，不仅要对乡村孩子的学习情况了如指掌，更要善于研究和发掘乡村教育资源。这不仅需要提升乡村教师教育教学能力，还要提升乡村教师的科研能力。

可以说，H 乡村教师工作坊的共同愿景既是每一位成员给未来规划的蓝图，也是共同体集体智慧的结晶。共同愿景植根于共同体每一个参与者的心中，与每个人信守的价值观相一致，能够激发出参与者潜在的热情和能力。

第二节　西部乡村教师工作坊合作研修方式

合作研修是促进乡村教师共同体发展的重要方式。本研究根据合作主体将 H 乡村教师工作坊开展的合作研修活动分为依托学校开展的合作研修、工作坊间的合作研修以及依托"互联网＋"开展的网络合作研修三种方式。在课题研究过程中，通过阅读工作坊成员教学技能记录手册，对工作坊主持人及成员进行多次深度访谈，观察工作坊合作研修中主持人及成员的表现，并汇总一段时间内的工作坊合作研修成果，对乡村教师合作研修效果进行说明。

一、依托学校开展的合作研修

依托学校开展合作研修是 H 工作坊与其他中小学、高校建立合作关系，有效开展合作研修活动的主要方式。本研究将 H 工作坊依托学校开展的合作研修分为与成员所在学校的合作研修、与毗邻学校的合作研修、U-S 合作研修以及与教师发展中心的合作研修四种形式。

（一）与成员所在学校的合作研修

在工作坊主持人和 6 名成员中，除了 P 老师、W 老师及 M 老师来自同一所小学，主持人 H 老师和其他几名成员均不在同一所小学。考虑到成员地理位置的差异性，H 乡村教师工作坊例会、研修活动时间、地点的选择较为灵活。H 工作坊还因势利导地借助地理位置差异性的优势，积极同成员所在学校开展活动。

据 H 老师回忆，工作坊成立后的第一项重大活动就是创办《花儿朵朵文摘》。图 4－6 所示是首期《花儿朵朵文摘》的封面与目录。"创办该杂志的主要目的是发掘小学生习作、创作潜能，提升乡村孩子习作兴趣，同时方便工作坊及其他习作指导教师交流指导经验。"① "文摘"创办以来，工作坊主持人及成员集思广益，积极建言献策，通过分工合作，实现了初步目标。

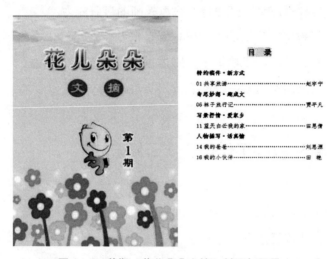

图 4-6　首期《花儿朵朵文摘》封面与目录

为了扩大"文摘"的影响力和受众群体，H 工作坊主持人及成员们在各自所在学校广泛征稿。不仅如此，还利用微信、邮箱等互联网平台发布征稿信息，让其他学校的教师同行们也能参与其中。这样，"文摘"的影响力也从 H 乡村教师工作坊扩大到成员们所在的几所小学再辐射到其他周边学校。"自发布征稿启事之日起，我们一共收到了孩子们的 156 篇习作。所以，创办'文摘'可真把我们几个老师忙坏了。不过，孩子们朴实而又真诚的文字，更加坚定了我们把'文摘'办下去的信心！"在对 H 老师的访谈中，当介绍到"文摘"创办的过程时，H 老师的脸上不时流露出自豪和激动的表情。对于一个刚成立不久的工作坊而言，创办"文摘"的工作无疑是非常困难、艰辛的，每一个环

---

① 摘自 H 乡村教师工作坊公众号．

节都需要成员们反复斟酌。对主持人而言，更是很大的考验，需要具备很强的领导力和观察力，根据成员们擅长的领域进行明确分工。"'文摘'能够顺利出版，离不开工作坊每一位教师的努力，更离不开他们所在学校领导及其他教职员工的宣传与配合。"

　　除此之外，H 老师还积极鼓励成员参加学校组织的各种培训活动，借力各校开展不同形式的培训学习，在坊内展开分享交流。通过共享、交流，让坊内每一位成员及时分享自己的宝贵经历与经验。2018 年 8 月，工作坊包括主持人在内的两名教师经学校统一安排，前往清华大学进行为期一周的研修学习。在此之前，工作坊的另一位成员也通过针对农村中小学教师的国培计划，到清华大学进行了短期集中培训学习。H 工作坊成员的学习经历以及对一些教育教学问题的讨论，最终都记录在了每个教师的成长档案中。W 老师在谈到这段经历时回忆道："上午我们聆听了北京二中付校长关于合作学习与课堂教学变革的讲座，课上我们认真听讲，认真思考，课下争分夺秒，积极请教。"M 老师也在其心得中提道："让我很受启发的是李教授提出的朴素教育理论，做最朴素的教育、当最美丽的教师的职业梦想使我明白学生是教育的核心，所有教育的终极目标都是美的。"[1] 教师工作坊的例会更像学术沙龙，成员们可以各抒己见，探讨教育问题。图 4-7 所示便是 H 工作坊例会场景，主持人的角色不再只是例会的组织者，而且是共同体的促进者，适时提出问题，引发思考，让没有参加培训的教师也能参与其中，互相交流、共享经验。

图 4-7　H 工作坊例会场景

（二）与毗邻学校的合作研修

　　依托主持人和成员所在学校开展工作坊活动，在扩大工作坊辐射面的同时，也为工

---

　　① 摘自 W 与 M 老师在美篇中发表的学习心得．

作坊成员间的相互交流带来了便利。为进一步拓宽工作坊交流和学习渠道，工作坊还积极争取与"兄弟院校"教师合作开展活动。2018 年 10 月，在 H 工作坊挂牌的 D 小学相关领导协助下，H 工作坊与区教研室联合开展了主题为"乡村学校如何构建高效课堂"的区域联片教研活动。主讲教师是 D 小学 Z 校长，他也是一名省级教研员。一直未曾离开过教学一线的 Z 校长，对乡村教学有着深刻的理解和实践经验。为配合此次教研活动，Z 校长特意准备了一堂观摩课。在观摩课上，Z 校长讲的是部编版三年级语文教材中《搭船的鸟》一课。Z 校长对课堂教学做了精心设计。课程分为"课前导入、生词教识、课文讲解、课后检测"四个环节，课程进行中注重对学生书写、认读的规范。通过对"翠鸟"从局部到整体的观察，让学生理解如何抓住事物特点，对其进行描写。

此次活动不仅邀请了坊内教师集体观摩，还邀请了周边几所兄弟学校教师一同学习。整个活动主要分为听课、议课、评课三个环节，议课、评课环节由 H 老师主持，如图 4 - 8 所示。Z 校长首先结合执教的课文做了题为"如何提升乡村课堂教学效果"的微讲座，在讲座中 Z 校长细致地谈了自己的备课思路、教学资源的开发和利用，以及教学设计和实施的关键步骤。Z 校长坦言："乡村娃娃家长对孩子教学的关注程度肯定比不上城里家长，对孩子家庭作业起不了很好的监督作用。所以，不能把孩子学习中遇到的问题拖到课后去解决。每节课我都会设计一个课堂检测，把本堂课的重难点与课后练习结合起来，帮助孩子在课堂上就将本堂课遇到的问题及时消化掉。"①

图 4 - 8　H 老师主持评课场景

随后在评课环节由每位教师轮流发言，就自己在乡村教学实践中遇到的困惑与 Z 校长、H 老师以及其他教师进行交流。研讨结束之后，几位工作坊教师依然围着 Z 校长请教问题。图 4 - 9 所示就是 Z 校长与教师热烈讨论的场景。来自毗邻院校的 K 教师在其听评课记录中这样写道："从推门听课到开门上课，Z 校长深入教学一线，以教研服务

---

① 摘自 2018 年 10 月在 D 小学的听课记录.

者、示范者的角色与我们零距离研讨。孩子们在学习中产生的问题，也能在第一时间捕捉到，及时示范、及时跟进解决。身为一线乡村教师，我们渴望在成长路上有名师的引领和指导，渴望与同行互相切磋、共同进步，既做教育教学的内行，又做教育科研的能手。几载勤耕书乐事，千般苦练铸辉煌。让孩子学会学习，为其点滴进步欣喜，或许就是教师们最大的硕果。"① 此次连片教研活动，不仅让坊内教师受益良多，也增进了工作坊成员与其他学校教师的交流和了解。教师们对乡村教育教学以及如何构建乡村高效课堂各抒己见，提出了不同见解和看法，在交流与分享中加深了对乡村教育教学实践的理解，最终将其运用到自己的教学实践中。

图 4-9　Z 校长与教师热烈讨论的场景

（三）U-S 合作研修

U-S（University-School）是大学与中小学之间的合作关系，其目的是以大学与中小学需要为主要动力，本着平等互惠原则，促进大学与中小学教师专业共同成长。作为工作坊主持人的 H 老师深知与大学合作对工作坊的发展、对每一位工作坊成员的专业成长都有积极影响，因此，在工作坊成立之初，他就努力争取和 N 大学合作。N 大学的一位博士带着自己的科研项目在 H 工作坊及主持人所在的乡村小学进行了实地调研，利用这次机会，H 老师邀请该博士为工作坊做了一次讲座，为一线教师该如何做科研提供了基本思路。这次讲座深入探讨了如何用定性研究方法做关于"人"的田野调查，令工作坊成员受益良多，图 4-10 所示便是工作坊成员聆听讲座的场景。据 H 老师回忆："这次合作对工作坊的发展影响很大，成员们对教育研究有了更清晰的认识，对我自己撰写论文也有了新启发。如果大学或者科研机构能和 D 小学建立长期合作关系，工作坊的发展可能会更科学、少走弯路，最终使双方都受益。"

---

① 摘自 K 老师在美篇中发表的学习心得．

图 4 - 10　工作坊成员聆听讲座的场景

由于经费和资源不足，H 工作坊还无法主动与高校建立长期合作关系，但 H 老师依然积极寻求与高校合作的机会。在学校和工作坊的支持与鼓励下，他积极开展学术研究、前往各地参加高校学术研讨会；会上介绍和分享工作坊取得的经验，聆听学者的观点，会后向专家请教问题，与更多一线教师互相切磋，交流经验；会议结束返程后，将专家给工作坊提的发展建议以及与一线教师交流反思的内容整理成心得，分享给工作坊成员。2018 年，H 老师参加了本地高校组织的"乡村教育振兴与教育精准扶贫"学术会议。作为分论坛的发言人之一，H 老师就工作坊如何促进乡村教师专业发展做了精彩报告。在对其报告主旨进行总结时，H 老师这样说道："一线乡村教师要有政治意识、大局意识、担当意识和责任意识，要把握平台、珍惜机会、发挥乡村优势，努力用自己的思想和行为影响、带动学生和家长，真正发挥教师在乡村教育中的辐射作用。"[①] H 老师的发言与工作坊共同愿景的理念不谋而合：身为乡村一线教师，不仅要有扎实的专业知识和过硬的教学技能，更要有扎根乡村的教育情怀。会议间歇，观察者发现 H 老师还与同场专家就"留守儿童教育""乡村教师工作坊建设"等问题进行了深入沟通。正如其会上发言一样，H 老师对促进乡村教师专业发展的学习机会倍加珍惜，这也能折射出 H 老师对工作坊建设的责任感和发展乡村教师专业学习共同体的使命感。图 4 - 11 所示便是 H 老师在分会场发言的场景。

（四）与教师发展中心的合作研修

身为工作坊主持人的 H 老师也是学校教科研主任，在校长领导下负责学校科研、教改等组织管理工作，这在一定程度上为工作坊的合作发展提供了契机。从 2018 年寒假开始，H 工作坊经区县教师发展中心认定，在校长的带领下参编了教辅资料《三年级语文

---

① 摘自 2018 年 10 月 H 老师在学术会议上的发言记录.

图 4-11　H 老师在分会场发言的场景

寒假生活》。工作坊成员在参编过程中一同研读课标、教材，分析学情，了解学生寒假活动，最终高质量地完成了该教学材料的编写工作。除此之外，在教师发展中心的指导下，H 老师还带领工作坊成员认真研读小学语文课程标准，研发了部编版一至三年级复习资料，并与其他学校共享这些资源。实践证明，与教师发展中心开展的一系列合作活动，有效提升了 H 乡村教师工作坊的辐射作用，与教师发展中心合作过程中形成的良好学习氛围，促进了共同体合作文化的形成，深化了共同体成员对课程标准的认知和理解，提高了学生的学习效率。

　　2019 年 4 月，H 工作坊又一次争取到了与教师发展中心教研员合作学习的宝贵机会。教师发展中心的 5 名教研员来到 H 工作坊开展了乡村课堂教研活动，几名教研员认真聆听了 7 节公开课，精准把脉课堂，听评课结束后，又分别开展了以学科为单位的交流研讨活动。教研员们对乡村课堂教学取得的成果给予了肯定，同时也给出了许多指导性建议。图 4-12 所示便是教研员与教师研讨的场景。

图 4-12　教研员与教师研讨的场景

　　H 老师在访谈中提到这次研讨活动时说："最令我受益的是在语文组交流研讨活动

中，大到高屋建瓴的备课方略，小到细致入微的课堂教学技巧，教研员们都给予了我们专业性指导。教研员认为当前我们小学语文教学所走的路是对的，同时也需要不断提高语文教师素养和工作坊集体备课与课堂教学效率，这对我们的乡村教学工作产生了极大的鼓舞作用。"由于教研员多为一线教师，或与一线教师一直保持密切联系，因此他们的建议更有针对性、更加落地。这种互动式的评课交流方式充分体现了平等对话思想，也让教师更愿意积极融入和接纳。

工作坊的学习资源和培训机会相对有限，珍惜和利用所在学校的资源开展工作坊合作研修活动，一方面可以丰富工作坊学习资源，另一方面可以将工作坊的成果直接传播并辐射到其他教师。通过这些活动，坊内成员也在不断地学习和磨合中得到了成长。

二、工作坊间的合作研修

与不同级别工作坊开展合作研修，一方面可以促进各个级别工作坊经验的交流融合，另一方面可以传递高层次工作坊的先进理念，反思本坊发展的不足之处，也可以输送低层次工作坊的草根经验，寻回教师工作坊立足之本。按级别划分，区域性教师工作坊一般可分为省级工作坊（例如"塞上名师"工作坊）、市级工作坊（例如"凤城名师"工作坊、学科名师工作坊）以及县区级工作坊三种。H工作坊作为本地区首批县区级乡村教师工作坊，其建设和发展既要借鉴高级别成熟工作坊的先进经验，也要探索符合乡村教师专业发展和有乡村教育教学特色的发展道路，这就要求H乡村教师工作坊既要与同级工作坊开展合作学习，共享发展经验，更要向高级别的名师工作坊学习，汲取有益经验，争取发展资源。

（一）同级工作坊合作研修

2019年寒假来临之前，H工作坊应同乡另一所中学工作坊邀请，为教师做了一场题为"一线教师教育科研实操"的讲座，讲座内容来自H老师自己读研的经历以及从业几年来做课题和写论文的心得。H老师基于"新课标"背景，从梳理教师经常遇到的一些教学难题，过渡到教师应该如何开展教育科研，如何成为自己的研究者，逐步消除教师对教育科研的"距离感"和"无关感"。H老师以案例回顾的形式对如何运用常用的几种研究方法进行了具体讲述，讲座接近尾声时还同教师们分享了自己的写作心得、一些常用的论文写作技巧以及常用的写作工具。H老师在访谈时说："在和坊内教师一同研修的过程中，我发现他们对教育科研或多或少都有一些困惑，所以我希望这次讲座能够对他们有所启发。这次与兄弟院校的工作坊联谊活动一方面可以帮助更多的老师进行科研，另一方面可以对工作坊的发展起到一定的宣传作用。"图 4 - 13 所示是 H 老师做讲座时的场景。

图 4 - 13　H 老师做讲座时的场景

由于本校工作与学校间交流时间的冲突，H 老师无法到另外 5 所邀请他做讲座的学校进行交流。为了能让个人经验惠及更多教师，H 老师将自己的讲座课件分享到了这些学校的工作坊。作为工作坊主持人的 H 老师从不吝啬于分享自己做研究的宝贵经验，乐于跟同事们讨论教育教学问题。对他而言，与坊内成员交流分享经验，可以帮助自己厘清模糊不清的问题。因此，在做讲座之前，H 老师总会做大量功课，把自己要讲的要点梳理清楚，一定程度上等于将这些教育教学知识重新回顾了一遍，有助于更好地指导教育实践交流。H 工作坊与同级工作坊的合作学习，使资源共享更加畅通，也在一定程度上扩大了 H 工作坊研修的辐射面。

（二）与名师工作坊合作研修

与名师工作坊合作开展活动是促进乡村教师共同体发展的有效路径，也是 H 工作坊合作规划中一直排在重要位置的一项。所以，H 老师正视自身的不足之处，正视本工作坊与更高级别工作坊间存在的差距，发挥自己在教研工作中的人脉优势，借力其他专家，通过与更高级别的工作坊开展合作活动来指导本坊成员，向专家型、研究型工作坊学习，向着更明确的专业发展方向去努力。2019 年 4 月的一天，H 工作坊争取到了与名师工作坊近距离接触、学习的好机会，市级语文教研员 Q 老师带着自己的名师工作坊到村小开展"创新素养教育"活动。Q 老师对几位试讲教师的教学活动进行了中肯评价，提出了教师要带着常人心态和文体意识解读教材、认真分析学情的教学要求，还提出了教师不能"凭感觉"授课等几点宝贵建议。作为工作坊主持人的 H 老师深知这次机会来之不易，特意提前联系 Q 老师，希望他能为教师们做一次讲座。最后经过反复沟通，终于如愿以偿。当然，这是好不容易盼来的机会，不少周边学校教师也慕名而来，聆听 Q 老师的讲座。在此之前，在研究者对 H 老师的访谈中，他就不止一次提到过 Q 老师。Q 老师在 2011 年就成立了第一个民办教师工作坊，服务对象是 42 位特岗教师，2013 年又成立了首个市级特级教师工作坊，2019 年更是获得教育部授牌成为省内首批"中小学名师领航工程"的名师工作坊主持人。H 老师曾在访谈中提道："我们工作坊起步比较晚，但又是首批乡村教师工作坊。所以，很多时候我都在思考工作坊该如何发展。如果能搭建学习平台，和更高级别、更高水平工作坊牵上线，向他们借鉴经验，相信工作坊发展会有质的突破。"图 4 - 14 所示便是 Q 老师讲座场景。

图 4 - 14　Q 老师讲座场景

讲座围绕"语文老师教什么、怎么教、为谁教"展开。Q 老师结合自己从教 30 余年、扎根乡村教学 20 载的经历，把自己在乡村教学、语文学科教学中遇到过的困惑娓娓道来，在场教师频频点头，随后他又讲述了自己如何走出"缺氧地带"的经验。他提出"花心思备课，才能省力气上课"的观点，强调备课要充分研读教材，不能架空分析文本，更要考虑学情，把学生可能遇到的问题想明白。讲座之余，H 老师又抓住机会向 Q 老师讨教工作坊发展问题。针对主持人该如何进行自我提升，Q 老师指出："在工作坊里，主持人与成员之间不是师徒关系，主持人是领航者又是参与者，有时是顾问，但更多的时候是同伴。随着工作坊活动的开展，主持人的角色也在不停转换，但始终要关心成员发展，更要理解成员的难处，指导成员不断深入研究，帮助成员做学科的明白人。"① Q 老师听取了 H 工作坊发展思路的介绍并表示认可，在谈到工作坊如何开展合作活动时，Q 老师分享了自己的经验："2011 年我们成立了第一个民办教师工作坊，两年后又成立了一个公办教师工作坊，精力实在跟不上，但'手心手背都是肉'，谁都不能落下啊。于是，我就想办法整合工作，从中牵线促成两个工作坊结为手拉手教研活动合作

---

① 摘自 2019 年 4 月在 D 小学的听课记录．

发展共同体，精力共用、活动共商、资源共享，既解决了精力不济问题，又促成了两个工作坊甚至是两个学校的深度合作。"Q 老师肯定了建立合作关系在工作坊研修培训中的重要作用，这些发展思路让 H 老师如醍醐灌顶一般，对一些曾经困扰他的问题，如该如何解决学校工作与工作坊研修之间的矛盾，H 老师有了新的解决思路，对工作坊今后的发展也更有信心了。

三、"互联网十"背景下的网络合作研修

随着科学技术的不断进步，教育信息化成为教育事业发展的时代所需。因此，N 省积极响应时代召唤，于 2018 年 11 月与教育部共同签署《共建"互联网＋教育"示范区合作协议》。作为全国首个"互联网＋教育"示范区，N 省一方面计划每年建成 25 所"互联网＋教育"示范学校和 75 个名师网络工作室，另一方面提出"推进网络精准扶智行动"，支持贫困地区教育信息化发展，实现全区乡村在线互动课堂学习全覆盖，同时提出利用"个人空间—教师工作坊—研修社区"打造网络研修体系，建立"互联网＋教育"背景下的混合式教师培训模式，打造乡村教师专业学习共同体，促进乡村教师网络合作发展的计划。为助力本地区乡村"互联网＋创新素养教育"的深入推进，H 工作坊主持人凭借自身现代教育技术专业背景，利用多个网络研修平台开展合作学习活动，实现了"线上"与"线下"培养方式交互使用，进一步加深了工作坊成员间的交流与合作。

（一）成立 H 教师网络工作坊

2019 年，在宁夏教育云技术平台支持下，H 工作坊成立了 H 教师网络工作坊，着力打造信息技术环境下的乡村教师专业学习共同体。在谈及教师网络工作坊成立情景时，H 老师说："我们工作坊的成员来自不同的乡村小学，彼此之间的距离都不近，每次选择在哪里办活动都是个大问题。而且经常出现学校工作和坊内活动冲突现象，活动就要一拖再拖，时间也要一改再改，即便如此，也很难集齐所有成员一起开展活动。"时间与空间的双重困境，让这个刚起步的工作坊步履艰难，活动实效性打了折扣，教师们的积极性和主动性也慢慢降低，长此以往，促进乡村教师专业发展的共同愿景就会落空。H 老师作为这个共同体的领航员、掌舵手，无数次地思考着如何解决时间和空间限制带来的"并发症"，"直到获悉宁夏教育云平台可以申报网络工作坊，我立刻开始了解申报所需要的条件。其实，我们工作坊也是抱着尝试的态度去做，因为当时听说每个县区只有五个申报名额，条件也高，很多工作坊都感觉达不到要求就放弃了。比较意外的是，当时申报的工作坊比较少，我们幸运地进入了被推荐行列。"图 4－15 所示是 H 教师网络

工作坊的主界面。

图 4 - 15　H 教师网络工作坊的主界面

研究者数次参加 H 工作坊例会及教研活动，在此过程中发现，H 工作坊的教师对本坊活动、例会都愿意积极参与，渴望通过工作坊与大家分享交流经验、共同进步。有一次，不能参加例会的成员还专门给同校的另一位成员打电话，嘱咐其做好会议记录，回去一同探讨。成员们的学习热情 H 老师都看在眼里，"不能参加例会的成员，我们会把会议记录纲要发到微信群供其参考，一定程度上解决了信息共享问题。但无论是微信还是 QQ 文件都有时间限制，有时候一忙忘了下载就过期了。有些文件太大，上传起来特别费劲，也是不容忽视的问题。开通网络工作坊后，我迅速熟悉了它的功能、设置结构，随即上传学习资料和录制的课程，并教会成员如何在平台上上传和下载资源。"网络工作坊一定程度上打破了时间和空间限制，成员们可以利用这个平台共建共享、共合作、共交流，随时随地调用和下载所需学习资源。网络工作坊还有一大优势就是辐射面更广，只要通过网页进行搜索就可以点击进入工作坊浏览。研究者对 H 网络工作坊进行了一段时间的跟踪调查后发现，申请加入 H 网络工作坊的不仅仅是固定的几位成员，还有来自其他县区的乡村教师。这样，"互联网＋"背景下的教育云平台合作使 H 乡村教师工作坊的受众群体不断增加，影响力也在逐渐扩大。

（二）开通 H 工作坊微信公众号

2018 年，在工作坊成立之初，H 老师就在短时间内快速建立了工作坊公众号，并持续不断地更新工作坊的合作研修成果。因此，尽管当时还未成立正式的教师网络工作坊，公众号就已经发挥着和云平台同等重要的作用了。在谈及开通 H 工作坊微信公众号的初衷时，H 老师说："我们当时以工作坊的名义办了一个内部刊物，叫《花儿朵朵文摘》，我还需要一个微信公众号平台，让乡村学生的习作更好地传播，给其他学生做榜样，吸引更多学生写作并引导他们投稿。同时，为学生搭建习作交流平台，也借助这个平台宣传与乡村教育相关的故事。"

H工作坊始终坚持以惠及和辐射更广大的乡村教师为己任，注重研修成果的实效性。2020年，在受新冠肺炎疫情影响中小学无法正常开学的情况下，H工作坊积极响应教育部"停课不停学"的号召，在主持人的带领下，尝试了多个平台录制网课，探究出希沃白板的"录制胶囊"七步法①，并将运用该软件制作网课的步骤、学生及家长使用的整个流程进行截图整理，直观地分享在公众号上。每张截图还细心地配上文字说明，对重点之处做出标注。工作坊研究的这一操作指南不仅为广大一线教师录制视频课程提供了指导，还兼顾了学生及家长使用的便捷性，将输入性操作和输出性操作合并为一个整体的操作流程，引起了师生及家长的广泛关注，仅两日该文阅读量就突破了400人次。

H工作坊教师深知促进教师专业发展的最终指向是学生的成长和进步。疫情期间，教师们利用空闲时间录制了一系列网课，这些教学视频最后全部共享到了公众号平台上供学生学习，为同学们答疑解惑。这些线上的合作活动，打破了时间和空间带来的局限性，为疫情特殊时期教师教与学生学打开了一扇新的窗。图4-16所示是H老师录制网课的场景。

图4-16　H老师录制网课的场景

与此同时，H工作坊还将线下的合作活动与线上的交流分享相结合。H老师曾在一些学校做过关于"一线教师教育教学研究实操"的讲座，向教师们分享了自己利用问卷网对学情进行检测的方法。受时间以及讲座实时性的限制，教师们不便于记录和保存H老师的经验方法，H工作坊便利用公众号这一网络交流平台，将问卷网调查研究的操作流程分享给其他教师，弥补了线下交流时间有限且受空间影响较大的缺陷。"每次公众号上的文章被阅读了多少，被转发了多少，阅读群体又是谁，我们是可以从后台看到相应

---

① 摘自2020年3月H乡村教师工作坊公众号相关内容.

数据的，从中也能看到读者的反馈。这些数据能给我们提供一个方向，既然有很多读者去读这个内容，说明这个内容有一定的可读性或者对其他老师、学生有一定的借鉴意义，今后就可以向这个方向去发展。"H 工作坊利用网络合作研修平台，不仅弥补了坊内成员面对面合作交流时间不足、精力有限的缺陷，还扩大了合作研修的受众范围。同时，利用公众号反馈的数据，对工作坊合作研修活动进行调整和优化，可以更好地惠及和辐射广大乡村教师群体。

第三节　西部乡村教师专业合作研修工作坊成效、问题及归因

对 H 乡村教师工作坊与不同合作对象开展的合作学习活动进行深入研究后发现，H 工作坊的合作研修取得了一定成效，但在某些合作研修中，H 工作坊却处于相对被动状态，有些合作没有达到预期效果。系统梳理乡村教师工作坊合作研修取得的成效，认真研判和总结目前工作坊合作研修中存在的主要问题及其原因，对优化工作坊今后的合作研修方式，促进乡村教师专业学习共同体的形成与发展有重要意义。

一、西部乡村教师专业合作研修工作坊成效

（一）落实合作研修的共同愿景

共同愿景是指导共同体产生合作行为、共同决策进而促进共同体发展的核心价值观念。共同愿景能够为共同体勾勒出清晰的发展蓝图，是工作坊发展的长远目标，也是引领工作坊开展合作研修活动的方向。因此，它不同于具体目标。具体目标即短期目标，既可以是工作坊一段时间内的发展规划，也可以是某一次合作研修活动的目标，其实现依赖于每个具体活动的完成，而共同愿景的实现依赖于工作坊每个具体目标的落实。

H 乡村教师工作坊的共同愿景是带头践行和落实立德树人要求，带头传承乡村优良传统、传播乡村先进文化，带头挖掘乡村教育资源，促进乡村教师专业发展。[①] H 工作坊在制定共同愿景时，主持人先征求了每位成员的意见，让大家把对工作坊的期许都写下来，随后将申请工作坊的文件发给大家，让各位成员比较研判工作坊愿景。根据国家相关政策文件，区县级教师工作坊的指导思想和发展目标是："充分发挥名师的专业引领

---

① 摘自 H 乡村教师工作坊建设档案.

作用，服从并服务于促进公平、提高质量、立德树人总目标，建立优秀教师间合作互动培养人才的新机制，培养一批具有合作意识、进取精神的教师队伍，促进教师专业发展，着力创造适合学生成长的教育。"H 老师带领成员结合有关文件和成员个人愿景，以及近年来有关乡村教育、乡村教师的方针政策，制定了汇集共同体集体智慧、凝聚共同体对工作坊未来发展期望的共同愿景。在谈及如何实现共同愿景时，H 老师总结了自己的心得："首先要搞清楚乡村教师工作坊的功能和定位，了解成员的真实需求。我们制定的近期目标以及成员个人专业成长档案都要以共同愿景为指导，开展的合作活动主题都和共同愿景有关。"工作坊的共同愿景不仅体现了价值观层面的长期目标，也为工作坊短期目标的制定、实施提供了价值指导，有助于共同体合作文化的形成。

（二）促进异质性组织成员的合作共享

虽然说 H 工作坊的主持人和 6 名成员都是小学语文教师，但大家在不同学校、不同年级任教，因此，其成员主体结构是多元异质的。从年龄结构看，H 工作坊既有从事教育工作近 30 年的经验丰富的老教师，也有不少"80 后""90 后"青年教师。从地理位置看，既有在远离城区的乡村学校教书的教师，也有在城乡接合部任教的教师。异质性成员虽然在磨合中面临相对更大的挑战，但共同体秉承着平等合作、互相尊重、理解信任的差异性原则，有助于成员在互动中形成合作互补关系，可以让成员以更加包容的心态去处理彼此之间的关系。不同的思考方式、不同的教育理念、不同的教学风格都会在每一次集体活动中迸发出新火花，成为工作坊发展的不竭动力。

不仅如此，H 工作坊还通过任教于不同学校的异质性成员进行资源的有效整合和利用。成员中谁的学校举办名师讲座、专业指导，便及时邀请坊内其他成员前去观摩学习。一些成员外出学习归来后，坊内会及时安排汇报交流活动，让其他教师从中也能有所收获。因此，合作研修活动不仅能促进教师工作坊内的合作，还能引导成员逐渐"走出去"，充分整合和利用学校和工作坊资源，开展坊与坊合作、坊与校合作。这不仅促进了异质性成员间的合作共享，缓解了工作坊资源紧缺的状况，还帮助成员打开了合作视野，成为其专业成长的"加油站"，为教师专业知识、专业能力充电，促使他们在合作研修中不断塑造自我，凸显成员主体地位，逐渐成为可以独当一面的研究型、骨干型乡村教师。

（三）提升主持人的团队领导力

领导力是组织、带领团队成员干事的能力，是一种特殊的人际影响力，能对组织中其他成员的行为产生直接影响。但教师工作坊主持人在外文文献中被译为"facilitator"（促进者、服务者），而不是"leader"（领导者），反映出工作坊主持人的功能定位并非站在塔尖上管理和领导其他成员，而是"有领导力的促进者"，能够促进成员的发展、推动共同体建设。

实践证明，西部乡村教师工作坊在合作研修过程中，对主持人团队领导力的提升主要表现在以下几方面：一是塑造了工作坊未来。具有良好领导力的主持人不仅能预见工作坊未来，根据坊内成员的真实需求和现有资源，对工作坊的功能和价值做出预判，还能创造未来，如 H 老师在工作坊成立之初，就对每一位成员合作研修的需求和期待进行了深入了解，并与成员一起制定了工作坊的发展愿景和长期目标规划。二是行动力的提升。实现长期发展目标，需要团队成员将共同愿景转化为具体活动目标，再转化为行动，需要主持人了解每一位成员的优势和发展需求，再以民主协商的方式分配责任，以确保在活动过程中保持良好的团队合作。为此，H 老师通过使用网络研修平台，开通工作坊微信公众号、成立教师网络工作坊，为成员搭建学习平台，将研修工具与合作研修活动相结合，辅助成员进行合作研修，定期与成员讨论一段时间内在研修中的收获，进而将其研讨共识转化为团队行动力。三是获得组织认同。组织内部的认同源于主持人长期不懈的努力。主持人不仅要有过硬的教学业务能力，更要有踏实严谨的工作作风，在他人心中树立榜样，从而让成员产生信任感。四是赋权成员，支持成员自我领导，鼓励成员共同决策。工作坊主持人的职能不是命令成员去做一件事，而是把主动权交到成员手中，发挥他们在共同体中的主体地位，让他们成为自我的领导者，从而激发他们的主动性和积极性，在自我领导的过程中认真审视自己身上的价值和存在的不足，继而获得自我成长与发展。

二、西部乡村教师工作坊合作研修中存在的问题

（一）工作坊合作研修吸引力不足

工作坊合作研修的吸引力是坊内成员间合作研修所需的共同力量，是工作坊与不同合作对象合作研修过程中形成的聚合力。坊内合作研修的吸引力主要来源于三方面：共同体的内聚力、共同体的沟通以及成员归属感。其中，共同体的内聚力是成员间相互作用的情感力量，对工作坊开展合作活动起着重要作用，是影响共同体吸引力的关键因素。共同体内聚力无法很好地形成是工作坊对成员吸引力弱的主要原因，而共同体内聚力的形成往往受工作坊的构成和规模、领导方式以及外部环境等因素的影响。

H 工作坊成员分布于地理位置较远的不同乡村小学。除了开展活动和举行例会，成员们几乎没有时间一起共事，也很少沟通，进而影响了其吸引力的形成。因为 H 工作坊

主要局限于正式沟通，也就是通过工作坊渠道进行信息交流，以传递和分享工作坊中的"官方"工作或学习信息为主。然而，在正式沟通不畅通或出现问题时，非正式沟通会起到十分关键的作用。有时候，成员的真实想法往往也是通过非正式沟通表露出来的，非正式沟通更倾向于情感的表达和传递，缺少非正式沟通会影响成员们真实思想和动机的表达，组织会显得缺少"人情味儿"。

H乡村教师工作坊与不同合作对象的合作研修缺少吸引力主要表现为：工作坊开展的合作活动都是借助学校或其他平台进行的，在活动过程中工作坊处于相对被动的境地。活动目标相对模糊，活动主题与工作坊教师需求的适应性不强，活动效果也会受到一定影响。另外，H工作坊缺少"名师效应"。名望高的教师本身就具有吸引力，辐射能力和宣传能力自然就高，愿意与之合作的对象也更多，工作坊就能掌握合作发展的主动权。而缺少对合作对象的吸引力，会使工作坊错失很多宝贵的合作机会，一定程度上阻碍了教师的合作学习。

（二）工作坊研修评估机制乏力

合理的评估机制对工作坊合作研修工作能起到过程监督、责任落实、方法改进以及正面激励等作用，是工作坊合作研修工作顺利开展的重要保障。但是，从区县级乡村教师工作坊实施方案文件中的相关研修评估机制来看，乡村教师工作坊主持人的引领带动作用、专业学习共同体的组建、合作研修活动的开展、乡村教育资源的开发与生成以及乡村教师学习和实践成效等评估研修机制还存在一些问题，主要表现在三个方面：一是评估主体只有教师发展中心，相对单一。乡村教师工作坊文件规定："县区级教师发展中心负责工作坊的考核与评估工作，包括过程性考核评估、年终考核评估、终结性考核评估以及对成员的考核评估。"[①] 尽管这种第三方评估模式相对客观、公正，但缺乏其他主体参与特别是缺乏自评者参与的评估，容易造成评估者与被评估者之间的不平等关系。合理的评估体系应该是由不同评估主体共同对工作坊学习和研修过程进行评估。二是评估指标缺乏系统性。从表4-2"教师工作坊研修成果年终考核评价细则"可以看出，尽管评估指标比较细化，但没有将工作坊合作研修中关于资源整合与开发、研修活动的设计与实施以及教师工作坊合作研修模式的应用纳入评价指标当中，一定程度上忽视了工作坊合作研修的系统化评估[②]。三是评估结果注重量化但不够科学准确。按照教师工作坊研修评估表，在教师工作坊研修评估中合作研修成果部分占二分之一，而合作研修成

---

① 摘自H乡村教师工作坊建设档案.
② 武丽志，白月飞.教师工作坊主持能力评价指标体系构建［J］.中国电化教育，2019（12）：123-128.

果占研修总成果的六成以上。这种量化评价结果可能会忽视或者反映不出共同体的理念、情感、价值观等方面内容,由此影响了对工作坊的全面性、综合性评估。除此之外,H工作坊缺少完善的坊内管理评价机制,会在一定程度上影响工作坊激励成员开展活动、参与合作、督促成员研修学习的成效。

表 4-2　教师工作坊研修成果年终考核评价细则

评估项目	评估指标	分值
合作研修成果 （30分）	在一个工作周期内,工作坊有市级及以上研究课题;主持人及成员承担相应的课题研究工作	8
	工作坊研修成果推广方式多样化,例如发表论文、著作,举办研讨会、讲座,开展教研、教学观摩活动等,邀请专家做讲座,其中一次须是县(区)级及以上的专家讲座	8
	开设校级、县(区)级公开课,每学期不少于1次,培养期内不少于4次。每年主持人听学员上课不少于10节,成员间相互听课不少于5节	8
	每次活动的信息按时上报县(区)教育局名师管理办公室(每月0.5分,共6分)	6

(三) 在合作研修中成员主体地位不够凸显

落实成员主体地位既是工作坊合作研修取得实效的基本依据,也是工作坊合作研修持续发展的根本原因。成员主体地位的不断提升能够激发工作坊成员谋事创业的主动性和创造性,是工作坊合作研修的动力,也是工作坊成员进步和成长的助推器。但从目前H工作坊合作研修情况来看,成员主体地位不够凸显,主要表现在三个方面:一是合作研修时间不充裕。H工作坊成员来自不同学校,有的成员身兼双职甚至数职,工作任务繁重,无法保证按时参与工作坊活动,导致个别成员对参加工作坊合作活动的主体意识减弱、参与度降低,影响了工作坊活动的有效开展,也影响了工作坊对个体专业发展的促进作用,甚至可以说无法正常参与工作坊活动是工作坊成员主体地位落实不到位的最大阻碍。二是工作坊成员网络合作研修效果不显著。H教师网络工作坊现有的研修模块包括学科文章、学科资源、教学随笔、课题研究、名师课堂、网上评课以及教研活动七部分。其中前四个模块主要用于共同体资源分享,后三个模块主要用于教师合作交流。研究者对网络研修模块及其成效进行了一段时间跟踪观察和分析后发现,前四个模块的成果发布者均为主持人一人,即主持人单向输出,进行资源分享和成果展示,其他成员几乎没有参与;后三个模块只进行过两次“网上评课”,其他两个模块未曾使用。由此可见,H教师网络工作坊的使用率相对较低,成员缺少参与感和体验感。三是工作坊培养和训练其成员领导力的举措不足。主持人团队领导力对整个工作坊的发展有促进作用，但仅此还不足，还需要主持人有意识地培养其成员的领导力。H 工作坊合作研修活动多数由主持人牵头进行，由成员主动组织进行的活动相对较少。长此以往，可能降低其成员的参与度，一定程度上影响合作活动的实效性。因此，工作坊要培养成员的领导力、锻炼成员的组织能力，主持人要引导成员共同参与，发挥主体作用，充分尊重成员的想法，鼓励成员积极参与决策。

三、西部乡村教师工作坊合作研修问题归因分析

（一）合作研修资源短缺且失衡

教师合作研修活动过程中的人力、物力、财力，研修活动的时间、信息以及举行活动的地点等都属于其资源范畴，在很大程度上影响着工作坊研修活动能否顺利进行。

调查发现，H 乡村教师工作坊面临着合作研修资源相对短缺且配置失衡问题，一定程度上阻碍了 H 工作坊和教师专业学习共同体的发展。H 工作坊面临的资源问题主要表现在三个方面：一是人力资源供给不足。据 H 老师描述，申请参加工作坊时，所有教师都要将资料交给职能部门，由职能部门统一分配。最初给 H 工作坊分配了 8 名成员，但有两名成员觉得 H 工作坊并不是自己心目中理想的工作坊，最终主动放弃了参加工作坊的机会，导致其最后名单里只有 6 名成员。乡村教师工作坊在一部分教师眼里"级别"较低，分不到成员是其普遍面临的难题，也是令主持人备感无奈的一件事。二是主动合作机会不足。为了发展，H 工作坊积极争取合作机会，但这大多数都依赖于主持人和成员所在学校。H 工作坊在发展中也努力争取与高校开展合作，目的是借力高校科研资源促进乡村教师专业学习共同体朝着研究型教师发展，但由于缺少职能部门支持和经费有限，目前与高校开展的合作主要是依靠高校科研团队下乡调研、参加高校举办的研讨会和大型讲座来实现，合作主题与工作坊需求的契合度低，导致工作坊在合作中处于相对被动的境地。三是经费难以兑现。在经费保障上，区县级教师工作坊实施方案对经费标准、经费来源、经费用途以及经费管理做了明确规定，然而在运行过程中却存在明显不足。据 H 老师描述，以成员身份参加工作坊时，区县级教育部门文件规定每个成员有 2 000 元补贴，然而近三年过去了，补贴也没有兑现。工作坊开展活动使用的经费报销程序烦琐而漫长，这些都成为影响工作坊顺利开展合作活动的重要因素。

（二）合作研修机制不健全

H 乡村教师工作坊由区县级教育行政部门和挂牌学校共同负责管理。其中，区县级

教育行政部门负责制定保障工作坊有效运行的协调机制，挂牌学校负责提供工作场地和相应设备。然而，在研究区县级教师工作坊建设方案时发现，该指导方案里的工作坊保障措施中只有经费保障与考核制度，缺少工作坊激励机制和权责机制保障措施。

激励机制是实现激励主体与激励客体之间良性互动的基本方式，是保证专业学习共同体发展和合作活动开展的一种重要手段，对教师积极性的发挥起着重要作用。但是，据 H 老师讲述，工作坊内优秀成员的最终评定由工作坊成员所在学校签字盖章才能上报，工作坊只负责提供相关书面材料，一定程度上限制了工作坊权限，影响了工作坊主持人作用的发挥。而实施方案中并未对主持人权限和责任交代清楚，主持人想发掘共同体优秀成员却心有余而力不足，对学习不力成员也起不到有效的督促作用。尽管参加工作坊研修是教师的自发行为，更多地依靠教师发展的内驱力，但也需要相应的外部激励措施，尤其是内容型激励，根据成员实际需要对其进行激励，从而调动成员参与合作研修的积极性。

另外，建立与实施权责明确的外部保障机制是有效管理工作坊的关键环节。建立和完善工作坊研修制度，明确各方责任，建立权责明确的激励机制是教师工作坊学习共同体发展的前提和基础。而 H 乡村教师工作坊现有制度不明确，在工作坊成员的考核方面规定："终结性考核分为优秀、合格与不合格三个等次。合格等次以上者，将作为区级骨干教师培养对象候选人。"[①] 但是，文件并未对优秀、合格以及不合格的标准做出说明，影响了实际操作与执行。因此，研修机制的不完善、不健全，影响了工作坊合作研修工作的有效推进。

（三）工作坊成员工学任务繁重

学校工作和工作坊学习任务的安排时常发生冲突，时间不够、精力不足成了大多数工作坊成员绕不开的问题。H 工作坊作为一个成员异质性分布的乡村教师工作坊，面临的问题尤为突出。H 工作坊成员分布在不同乡村小学，各个学校间的距离都不近，每次开例会、办活动，光是在路上就要耗费不少时间。工作坊成员既要在学校承担大大小小的教学任务，又要挤出时间参加工作坊学习活动。或许坊内的一些沟通交流也可以利用社交软件远程进行，但是也有一些合作研修活动无法在网上进行。

H 老师在访谈中略感无奈地感叹道："小学老师，尤其是乡村小学老师都知道，师资很紧缺，我们在学校里都是'一个萝卜一个坑'。工作坊中不少成员都是班主任，我自己也是，而且还在学校担任行政职务，有时候恨不得像孙悟空一样多出几个分身！学校

---

① 摘自 H 乡村教师工作坊建设档案．

工作离不开，工作坊的合作学习也不敢耽搁，经常让大家觉得有些分身乏术。"教师们在工作坊合作研修过程中常常面临着时间不足、精力有限的双重压力，开展合作活动的时间难以保障，学习效果自然会受到影响。

H 老师作为一名普通乡村教师，自然能够充分理解成员的难处。但是作为工作坊主持人，他又希望成员能够在坊内有所收获，实现自身专业成长。因此，如何帮助成员解决好研修时间不足、地理位置较远、工作任务繁重等方面的问题，从而提高成员在坊内研修学习的效率就成了工作坊主持人需要不断思考的难题。

第四节　西部乡村教师专业合作研修工作坊发展策略

通过对西部乡村教师工作坊合作研修活动方式的分析可以发现，受各种因素影响，西部乡村教师工作坊合作研修中存在诸多问题。研究者认为应该从外部条件保障、内部自生动力以及内外部机制的协调配合等多个维度促进工作坊合作研修活动的开展，帮助工作坊成员提升合作学习效率。

一、依靠职能部门保障合作研修机会

（一）全力保障研修经费

各级职能部门为工作坊提供必要的经费支持是工作坊开展合作活动、维持机制运行的物质基础，这需要从以下三个方面落实：首先，在政策文件内容上，应明确各类经费的标准和用途，明确每一类工作坊年活动经费额度、各类活动经费标准，确保为工作坊运行提供持续、稳定的经费支持。其次，在经费落实上，启动专项资金，同时还可以多方筹措工作坊活动经费，为工作坊提供长期经费保障。尽可能简化报销程序，按时对工作坊活动产生的经费进行报销，提前公示报销所需凭证，为报账人节省时间。按时发放工作坊补助津贴等。如果不能如期发放相关费用，也应提前告知原因，减少工作坊成员及主持人的后顾之忧。最后，在监管过程中，应加强对资金的监管力度，采取更加公正、更加透明的经费使用方式，提高工作经费使用的有效性。

（二）提供合作研修机会

不少西部乡村教师工作坊合作研修活动都是在主持人及其成员所在学校的支持下进

行，也有少部分是依靠主持人个人的人脉关系促成的，如外出学习或请高校研究者前来指导工作坊发展。然而，这些活动都具有不确定性，需要把握时机才能实现。这样一来，工作坊活动目标就比较模糊，开展合作活动比较被动，坊内成员合作学习的针对性不强，甚至无法充分满足共同体合作需要。要想改善这种局面，就需要职能部门积极介入。

教师发展中心可以利用"送教下乡"机制，与乡村教师工作坊建立持久的合作关系，了解广大乡村教师的真实需求，确定研修主题，研制实施方案，现场指导乡村学校开展研修活动，提升乡村教师课堂教学能力。同时，还可以总结和宣传推广合作研修成果，扩大工作坊的辐射面，进而增强工作坊合作吸引力。基层教育行政部门要发挥自身影响力，为工作坊"牵线搭桥"，积极推动小学与大学建立平等的话语体系，本着平等尊重的原则，根据双方实际合作需要，建成 S-U-P 合作伙伴关系（School-University-Partner-ship），进而为中小学及其工作坊争取到其所需要的高校教师资源，将专家、学者"请进来"，对坊内成员进行专题性特别是科研能力方面的指导。

（三）工作坊评选标准适度向乡村学校倾斜

适度倾斜是让乡村教师"下得去、留得住"，稳定乡村教师队伍的重要举措，也是促进乡村教师教育平台统一发展的方式。因此，教师工作坊的评选、认定和评估应遵循向乡村教师适度倾斜原则，在评选、认定教师工作坊时应尽量考虑乡村教师群体发展需要，最好能在选拔比重上适度向乡村教师倾斜，在符合条件的情况下可成立乡村教师工作坊。同时，在评优选先和具体培养过程中也应向乡村教师适度倾斜。在评选不同星级工作坊、给予工作坊经费补贴等方面向乡村教师工作坊适度倾斜，在表彰优秀主持人、优秀成员，培养学术骨干时向乡村教师适度倾斜，让乡村教师有机会加入更高级别的工作坊研修学习。另外，在对高级别名师工作坊进行年度考核与评估时要规定，必须有与乡村教师工作坊开展教研合作活动的经历，以便为乡村教师工作坊发展提供更多机会，也为培养乡村名师提供条件。

二、提升工作坊吸引力，争取合作研修资源

（一）加强共同体合作文化建设

共同体文化是指共同体成员共享的合作理念与共同愿景、核心价值观以及行为准则与行为模式体系。其中，合作理念与共同愿景取决于价值观导向和共同体活动，是共同体的深层次文化成分；核心价值观是亚深层的文化要素，直接影响共同体成员的行为；

而行为准则与行为模式则是共同体文化在其成员身上的具体体现。教师专业学习共同体合作文化是共同体文化的核心①，它的形成不依赖于个体领导及强制执行，而是教师共同的合作理念和价值观念的产物。

加强共同体合作文化建设有利于共同体按照其共同愿景向前发展，进而形成强烈的历史使命感和社会责任感。加强工作坊合作文化建设，首先需要打破教师的个人主义文化壁垒，使其意识到自己是共同体中的一部分，需要与其他成员共同努力、相互分享才能获得长足发展。同时，要让所有教师都能看到合作中的个人价值，并相信自己拥有成为合格合作伙伴所必需的知识和技能，激发其合作的动力。其次，需要成员共同决策。H 工作坊成立伊始，主持人就工作坊未来目标和共同愿景向成员征求建议，因此，最终形成的共同愿景就是个人愿景的凝聚，而这个过程就是共同决策形成的过程。共同决策可以使工作坊中的每一个个体感受到存在感和责任感，逐渐在坊内形成民主和谐的合作氛围，一定程度上也能规避决策失误带来的风险。最后，需要促进教师合作意识和团队精神的形成，在例会、研讨中建立平等的话语体系，营造民主平等的工作氛围，鼓励教师发表个人观点，给予教师足够的自由时间进行学习和分享，让合作文化的土壤浸润和滋养工作坊的健康发展。

（二）激发成员的合作研修意识

工作坊外部的奖励支持能为共同体成员的合作学习提供资源和保障，但是能够为教师工作坊可持续发展提供"再生能源"的是持续有效的合作研修意识。工作坊中成员的合作研修意识是发展教师工作坊、形成教师专业学习共同体的原动力。

要转变教师工作坊成员的合作理念，首先要帮助其实现从他组织合作逻辑到自组织合作逻辑的转变。他组织合作逻辑下的教师工作坊是由上级通过选拔教师而组建起来的教师合作小组，教师在工作坊中的学习和工作都服从于主持人的安排，最终接受上级考核。而自组织合作逻辑下的教师工作坊是连接教师个体合作学习的"加油站"，是除课堂外的另一片独属于教师的小天地。在自组织逻辑下，工作坊中的每一位成员都很关键，是实现教师个体独立性与自主性，实现教师互相帮助、共同发展的基本力量。其次，要将外部动机转化为合理化的内部动机。工作坊成员加入工作坊之初，可能都有不同的合作研修动机，其中内部动机包括自身专业发展、对专业知识的渴望、希望自己的科研能力有所提升等；外部动机主要是参加工作坊有助于获得单位的评优评先、有机会成为骨干教师候选人等。随着工作坊合作研修活动的不断深化，教师的外部动机将逐渐被削弱，

---

① 时长江，陈仁涛，罗许成. 专业学习共同体与教师合作文化 [J]. 教育发展研究，2007（22）：76-79.

内部动机会不断增强。如果外部动机一直处于主导地位，一旦现实无法满足，教师可能就会出现负面情绪，甚至消极怠工，不利于教师之间的合作，也不利于其自身发展。最后，主持人要帮助培养坊内成员的领导力。成员领导力的培养能够激发教师发展的主动性，落实教师主体地位，使其在以后教育教学工作中形成"独当一面"的勇气和能力。领导力的培养能使成员意识到自己在共同体中的作用，对工作坊产生责任感，从而在合作中积极承担相应义务，避免责任虚化或者"搭便车"现象的出现。在合作研修中，要赋予成员知情权、决策权和平等的话语权，鼓励成员发表见解和想法，让成员参与工作坊日常管理工作。坊内的重大规划或者活动要由大家共同决策完成，形成互相尊重、民主平等的合作氛围。

（三）正视工学矛盾，缓解成员研修压力

工作坊合作研修活动的开展经常面临其成员时间冲突、精力不济等问题，尤其是异质型工作坊，其成员分布在不同学校，没有固定的活动时间，工学矛盾比较突出。工作坊应正视和理性处理好二者的关系。教育教学工作是教师的本职工作，无论何时都应处于首要位置，工作坊合作研修的目的之一也是使教师能够更好地完成学校各项工作任务。

首先，从合作研修学习服务于教师专业发展角度看，不应该将工作坊合作学习置于学校教育教学工作的对立面，而应将其视为帮助教师完成学校工作任务、实现其专业成长的加速器。因此，工作坊应该与其成员所在学校建立良好的合作关系，借助不同学校的资源开展活动。同时优先将合作成果分享给成员所在学校，让学校尝到成员参加工作坊的"甜头"，在关键时刻给予工作坊支持。其次，工作坊应尽量避开学校忙碌期开展研修合作活动，避开开学或学期末学校工作任务相对较为繁重的时期，将重要活动尽可能安排在成员相对"闲暇"时期进行。最后，工作坊活动要善于把握碎片化时间，如成员一起参加某个教研活动，就可以利用教研活动结束之余召开一次例会，这样既可以节约成员路途时间，又可以推进工作坊研修学习活动的开展。

三、理顺研修机制，提高合作研修实效

（一）改善工作坊考核机制

合理的考核机制能有效督促工作坊的正常运作，对其发展能起到积极推动作用。研究者在对 H 工作坊考核文件进行查看和分析后发现，西部地区县乡教育行政部门普遍制定和形成了一些相对比较严格的乡村教师工作坊考核机制，一定程度上助推了乡村教师

工作坊的发展。但是，这些制度普遍缺少弹性，没有将主持人及成员的自我考核纳入其中，还需要从以下几方面进行改善。

一是在考核时间上应该分阶段进行，按照前期、中期和年终考核分步骤进行。每个阶段的考核结果在年终考核中都占一定比重，而且研修过程占比应重于研修成果，以提高工作坊研修过程的实效性。二是在考核对象上面向工作坊所有成员，即对工作坊主持人及成员均要有明确的考核标准，以推动工作坊共同体的建立及良好成效的形成。三是考核指标要体现针对性与具体性，对主持人及成员应该有不同的考核指标。主持人的考核主要是组织管理和总体设计、指挥方面，工作坊成员的考核主要是参与活动的数量与质量方面。四是工作坊主持人对成员的评价、成员之间的互评、成员对主持人的评价、主持人与成员的自我评价以及教师所在学校的意见都应纳入考核系统里，但是要注意分配权重。在改善考核机制过程中，始终把考核的落脚点放在向工作坊成员反馈下一阶段工作计划的制订与落实，以及下一阶段工作坊成员专业能力与水平的提高方面。

（二）通过内外评价相结合的方式引导工作坊活动的开展

教师工作坊评价的实施是在一定教育价值观指导下，根据相关主体对教师工作坊研修总目标、工作坊共同愿景以及教师成员应承担任务，结合成员自身素质、个体专业特点，对成员在工作坊研修中的表现及在专业发展中取得的成果进行全面、客观判断的过程。在研究过程中发现，对 H 工作坊以及同批工作坊的评价主要是以外部评价方式为主，即同批工作坊的共同责任单位按照工作坊划分类型对主持人和成员进行评价。应该说，外部评价对教师工作坊的发展起到了一定的监督作用，但是仅依靠外部评价标准来衡量教师工作坊成效难免有失偏颇，也不利于坊内合作的有效开展。相反，在此过程中适当关注内部评价机制，采取内外相结合的评价方式可以取得更好效果。

内部评价主体是工作坊主持人及成员，评价过程是主持人对成员进行评价、成员对主持人进行评价、成员间互评以及成员自评。外部评价主体是第三方专家组以及社会相关利益主体的评价者。外部评价主体对工作坊的发展能够起到保障和监督的积极作用，内部评价主体对工作坊的评价能起到自查自纠作用。总体来说，采取内外结合方式评价教师工作坊，既能保证评价的客观性、公正性，也更加注重教师发展的过程，将教师工作坊评价与合作活动的开展、成员日常学习和学校教学工作紧密结合，突出评价在教师工作坊发展中的调节和反馈作用。

（三）建立有效的激励机制

有效的激励机制对符合组织期望的行为具有反复强化、不断巩固作用，是实现组织目标的关键要素。因此，可以要求相关评价主体根据考评结果给成效突出的工作坊、工作坊主持人及成员颁发荣誉证书，给予一定的物质奖励或其他奖励支持。还可以给予工作坊年度考核优秀等级骨干教师参加培训学习的机会，让坊内优秀成员去名校进修学习，或者给他们进入更高级别工作坊研修学习的机会，也可以让他们有机会申请成为新工作坊主持人。

激励机制的建立除了依靠所属职能部门外，更要结合坊内成员实际需要进行。在"互联网＋"教育背景下，可以将工作坊的先进成果共享到网络平台上，以起到宣传激励作用。H工作坊有自己的云平台，里面开设了"名师课堂"栏目，要求教师将自己的公开课随时上传上去，定期组织成员进行网上评课。自己的课程被列为示范课，对教师而言也是一种声誉激励，有助于提升教师的成就感。评课活动主要由成员负责实施，这既是对工作坊成员的充分信任和鼓励，又能锻炼其评课和组织活动的能力，还能培养成员的团队领导力，让成员获得组织认同感，不断增强共同体的内聚力。

结　语

教师工作坊研修是近年来国内常见的教师继续教育研修模式，也是构建教师专业学习共同体的一种具体实践形式。它是建立在教师共享的教育价值理念、共同愿景基础上，以支持性条件和领导力为保障，以合作学习、共同决策为依托，通过合作性、持续性、反思性的专业学习指导教师教学实践，进而促进其专业成长的合作组织。

实践证明，乡村教师工作坊的建立健全对乡村教师教育培养培训体系的建立具有重要的现实意义。但是，以往对教师工作坊研究对象的选取大多立足于学段和学科，将"乡村教师"作为研究对象的教师工作坊研究几乎没有。乡村教师工作坊具有一般教师工作坊的普遍特征，同时也存在一些特殊情况。中小学教师工作坊常见形式包括同校同科、同校异科、异校同科、异校异科等多种情况，而乡村教师工作坊大多属于异校同科型。H工作坊的成员是来自不同乡村小学的语文教师，成员的异质性分布特征对全员参与研修活动产生了不利影响，但与此同时也为跨校合作、扩大乡村名师辐射力、打造教师专业学习共同体提供了更多的资源和契机。

本研究选取西部地区H乡村教师工作坊作为研究个案，在查阅大量关于专业学习共同体和教师工作坊的文献后发现，运用专业学习共同体的相关理论可以为教师工作坊研修提供更多发展思路。研究发现，西部乡村教师工作坊合作研修包括依托学校开展的合作研修、工作坊间的合作研修以及"互联网＋"背景下的网络合作研修等多种方式。西部乡村教师工作坊合作研修取得了落实合作研修共同愿景、促进异质性组织成员的合作共享以及提升主持人的团队领导力等成效，但由于合作研修资源短缺且失衡、合作研修机制不够健全以及坊内成员工学任务繁重，在合作研修过程中也存在工作坊合作研修吸引力不足、研修评估机制乏力以及在合作研修中成员主体地位不够凸显等问题。为此，本研究从外部条件保障、内部自生动力以及内外部机制协调配合三个维度对乡村教师工作坊合作研修提出了优化策略。在外部条件保障方面，各级职能部门应全力落实经费保障，为乡村教师工作坊提供多样的合作研修机会，评选标准应向乡村教师及乡村教师工作坊适度倾斜；在内部自生动力方面，工作坊要加强共同体合作文化建设、激发成员的合作研修意识并且正视工学矛盾，缓解成员研修压力；在研修机制方面，应改善工作坊的考核机制，通过内外评价相结合的方式引导工作坊活动的开展，并建立有效的激励机制。

第五章
西部乡村教师专业发展制度现状与改进

  "制度"始终是社会文明有序运行的重要保障，也是生命群体可持续发展的有力支持，在社会各个领域起着越来越关键的作用。教师专业发展制度不仅有国家和上级教育部门制定的各种规定，也有学校内部形成的相应要求；既有教师队伍职前阶段规定，也有其职后阶段要求。在职前阶段，教师专业制度明确了要成为教师必须接受的各种专业训练和具备的专业水平；在职后阶段，在进行具体教育教学实践的各级各类学校中，因地制宜实施相应的教师专业发展制度，能高效统筹学校时间、人力和物力等各种资源，更易开展相应专业发展活动。这样，教师专业发展制度作为促进教师专业化发展的重要手段，在推动教师队伍建设中所起的作用也越来越大。基于此，本研究以西部乡村学校教育为背景，以西部乡村学校教师为主体，以西部乡村教师专业发展制度为内容，对西部乡村学校教师专业发展制度运行情况进行了分析，并针对其中的问题提出了改进对策和建议。

  在具体操作过程中，本研究以文献分析和实践探究为方法论，首先对学校负责教师专业发展的个人和组织功能进行了梳理，厘清了乡村学校中促进教师专业发展的制度类型及其结构。其次对 H 县自然生态和地区教育状况进行了多维度分析，选取了调查对象。最后主要从制度制定和执行两方面来分析、整理、厘清 H 县乡村学校教师专业发展制度实施状况，重点探讨 H 县乡村学校教师专业发展制度实施过程中存在的问题，进而从具体教育实践出发，思考探究解决问题的对策和建议，以期通过制度推动西部乡村学校教师专业发展，有效提升西部乡村学校教育质量。

在当今愈演愈烈的世界教育改革浪潮中，加强教师队伍建设已成为人们的共识。进入 21 世纪以来，作为乡村教育发展的发动机，乡村教师队伍的专业化发展日益受到人们的普遍重视。乡村教师专业发展建立在乡村教师主体能动性基础上，有赖于乡村教师个人的专业认识和追求，但也离不开外部环境因素，特别是制度的推动和引导。因此，继续加强和改进西部乡村教师专业发展制度建设具有重要意义。

第一节　学校本位的教师专业发展制度

进入 21 世纪以来，教师专业发展逐渐走向了以学校为本，融入教师和学校生活的活动①，学校也逐渐成为教师专业发展的最优场所。正如有学者所说：学校本位就是一种教师专业发展方式，是教师教育的一种整体转向，是一种制度化实践，也是一种思潮。②因此，教师专业化发展的制度环境就是学校。

一、学校本位的教师专业发展制度实施组织与个人

根据相关文献研究，学校本位的教师专业发展制度主要有师徒制、师资培训制度和教研制度，实施组织和个人是学校教务处、教研组和校长。因此，明晰学校教务处、教研组和校长在教师专业成长中的职能至关重要。

（一）学校教务处的教师专业发展职能

教务处（教导处）是学校工作的中心机构，也是组织管理学校教育教学活动、负责学校教育教学运行的核心机构。教务处既要负责学生的学业发展，也要服务于教师专业发展。从以校为本的教师专业发展制度出发，教务处的主要职能可概括为以下几点：为教师提供专业培训信息，进行教师培训需求分析；负责教师培训目标和计划的制订，在

---

① 卢乃桂，钟亚妮. 国际视野中的教师专业发展 [J]. 比较教育研究，2006（2）：71-76.
② 夏雪梅. 中西语境中"学校本位"之辩与问 [J]. 全球教育展望，2011，40（9）：32-36+79.

学校发展和教师成长的各个阶段提出培训计划，组织和审查各学科教师的培训计划，指导教师制订个人发展计划；组织学校师资培训课程建设，专门分配培训资源，并提出使用培训资源的具体要求；积极实施师资培训的规范化管理，力争将师资培训的具体要求转化为教师工作能力。[①]

（二）教研组的教师专业发展职能

教研组是教师专业发展制度实施的基层组织，是中小学教师进行专业学习、获得专业成长的基础平台。中小学校一般按照不同学科成立不同的教研组。各个教研组根据本学科的特点和教师专业发展的实际需要，依照学校师资发展的整体规划，制订契合本组不同时期和阶段的具体计划与安排。其主要工作是把同一学科同一年级的教师组织在一起进行集体备课、集体听课、集体评课、集体公开课和集体学习等活动，推动教师之间互相学习、合作探究、集思广益、共同发展。

（三）校长的教师专业发展职能

校长是学校教师素质提升的关键，是教师专业发展制度制定和执行的第一负责人。校长对教师专业发展制度的制定和执行起着根本性推动作用。因此，在教师专业发展制度建设过程中，校长要有明确的教育发展思想和教师专业发展规划，要善于整合和利用学校的各类资源对教师进行专业发展教育。同时，校长要对教师专业发展质量进行经常性的评价反思，并根据实际情况及时完善和改进，使教师专业发展制度化和规范化。另外，校长也要积极争取包括教育部门和校外教育培训机构在内的多方支持，以便有效进行教师专业发展活动。

二、三种学校本位的教师专业发展制度

（一）师徒制

顾名思义，师徒制就是师傅带徒弟制度，在古代称为学徒制，是一种主要面向新任教师专业发展阶段的制度。这种培养新教师的形式借鉴了古代行会中学徒制的做法，并经历了职业教育的再发展而日渐成熟。目前，国际上在培养新任教师的过程中也普遍采用这一做法。例如，俄罗斯在新任教师任职第一年安排老教师对其进行指导；英、美、

---

① 张玉华. 校本培训研究与操作［M］. 上海：上海教育出版社，2003：200－203.

日等国在新任教师入职的第一年均安排较少的上课学时，让新任教师多跟着老教师上课学习。

师资培养不可能一蹴而就，而且由于教育本身就是一种实践性很强并随着社会发展不断改进的活动，仅凭短短几年的师范教育很难培养出优秀的专业教师。在教师教育一体化培养成熟教师的过程中，职前教育阶段的师范生往往存在实践活动时间较短、一线教育经验不足和难以适应具体教育情境等问题，许多师范生在正式从教时缺乏应有的实践知识和智慧，需要经验丰富和专业成熟的老教师引导。师徒制则可以帮助新教师借鉴老教师经验，尽快进入现实的教育行业中，尽快适应当下教育教学环境，顺利掌握教育教学常规，有效开展教学活动，尽快成为合格教师。正如一位青年教师所言："拜师避免了让我们摸着石头过河的窘境。有了指导教师的帮助，不管在教学方面，还是在班级管理方面，都能促使我们快速成长。"同时，现代信息技术的快速发展，导致部分老教师的知识结构陈旧，教育技术能力不足，新任教师则可为其提供帮助，达到师徒专业共同成长的效果。

在师徒制实施过程中，一般都会签订师徒双方职责明确的师徒协议书，新任教师要做好教学和见习班主任工作，定期上汇报课或填写评估量表，由指导教师考核、检查、验收。通过签订协议书，对师徒双方的权利和义务做出规定，并对其行为进行一定约束。在师徒制中，新任教师要根据协议要求，在指导教师的帮助下开展教育教学工作，尽快获得专业成长。

（二）培训制度

以校为本的教师专业发展培训制度是由教师任教学校自主制定、自主实施，以及在市县教育行政部门、校外教师专业培训机构指导下形成的校内师资培养规定。以往的乡村教师培训制度多借助于校外力量而形成，这种方式过于强调知识传授而忽视教师专业发展需求考察，过于突出被动接受而忽视学习者的主动参与，其实践效果并不理想。相反，不同学校根据本校教师需要开展的培训则较容易被大家接受。

1. 新任教师培训制度

新任教师培训制度是针对中小学新任教师制定的培训制度。新任教师培训一般为短期的集中培训，培训对象一部分是入职前的准教师，也就是即将正式进入学校教育教学岗位的教师，另一部分是进入学校教育教学岗1～3年的教学人员。新任教师集中培训制度的目标是，增强新任教师的职业适应能力，养成新任教师对所在学校的归属感和认同感；引导新任教师树立正确的价值观，实现从预备教师到准教师角色的快速转变；增强新任教师的从教信心和抗压能力，提升他们的留任率，减少因其职业压力感而出现的流失现象。培训的内容与主题集中在两方面：一是新教师道德观、价值观和伦理观教育，二是帮助新任教师增强适应性的实践活动。培训中特别强调新任教师要在具体实践活动中积累经验，提升自我反思总结的能力，逐渐推动自身专业发展，实现从新手教师到专家型教师的转变。

2. 基于问题的培训制度

基于问题的培训制度重在解决教师群体和个体的即时困惑，满足其在不同教育阶段的专业发展需要。基于问题的培训制度主要关照教师的迫切现实需要，帮助教师在漫长的教学生涯中始终保持对教育事业的热爱，持续追求专业进步。校本培训制度的落实主要依赖于人、财、物、时间、信息等要素。因此，学校既要为校本培训提供必要的经费、场地、设施等物质资源，又要开发直接服务于教师发展的、开放性的学校教研网络，通过多种途径和方法为校本培训提供充足的时间和信息资源，及时传递各种信息。校本培训活动的实施效果最终取决于制度执行者，培训活动的保障情况最终也取决于保障者，因此在校本培训的实施过程中，人才是最关键的因素。只要执行者能够执行到位，保障者能够切实履行其应有的职责，校本培训就能实现其最大效果。

（三）教研制度

教研制度是独具中国特色的教师专业发展制度，是同学科教师集体开展业务学习的教育组织，一般有集体备课、听课、评课等形式，每种形式对教师专业发展都具有不同的重要意义。其中，教师集体备课制度的基本内容是安排同学科教师聚在一起共同理解和领会课程目标和教科书的基本精神，分析本校本学科建设水平，制订学科学年工作计划，明确备课要求。在具体备课过程中，要确定所备课程的教师、课时和班级，统一所备课程的重点、难点与教学方法。集体备课制在一定程度上推动了教师专业发展，有效提升了青年教师的教学水平与教学质量。[①]

听评课制度是教师之间交流经验、共享信息、彼此学习、知识交融，进而实现教师专业发展的有效方式。其中，听课主要是为了吸纳和借鉴其他教师在教学活动中的优点，反观自己和被听教师存在的不足而加以改进，从而推动个体专业化发展。一般是听优质课和青年教师课，听课方式往往为随机听课与计划性听课相结合。评课是从教学认识和发展的理念出发，通过分析评判讲课教师授课内容及方式，帮助其发现授课中的问题与不足，实现专业发展的活动。所以，评课要对事不对人，实事求是，畅所欲言，集思广益。

---

① 肖林元，洪劬颉. 一份关于集体备课的调查报告 [J]. 江苏教育，2013 (2)：6-8.

第二节 调研区域与对象的选取

一、调研区域的选取

本次调研的区域为 H 县，选取 H 县是因为其特殊的自然社会状况和教育历史。对 H 县自然社会的探讨主要是基于其在西部乡村地域的代表性和典型性，对其教育历史的追溯分为新中国成立前和新中国成立后两个阶段，探究其教育发展进程和开展的主要教师专业发展活动，从而证明教师专业发展制度对教师专业发展的重要影响。

（一）H 县的自然社会状况

H 县位于 N 自治区南部山区，建置较早，人口较多。县境跨度东西宽约 80 千米，南北长约 95 千米，总面积 6 899 平方千米。县境处六盘山西北麓，为黄河中上游黄土丘陵沟壑区，群山连绵，沟壑纵横，山大沟深，地形复杂，地貌多样。因为地处西北内陆，气候属典型的中温带大陆性季风气候，春暖迟、夏热短、秋凉早、冬寒长；气候特征明显，光能丰富，降水量少且受地形影响，雨季集中，南北干湿不均；十年九旱，风大沙多。因为干旱少雨，自然灾害频繁，且矿产资源稀少，全县经济发展缓慢，人民生活较为困难，加之地处山区，交通闭塞、生态条件恶劣、人口居住分散，在一定程度上制约了教育的发展。H 县人口的民族构成为回族、汉族、东乡族、满族、蒙古族、维吾尔族，其中，回族为全县人口主体，其次是汉族，其他各民族占比相对较少。

因此，从自然地理视角看，H 县属典型黄土丘陵地貌特征和温带大陆性季风气候，气候变化明显，生态环境较恶劣。从社会文化视角看，H 县社会经济发展缓慢，人口数量处于全国中等水平，县域内多民族融合发展。将 H 县作为西部乡村教师专业发展制度的研究样本，具有一定的代表性和典型性。

（二）H 县的教育历史追溯

1. 新中国成立前 H 县的教育发展状况

H 县由于自然地理环境局限，教育特别是官办教育产生较晚。新中国成立前 H 县的教育发展大致有三个历史阶段：明代是 H 县教育发展的萌芽阶段，出现了官办教育和民间教育（私塾）。清代是 H 县教育发展较快的时期，出现了儒学和私学两种办学形式，当时的课程设置基本是礼、射、书、数四科，教学内容主要为儒家经典、宋明理学，后官办学校逐渐代替了私学。民国时期是现代教育制度在 H 县得以确立的时期，教育有了新发展，但由于自然灾害连年频发，外患内乱，教育呈现出不稳定的发展态势。在大的自然灾害面前，刚刚起步的现代教育频受打击，到了校舍无存、师生四散逃亡的境地。又因师资缺乏、管理不善，在校学生人数偏低且流失严重，民间有"春满堂，夏一半，秋凋零，冬不见"的歌谣流传。加之战乱和流匪对教学秩序的破坏，教育教学质量极低。总体来看，民国时期 H 县教育虽有一定发展，但其规模小、层次低、连续性差，因而众多的适龄儿童没有机会接受正规的学校教育。

2. 新中国成立至 20 世纪 80 年代 H 县的教育发展状况

从新中国成立之初对 H 县教育的接管改造开始到改革开放，经历了三四十年时间。最初的接管改造主要是在"维持现状，立即开学"指示下，有计划、有步骤地普及教育、兴建校舍，改造旧的教育教学制度、教师制度，规定了新的教育内容，响应国家脱盲号召。经过改造，H 县教育人数和教育资源在原有基础上稳步增长。"文化大革命"时期，H 县教育遭受重大干扰与破坏，乡村教育教学工作受到较大冲击。粉碎"四人帮"后，教育系统逐渐恢复常态。20 世纪 80 年代，在改革开放背景下，H 县教育虽然依旧存在诸多挑战和困难，但整体呈现出稳步发展态势，教育事业实现了全面发展。总的来说，新中国成立后 H 县教育进入社会主义新时期，在规模、层次、质量上取得了长足进步和发展。

3. 改革开放以来 H 县教师专业发展状况

改革开放最初的 20 年，我国乡村义务教育需要大量的乡村教师，主要解决学生"有学上"的问题。由于这一时期主要追求的是教师数量的增加，因此，乡村教师发展本着"头疼医头，脚疼医脚"的策略，通过各类培训提高乡村教师知识和技能水平，适应乡村教育需要。所以，这一时期乡村教师数量与质量并未获得同步发展。

H 县教师专业发展培训从对象上主要分为中、小学校长培训，骨干教师培训和小学（幼儿园）教师继续教育全员岗位培训；从时间上分为职前培训、在职培训；从内容上分为中小学教师计算机培训、信息技术培训、教育技术能力培训。1993 年，县幼儿园作为全县幼儿（学前）教师培训基地，与县教师进修学校共同承担全县中小学教师计算机、信息技术、教育技术能力等的培训。1995—1999 年，全县教师继续教育主要举办了完全小学校长、初中英语教师、小学自然常识老师、小学教学骨干教师、复式教学骨干教师、小学语文骨干教师培训活动，培训各类人员达到 631 人。其间还举办了中小学（幼儿园）教师统一参加的全区教师继续教育考试。2000 年，县文化教育体育局利用"世行贷款""义教工程""联合国儿童基金会"等项目，先后对 1 305 名新分配入职的中小学教师进行了岗前培训。进入 21 世纪以来，H 县乡村学生"有学上"的需求得到满足之后，乡村义务教育阶段的需求转变为"上好学"，从对教师"量"的外在追求发展到对教师"质"的内在追求，教师专业发展的方式逐渐多元化和精准化。2001—2008 年，全县参加区、市、县不同层次和级别骨干教师培训班的有 560 人。其中，区级骨干教师 38 人，市级骨干教师 154 人，县级骨干教师 368 人。其间全县中小学（幼儿园）教师还参加了县内和县外的各类培训活动。在教师培训方式方面，2000 年，全县举行了"说、做、评三课""成功教育""课堂教育质量工程""教研教改专家"等活动；2005 年，H 县教研室在当地某高中举行了农村中小学现代化远程教育"三种模式"应用现场观摩活动；2006 年 5 月，全县启动了中小学教师课堂教学质量应用优质课评选活动。

总的来看，新中国成立以来，国家、市县各级单位为提高西部乡村教育质量，先后开展了不同形式的乡村教师专业发展活动，为教师专业发展提供了有力的校外支持，促进了乡村教师队伍的长足稳定发展。

二、调研学校与教师的选取

（一）调研学校和教师群体的选取

本研究选取 H 县 8 所乡村中小学为调研对象，其中乡村中学 2 所，小学 6 所。小学数量多于初中的原因是在乡村撤点并校进程中，大量的乡村初中被并入或迁入城市中学，符合乡村地缘身份的初中较少。调研学校以英文字母 A～H 代表，8 所学校教师的具体信息如表 5-1 所示。

表 5-1　H 县 8 所乡村学校教师的具体信息表

学校	教育阶段（年级）	教师数量	新任教师数量	本科学历	专科学历	民转正
学校 A	初中（7～9）	32	6	23	9	0
学校 B	初中（7～9）	25	4	21	4	0
学校 C	小学（1～6）	23	5	23	0	0
学校 D	小学（1～6）	9	2	6	2	1
学校 E	小学（1～5）	8	1	3	2	3
学校 F	小学（1～5）	25	1	12	7	6
学校 G	小学（1～3）	4	0	0	1	3
学校 H	小学（1～3）	3	0	1	0	2

学校 A 与学校 B 是乡村初中。教师普遍反映，乡村初中生源（周围乡村的小学生）

中学业成绩好的大多通过城市学校升学选拔离开乡村学校了，剩下的学生学业成绩不高。好生源都去了城里，乡村初中的生源质量一般，教师教起来较为吃力。

学校 C 和学校 D 是乡村六年制完全小学，学生数量相对多一些，教师数量因地区差异而存在差异。学校 C 距离城镇较近，交通较为便利，有职称教师的数量相对较多；学校 D 是较为偏远的乡村完全小学，环境闭塞，交通不便，教师数量较少。学校 E 和学校 F 是两所 1～5 年制不完全小学，E 学校相对 F 学校距离城镇较远，教师数量明显更少。学校 G 和学校 H 是典型的乡村微型学校（或乡村教学点），是并校运动停止后乡村遗留的学校样态。这里的学生多则有二三十个，少则不超过十个，教师数量也很少，一般是一个教师负责一个班，甚至身兼不同年级多个学科的教学。

从调查学校实际状况来看，乡村学校生源质量总体不高，越处于乡村偏远地区的教师数量越少。在教师数量较少的现实环境下，关注教师专业发展状况就显得尤为重要。

（二）访谈教师的选取

在考量教师特质的基础上，分别从 8 所学校选取了 1 名教师进行访谈，这 8 名教师包括 4 名新任教师、4 名老教师，分别来自不同学校的不同教学工作岗位，以保证样本对象的普遍性。这 8 位教师以字母 I～P 代表，其具体信息如表 5-2 所示。

表 5-2　8 位访谈教师具体信息表

教师	教育阶段	学校	年龄	工作岗位	专业发展阶段	在编情况
教师 I	初中	学校 A	46	教务处主任	在职提高阶段	在编
教师 J	初中	学校 B	54	教学副校长	在职提高阶段	在编
教师 K	小学	学校 G	52	小学校长	在职提高阶段	在编
教师 L	小学	学校 H	55	小学全科教师	在职提高阶段	在编
教师 M	小学	学校 C	27	小学语文教师	新任教师阶段	在编
教师 N	小学	学校 D	26	小学数学教师	新任教师阶段	在编
教师 O	小学	学校 F	26	小学语文教师	新任教师阶段	在编
教师 P	小学	学校 E	24	小学全科教师	新任教师阶段	代课教师

教师 I 和教师 J 都是中学的教学负责人，第一学历是地方师范学院专科毕业，然后通过成人考试进修获得了本科学历。教师 K 是小学校长，师范院校本科毕业。教师 L 是地方师范专科学校毕业，由于所在学校规模小、教师少，所以担任全科教师。教师 M、N、O、P 为师范院校本科毕业、教龄在两年以内的新任教师。其中，教师 M、N、O 都是考取特岗与事业编的在职教师，分别负责不同学校的学科教学。教师 P 年龄较小，教龄一

年，是非在编的学校外聘代课教师，但因为所在学校教师人数少，他也就成了全科教师，负责学校多门学科教学。

通过选取的调查对象可以看出 H 县乡村教师学历上的基本特点：除了年龄较大、临近退休的老教师还是地方院校师范专业专科学历外，其他年龄稍大的教师都通过自考等形式拿到了本科学历，年轻教师则普遍取得了本科学历。

第三节　西部乡村教师专业发展制度建设现状

一、师徒制建设现状

（一）师徒制制定现状

师徒制是针对入校 1～3 年的新任教师而言的。新任教师在职前专业发展阶段，有了一定的教育教学理论知识积累和理解。但因职前课程安排的理论化偏向，他们普遍缺少以学校场域为具体情境开展教育教学活动的能力。因此，实施以师徒制为基本方式的新任教师专业发展制度，对新教师尽快适应学校教育教学生活，实现专业知识增长、专业技能锻炼、专业情意发展和专业信念形成有重要意义。在调查的 8 所中小学中，新任教师师徒制建设状况如表 5-3 所示。

表 5-3　H 县 8 所乡村学校新任教师师徒制建设情况表

学校	教育阶段	是否有新任教师	是否有师徒制
学校 A	初中	有	有
学校 B	初中	有	有
学校 C	小学	有	有
学校 D	小学	有	无
学校 E	小学	有	无
学校 F	小学	有	有
学校 G	小学	无	无
学校 H	小学	无	无

从表 5-3 中可以看出，8 所学校中 6 所有新任教师，其中 4 所学校的教务处制定了师徒制。从学校现状特征看，学校 G 和学校 H 是乡村教学点，学校的师生人数较少，规模不大，近几年无新任教师加入。其中，学校 G 只有 4 名教师，其中 3 名是民办教师转正，

年龄都在 45 岁以上。学校 H 有 3 名教师，年龄都在 55 岁以上，其中两位老教师将在两年内陆续退休。所以，这两所学校未实行师徒制。地处边远地区的乡村小学 F 由校领导口头要求新教师要向老教师请教，但没有具体的师徒制实施文本。学校 A、学校 B 和学校 C 都制定实施了具体的帮助新任教师专业发展的师徒制。

（二）师徒制执行现状

在 H 县乡村学校，师徒制被称为新任教师"青蓝"专业发展制度。其核心思想是以师徒关系为纽带，选取有经验的骨干教师与新任教师签订协议，让有经验的骨干教师在教育教学活动实践中对新任教师提供专业发展帮助。

如学校 A 实施新任教师专业发展师徒制的规定如下：

新任教师在校工作的一年内，由学校指定师德师能出众的老教师担任其指导教师。老教师需要及时跟进新任教师的课堂教学，帮助新任教师熟悉各个教学环节。2018—2019 学年第二学期，数学教研组 4 年以下教学经验的教师共 4 人，分别是七年级教师吕老师、秦老师、徐老师和八年级的虎老师，这就要求选择 4 位骨干教师与青年教师"结对帮扶"，把教学"结对"活动作为互帮互学、教学相长、提高教师水平的一个途径，并作为教研组的一项长期重要工作来抓。

学校 B "青蓝工程"师徒制的内容更为详细，要求更为具体，内容如下：

针对新任教师初入教育行业所面临的诸多挑战和存在的实际问题，学校以推动教师专业发展为指导思想，以新任教师的现实需要为基础，以教师群体间的互相促进作用为目标，在学校内实行新老教师互相帮扶制度。充分发挥老教师的引导作用，分阶段地提高新任教师的专业素质，培养新任教师的责任心和对教育事业的热爱，进而使其更好地适应学校教育生活。

基本要点：（1）以新老帮扶为纽带，使新任教师重视自我专业发展的重要性，充分发挥寻求专业发展的主观能动性，帮助初入职教师尽快适应学校教育生活；（2）老教师要引导新任教师了解本校教育传统，形成对学校的归属感，引导新任教师形成正确的教育价值观，使其能专心于教育事业，愿意与学生共同成长，坚定自己的职业理想；（3）鼓励新任教师不畏难，能吃苦，把专业发展放在自己职业规划的重要地位，把握好专业发展机遇，不断成就自我。

对新任教师的要求：（1）在遇到专业发展困境后要主动与指导教师交流；（2）认真参与专业发展活动，积极进行听评课、集体备课等活动，每学期听至少 20 节课；（3）在每堂课前需向指导教师汇报主要教学内容、教学方法和教学目标，同时需提供教案，请指导教师评阅；（4）学期中间要对自己的专业发展问题进行梳理总结，形成一篇科研论文上交。

对老教师的要求：（1）身正为范，细致耐心；（2）及时主动为新任教师提供帮助，解决新任教师遇到的疑难困惑；（3）每学年听新任教师课不少于 5 次，对他们的教学准备情况及时给予指导；（4）积极关注新任教师的专业发展，引导新任教师把握好专业发展机遇，迎难而上，主动成就自我。

执行上级学徒制的安排：（1）新任教师在入校一个月内在本学科选好自己的导师，确定好师徒结对名单；（2）在入校当月月底颁发师徒结对聘书；（3）新任教师在每学期的前两个月备两次课供老教师听评；（4）学期末，要把新任教师的专业发展困惑和老教师的引导对策形成材料上交教务处查阅。

学校 C 实施新任教师专业发展师徒制的规定体现在多个方面：

在师徒制实施目标上的规定：（1）指导新任教师形成正确的教育价值观，培养新任教师对学校教育生活的认同感，推动新任教师专业知识等多方面的进步；（2）指导新任教师树立正确的职业道德观，督促其处处以教师身份严格要求自己，珍惜人类灵魂工程师的身份；（3）指导新任教师不断寻求专业发展，提高自我业务水平。

对指导教师的制度要求：（1）以新任教师专业发展为自己工作的重要内容，做到身正为范，通过自身行为影响新任教师的工作态度，提升新任教师的业务能力；（2）合理规划对新任教师的听评课，给予新任教师及时的指导，通过具体的教学实践反思活动，切实推动新任教师专业发展；（3）帮助新任教师形成专业发展规划，鼓励其有条不紊地逐项完成阶段性的专业发展活动；（4）对于新任教师在日常工作中表现出的业务不熟问题，要及时地以自身经验进行启发，使其从大处着眼，小处着手，在不断积累中实现专业发展；（5）引导新任教师形成反思意识，认识到自己的不足之处然后改进。

对新任教师的制度要求：（1）端正专业发展态度，虚心请教，主动寻求指导；（2）拓展专业发展渠道，学会从日常教育生活中汲取专业发展养分，逐渐形成专业发展意识，培养自主发展能力；（3）认真对待教学工作，圆满完成学校规定的新任教师专业发展任务，以务实的态度学习，以探索的态度求发展；（4）每学年听评课不少于 25 节，主动同指导教师分享自己的心得，努力缩小自己与成熟教师的教学差距。

在关于学校 F 是否有促进新任教师专业发展的师徒制进行访谈时，教师 O 说："我们学校虽然教师多，但因为很多都是从各个村小集中上来的老教师，学科知识比较陈旧，所以无法有效指导年轻教师的成长，也没有具体的让老教师带新教师的制度。当然，在学校开学例会时也强调了一下，年轻教师要主动接受老教师指导。"剩下的学校 G 和学校 H 没有新任教师加入，所以没有促进新任教师专业发展的师徒制。因此在调查的 8 所学校中，关于促进新任教师专业发展的师徒制，只有 3 所学校有正式的文本发布实施，1 所学校有口头的要求，4 所学校没有师徒制。

二、培训制度建设现状

（一）新任教师培训制度建设现状

1. 新任教师培训制度制定现状

新任教师培训制度是教师教育政策的重要组成部分。一般各地的教师教育政策都会规定，新任教师入校的一两周内要进行入职培训，提前给予其具体教育教学中可能存在的困惑或问题的经验性解答，以便帮助其尽快掌握一些现实可行的教育观念，以及一些教育教学活动的方法和技巧，尽快了解和适应学校教育教学工作，进而获得教师专业上的发展。

从对 8 所学校教师的访谈中可知，新任教师集中培训情况如图 5-1 所示。除学校 G 和学校 H 没有新任教师，无法实施新任教师集中培训制度外，其余学校都制定了新任教师培训制度。培训时间一般集中于开学初的一个月内。在培训次数方面，学校 A、学校 B 的培训次数只有三次。学校 C 为靠近城区完全小学，学生和教师人数都相对较多，开展新任教师培训的次数也比较多。学校 D、学校 E、学校 F 也开展了新任教师培训，但培训只有一次。

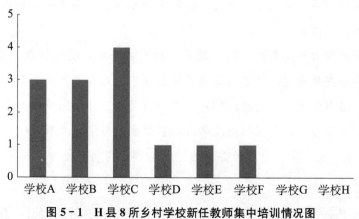

图 5-1　H 县 8 所乡村学校新任教师集中培训情况图

2. 新任教师培训制度执行现状

研究者在调查过程中发现，新任教师培训制度的执行均是因校而异，各学校根据自己的实际情况，选择性地执行相应培训制度。如教师人数较少的学校 F 开展的新任教师培训次数较少，培训过程中也是让本校老教师担任培训负责人，为新任教师介绍学校教育教学和管理的基本要求。同时，学校还根据本校实际需要开展了相应的新教师专业发展培训，在国家均衡验收契机下，学校 F 新更换了白板一体机等教学设备，因此，新任教师专业技能培训增加了白板一体机应用技能指导等内容。另外，根据学校发展需要，在培训中也会介绍本校师生关系情况和与学生交流相处的一些技能技巧。

从对学校 E 的教师 P 的访谈中发现，在教师资源缺乏的边远山区小学，新任教师入职后需要担任班主任，因此，其培训首先是对如何胜任班主任工作进行一定的指导，具体包括应该怎么做班主任工作，做好班主任工作要注意哪些事情，也包括师德师风讲座，主要是引导新班主任要爱国爱党，热爱教育事业；其次是告诉新教师怎么调整自我教育认知，如何正确看待教育教学活动；再次是教导新任教师如何正确地和学生相处，获得学生尊重，以及如何与家长搞好关系；最后是强调如何保持良好的教育信心，更好地服务于教学活动。

因此，从新任教师培训制度实施现状看，多数学校教师培训以知识和经验传输为主，以新任教师可能出现的技能问题或帮助其适应新教学设备为导向，以讲座交流方式开展活动，对新任教师知识、技能与专业情感发展有一定价值。

（二）校本培训制度建设现状

1. 基于学校实际的培训制度制定现状

基于学校实际的培训制度是乡村中小学教师专业发展的主要途径。因此，一般各个学校都会在各个时期和阶段针对本校教师专业发展需求，及时制定师资培训方案，引导和帮助本校教师群体突破专业发展瓶颈，获得可持续的专业发展，这也是各学校教师队伍专业建设的根本要求。从调查中了解到，H 县 8 所乡村学校制定教师培训制度及培训次数情况如表 5-4 所示。

表 5-4　H 县 8 所乡村学校制定教师培训制度及培训次数情况表

学校	教育阶段	教师人数	培训制度制定情况	每学期平均培训次数
学校 A	初中	32	制定	4
学校 B	初中	25	制定	4
学校 C	小学	23	制定	6

续表

学校	教育阶段	教师人数	培训制度制定情况	每学期平均培训次数
学校 D	小学	9	制定	2
学校 E	小学	8	制定	1
学校 F	小学	25	制定	2
学校 G	小学	4	未制定	0
学校 H	小学	3	未制定	0

从 H 县 8 所乡村学校制定教师培训制度及培训次数情况看，相对来说，距离城镇较近的中小学教师培训次数多于偏远地区教师。只有两所偏远地区学校未制定针对教师专业发展的校本培训制度。从制定了校本培训制度的学校中了解到，一般在学年初，以校长为首的学校教师专业发展负责人，会根据每学期课程改革目标和要求，以及本校教师专业发展实际需求，制定具体的教师专业发展制度。

2. 校本培训制度执行状况

各个学校在落实具体的校本培训制度过程中均有明确的政策要求，即各年级和教研组都要制定教师专业发展举措，促进教师专业发展。如学校 A 教务处发布的落实教师专业发展制度的要求是：教研组要实施以教师专业发展为基础的培训管理制度，主动承担起对本教研组教师全员专业培训的组织管理工作，落实培训职责。切实做到目标明确、制度健全、管理到位、适时督导、强化过程。同时实施教师专业发展培训申报备案制度（包括培训方案、课程设置、组织形式、培训总结、责任者）、教师专业发展培训学习登记制度（包括教师学习笔记、出勤记录、培训心得、培训评语），并将相关资料整理存档。

学校 B 在开学初，由教务处负责组织实施了本学期各个学科教师的培训工作，具体如下：一方面，结合学校实际，实施教师专业技能提升制度。在七、八年级教师中开展了"高效课堂"教学模式提升计划，在九年级中开展了以拔高尖子生数学成绩为内容的师资培训。另一方面，组织信息技术教研室的教师对全校教师进行信息技术培训。培训内容包括交互式电子白板的使用、高级几何画板的应用等。培训过程采取"学习＋交流＋反思＋竞赛"的方式，促使教师将信息技术与学科知识有效整合，提高教学质量，促进教师专业发展。

学校 C 针对本校教师信息技术应用中的问题，实施了教师专业培训计划，如表 5－5 所示。

表 5−5　学校 C 提高教师信息化教育能力培训计划表

培训时间	培训地点	培训内容	培训负责人
11 月 25 日下午	会议室	中小学教师信息技术与学科教学融合	校级学科带头人
12 月 2 日下午	会议室	中小学教师信息技术与学科教学融合	校级学科带头人
12 月 9 日下午	会议室	信息化有效教学应用案例分析	校级学科带头人
12 月 15 日下午	会议室	信息化学习方式案例教学	校级学科带头人

学校 C 的教师培训组织者中校长是主要负责人，教务处负责具体实施培训活动。除了学校骨干教师和学科带头人以外，还聘请了校外专家到学校开展培训。教师 P 接受访谈的时候也说："学校自己的老师水平都差不多，对教师专业发展帮助有限。因此，学校也会从其他学校找一些讲课好的老师进行现场指导，以提高培训和指导的针对性和有效性。"

三、教研制度建设现状

教研组是以学科为单位形成的基层教学研究组织机构，它的主要任务是组织本单位、本学科教师进行专业发展活动，多角度、立体性地促进本单位、本学科教师专业知识与技能发展。所以，教研制度是规范学校本位的教师专业组织运行，有效推进教师专业知识持续发展的重要方式。教研制度主要有备课制度、听评课制度、公开课制度。各项制度制定之后其内容相对固定，一般可以延用四到五年。

（一）教研制度制定现状

从被调查的 8 所乡村中小学教研组运行情况来看，各学校普遍形成了学校本位的教研制度，以保障本校教师专业发展。

学校 C 制定的教研制度内容如下：

（1）各教研组负责人要按周组织实施本教研组活动。（2）配合学校和教务处领导随堂听课、查课，每月进行教学常规抽查。（3）每学期都要安排一定数量的公开课，包括骨干教师示范课、经验交流课、青年教师汇报课、新教师达标课。发挥备课组集体智慧，上公开课的教师要提前准备，确保每次公开课都能让听课教师有所收获。（4）积极组织教师进行小课题研究，充分发挥教研组的教研本体功能。每次小课题活动都要有具体明确的主题，主题的确定倡导小而实，切忌大而虚，以便真正起到为教学服务的作用。每次活动都要确定主题发言人，并让其提前精心准备，活动结束后一起探讨、交流，共同提高教育教学水平。（5）继续组织开展"一师一优课，一课一名师"活动，要求认真做好笔记，及时上交作业。(6) 组织教师认真学习新课标，积极主动参加信息技术培训，提升信息技术应用能力。

学校 B 制定的教研制度内容如下：

> (1) 各个教研组要切实规划每学期的专业发展工作，保质保量地完成活动任务，并形成活动总结上交存档，形成学校教师专业发展材料；(2) 组织各种形式的教师专业发展活动，利用教师间的合作与竞争性活动形成良好的专业发展氛围；(3) 给老中青不同教龄阶段的教师安排不同的专业发展活动，每学期新任教师听课次数不少于 18 节，非新任教师听课次数不少于 8 节，听完课后，要形成听课总结并进行分享交流；(4) 每个教师每学年末都要对自己一学年专业发展情况进行总结交流，反思专业发展的问题，分享专业发展成就，积极主动寻求进步，注重积少成多，形成专业发展经验。

教师人数较少的学校，教研组活动则是全校教师共同参与，主要探讨更新教育知识。如学校 G 校长 K 所言：

> 我们学校共有四个老师，年龄都在 45 岁以上。只有我一个是中师毕业，其他三个老师都是民办教师转正的，没有专业教育学历，专业素质也不高。我们没有教务处，教研活动主要是由我带头，定期组织培训教育教学新观念，或者上级教育部门发下来的教育指示。因为人少得很，教学工作也忙，其他教研活动也搞不起来。

从教研制度完备情况看，如表 5-6 所示，H 县 8 所乡村学校中有 6 所形成了包括备课制度、听评课制度、公开课制度在内的教师专业发展教研组保障制度，2 所学校缺少听评课制度和公开课制度，教研制度不完备。

表 5-6 H 县 8 所乡村学校教研制度完备情况表

学校	教师人数	备课制度	听评课制度	公开课制度
学校 A	32	有	有	有
学校 B	25	有	有	有
学校 C	23	有	有	有
学校 D	9	有	有	有
学校 E	8	有	有	有
学校 F	25	有	有	有
学校 G	4	有	无	无
学校 H	3	有	无	无

（二）教研制度执行现状

教研制度包括备课制度、听评课制度、公开课制度，每个制度的执行情况都会对教师队伍专业化发展产生重要影响。

1. 备课制度执行现状

备好课是上好课的前提和基础，备课制度则是备好课的前提和基础。但是，在人数相对较多的乡村中心学校和偏僻地区乡村小学，新任教师备课制度有明显差别。

学校 A 新任教师备课制度执行要求如下：

（1）备课是有效进行教学活动的前提，上课前必须先检查备课效果。（2）按照课程标准要求，深刻理解每一章节教学目标，厘清全学期教学内容及其逻辑结构，做到前后呼应，了然于心。注重教学知识、教育基本原理和现代教育技法的全面提升，在教学过程中应用多种教学方法引导学生自主学习，深入理解所学知识并融会贯通。（3）备课前需考虑学情，教学活动内容要适度，关照学生群体和个体状态，张弛有度，否则容易引起学生学习疲劳。对于可能出现的困难和问题要有一定的前瞻性认识，发挥教育机智，保证教学活动的流畅性。（4）充分思考教学过程细节，主动备课，备课完成要有一周左右的沉淀期。对备课内容进行不断演练，使其趋于严谨，每次讲课前也要就自己的备课内容同老教师进行交流，学会借助各类人力和物力资源解决自我难于突破的瓶颈。（5）备课记录要规范，也要保存得当。这一方面是为了履行学校相关要求，另一方面也是教师自我专业发展的有力见证。

学校 D 在检查备课制度执行情况时，重点是看新任教师备课过程中是否做到"五备"和"五原则"。"五备"即备教材和教参、备学生、备教学方法、备学习方法、备教具；"五原则"即符合科学性、加强创新性、注意差异性、强调操作性、考虑生成性。同时要检查课前复案执行情况，检查上课前教师对教案内容的揣摩构思情况。要求确保课堂结构安排合理、组织严谨、密度适中，教学语言准确、生动，板书清晰、规范。

相对新任教师备课制度，继续教育阶段教师的备课制度要求更高，备课内容不再是备一节课，而是要对本学期所要教授的学科知识做好统一规划和准备，如学校 A 执行备课制度的要求如下：

（1）检视教师是否养成了自觉主动备课习惯，是否提前根据学情做好全方位备课。如果不备课而直接开展教学活动，一般认定为教学事故。教师备课执行过程一般分为以下几个环节：个体研学熟悉教材，构想教学知识结构；教研组共同讨论确定教学活动的目标；教师个体在备课组的共同参议下对备课进一步进行改进。

（2）在贯彻课程纲领要求的基础上，统筹安排和整体把握全学期教学活动，并形成各阶段不同的教育管理策略和教学方式。学期初明确各阶段教学活动的预期目标，系统化梳理和厘清本学科知识间的内在逻辑关系。在教学过程中合理规划好每次上课内容，自然流畅地突出学科单元重难点，形成文本形式的学期规划。

（3）合理分解单元教学，统筹安排以单元为节点的教学活动：明确上课所要达到的目标维度，清楚每一节课需让学生掌握的知识点，以及特别需要关注的知识内容，预设能引起学生兴趣和提高主体参与度的教学方式方法。

（4）在每节课的备课活动中都要主动架构课堂教学内容，并在头脑中整体预演教学过程。可参照其他教师的方案，解决自己在教学活动中遇到的问题，但不能完全照搬他人教学方式。专家型教师可进行简略型备课活动，但不能完全没有备课记录；其他教师要自觉认真做好备课活动，提升自己的备课水平。一般完成的教案应该包括以下内容：本次教学的三维或多维目标、教学的重难点、教学的导入、教学的核心内容、在具体教学活动中使用的教学方法、课程小结、课后复习要求、课程延伸等。

从被调查学校继续教育阶段教师备课制度执行情况看，各学校基本都做到了既能以整学期所教知识为备课内容，实现知识的系统化与体系化，明确教学重难点，把握教学进度，也能以单元知识为单位具体进行教学规划。

除了针对教师个体的备课制度外，教师人数较多的学校还实施了集体备课制度，通过教师个体知识的交流促进教师群体性知识增长，反过来又带动教师个体专业发展。如学校D集体备课制度的执行情况如下：

教研组或备课组视情况按不同章节共同进行备课活动。前期进行了细致安排，确定好教研组或备课组共同备课的具体时间，选择本学期本学科具有挑战性的章节，指派教学水平较高的教师引导大家开展备课活动。在具体操作过程中，则统筹安排了同一学科教研组、备课组的教学活动，包括确定教学目标和教学时间，选取相同的辅助教参和课后检测材料。对同一年级的相同学科，基本做到了教学目标、教学重难点的统一。

有些学校在执行备课制度过程中，不仅对个人和集体做出了要求，还把备课制度的执行水平作为教师年终考核的重要参考依据，如学校F在考核中，达到以下要求的教师得到了最高分：认真备课，熟悉学科纲领要求，能整体把握本学年学科教学内容，有效利用相关教参更好地把握课程内容；备课步骤详细，课程重难点和上课流程明晰，教学手段科学高效。备课做得不好的得分总体不高，有的甚至很低。

2. 听评课制度执行现状

调查中发现，不同教学阶段的教师专业发展要求不同，实行的听评课制度也不同。人数不同的学校，听评课制度的具体做法也有所不同。在教师人数相对较多的学校，听评课的要求更多、更具体。

靠近城镇的乡村小学 C 新任教师张老师刚进入学校的一段时间内，教育教学能力急需提升。她便主动联系教学水平较高的李老师进行听课，学习其上课的技巧方法，观察其如何帮助学生获得系统性的学科知识、如何应用一定的教育管理办法实现教学的流畅性，以及如何利用教学机智处理课程中出现的偶发事件。一学期内她的听课次数在 20 节以上。

评课制度是基于教学反思活动而实施的具体的教师专业发展规则。通过对 6 名新任教师所在学校评课活动的调查发现，各学校进行了不同程度的听评课活动。离城镇较远的学校 D 有 154 名学生，只有 9 名教师，在教师人数较少的情况下，教师白天忙于个人教学活动，在下午放学后进行集体说课评课。在被问及"贵校的听评课制度如何执行"时，教师 N 的回答如下：

> 我们每周三下午都有说课评课活动。我是新来的教师，被听课、评课的次数相对较多。在评课过程中，不管是不是教你学科的，都会给你提点建议。我们每次评课基本上都在晚上 7 点多进行。

学校 F 听评课制度的执行则完全不同，如教师 O 所说：

> 我们听课主要是听老教师上课中的一些技能技巧，包括如何导入新课、怎么帮助学生理解掌握知识点、抓住教学重难点、复习巩固知识，也包括教学组织方法、教学仪态、教学口语等。总的来说，能学到的技能还比较多。评课也一样，对自己的教学能力也有很大帮助。老教师可以帮助我指出上课过程中哪个环节和步骤存在问题，怎样的知识用怎样的教学方法好。另外，通过对其他老师的听评课自己也能有一定收获。

从调查情况看，各个学校新任教师的听课要求基本都在 20 节课以上。继续教育阶段教师的听评课都是由教务处统一组织，教师人数较多的学科都是以该学科为单位，进行同学科同组听评课活动，每个教师听评课次数一般为一人一次。同一学科人数较少的学校，一般依据教师人数规定教师听课次数，但对其评课次数不做明确要求。评课结束后，一般形成文本材料上交教务处。

3. 公开课制度执行现状

从调查情况看，乡村学校公开课制度的执行有两种形式：一种是新任教师达标汇报课及学科竞赛评比活动，另一种是继续教育阶段教师竞赛性质的公开课。青年教师达标汇报课和竞赛评比活动大多是同课异构方式，其中，新任教师的定期教学达标汇报一般是说课，有的是上一次完整的课。除学校 G、H 外，其他 6 所学校都有新任教师上公开课要求。但是，新任教师较少的学校 D、E，以及从乡村教学点集中到一起的 F 学校，较少开展达标汇报形式的公开课。新任教师较多的 A、B、C 三个学校都开展了竞赛评比形式的公开课。

学校 A 鼓励青年教师参加学校组织的各类竞赛活动。学期末每位青年教师上一节汇报课，出一份优质课试卷，展示一项才艺，做一节微课，写一篇高质量案例，完成一本成长手册。通过这些活动对每位青年教师进行考核，最后由主管新任教师专业发展的校长、组长或学科带头人对新任教师在公开课中的表现进行综合性评价，给予专业改进建议。

学校 B 进行了 11 节青年教师公开课教学活动。其中，新任教师汇报课 3 节，达标课 5 节。上公开课的新任老师都能提前准备，确保在公开课中得到最大收获。

学校 D 新任教师少，只执行了达标汇报的公开课规定。在被问及"贵校新任教师公开课制度如何执行"时，教师 N 的回答如下：

> 因为我们学校教师人数少，每个教师白天的教学工作安排得比较满，所以公开课一般安排在下午六点多。所有公开课都是以说课形式进行，针对说课中出现的问题提出改正建议，新任教师第二天根据说课改进建议上课。

继续教育阶段的教师有的参加了竞赛评比形式的公开课，有的实施同课异构活动。其中，学校 B 在期末组织教师开展基本功大赛活动，即"三字一话一能"（钢笔字、毛笔字、粉笔字，普通话，信息技术应用能力），以切实提高教师的基本功。学校 C 每学期定期在相同学科教师间采用"同课异构"的方式进行公开课活动。

学校 C 的"同课异构"教学研讨活动为教师们提供了一个面对面交流互动的平台。在这个平台中，教师间应用现代教育技术手段，互相交流教学方法、教学策略和教育管理方法，共同解决教学活动中遇到的疑难杂症，有效进行知识共享。通过教师群体间的互相分享、互相评比实现了整体教师队伍的素质提升，在活动中充分展示了每一位教师风格鲜明的教育方式，使教师不同的教学风格在互相碰撞和影响中得到了改进。这种多层面、全方位的合作、探讨从整体上提升了教师的教研水平，促进了教师专业技能水平的提高，有效提高了学校课堂教学质量。

第四节 西部乡村教师专业发展制度建设中的问题

一、师徒制建设中的问题

从 H 县 8 所乡村学校师徒制的制定和执行两方面的调查结果来看，乡村中小学师徒制的实施存在诸多问题，这些问题背后的原因是多样的，既有制度制定方面的问题与原因，也有制度执行方面的问题与原因。

（一）师徒制制定中的问题

1. 部分学校未制定师徒制，影响了新任教师发展

从师徒制制定现状看，部分学校对新任教师专业发展比较重视，每学年秋季开学初都对新任教师专业发展进行安排部署，在校内形成了骨干教师、老教师与新任教师结对帮扶的制度，但也有部分学校未制定该制度。在有新任教师的 6 所中小学中，学校 A、学校 B 和学校 C 有师徒制，新任教师和老教师之间签订师徒协议，由学校安排新任教师与本学科老教师、骨干教师形成帮扶关系，帮助促进新任教师专业发展。学校 F 只是校领导口头强调新任教师在教育教学中遇到困难时，可以请老教师指导，但没有具体的制度安排。学校 D、E 有新任教师，但并未实施师徒制。在有新任教师的 6 所中小学中，实施师徒制学校比例结构如图 5-2 所示。

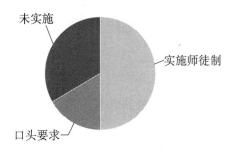

图 5-2 实施师徒制学校比例结构图

从新任教师与指导教师师徒制的职责规定看，师徒制明确规定了新任教师职责，包括新任教师跟随指导教师进行专业发展的态度，自我专业发展的途径，以及如何在日常教学中进行专业发展。同时，规定老教师的职责是以身作则，做好亲身示范，培养新任教师的教育热情和使命感。此外，也要求指导教师跟踪新任教师日常教学，做好全面督促和指导。但是，从师徒制职责内容看，指导教师和新任教师之间的专业发展帮助是单

向的，即注重老教师对新任教师专业发展的帮助，忽略了新任教师对老教师专业发展的促进作用。

2. 老教师专业发展意识不强，对新任教师专业发展重视不够

调查发现，学校 D、E 有新任教师，但并未实施师徒制。针对这种情况，课题组对学校 D 的教师 N 进行了访谈：

> 课题组：贵校没有制定师徒制的原因是什么呢？
>
> 教师 N：主要是我们学校教师人数少，一个学科就两三个老师。平时教学及其他事务多，有问题就互相探讨一下，没有专门安排导师或者老教师来带我们。

针对此问题，课题组对学校 E 的教师 O 也进行了访谈，教师 O 的回答如下：

> 是学校重视问题吧。我进来学校就带课了，学校也没安排老教师带我。如果有事情，校领导让我向早来几年的老师请教。再者就是虽然学校教师数量多，但很多老教师都是民办教师转正过来的，中年教师中不少也是在职专升本过来的，所以，教师整体学历水平和专业素养不高。学校可能也考虑到这个情况，没有实行师徒制，让我们自己自主发展。

从访谈中可知，部分学校未制定师徒制的直接原因是教师人数少、教师专业素养不高。究其根本原因是对新任教师专业发展重视不够，存在令其随意发展之理念。

至于师徒制中未形成指导教师与新任教师专业双向协同发展机制，学校 A 教师 I 认为，新任教师对老教师的专业发展有一定帮助，这个不可否认。现在新来的教师多是"90 后"，对于电脑、多媒体以及新教学方法要比我们老教师掌握得更好、学得更快。师徒制中未规定让新教师帮助老教师的主要原因是老教师专业发展意识不强，喜欢沿用传统教学方法，有些技术的应用他们不会，也不一定愿意去学，让新教师帮忙弄好或者直接让新教师去做就行了。有些老教师也明白要学习新东西，但就是年龄大了，学习能力下降了。所以，在制定师徒制的时候更强调老教师对新任教师的帮助，缺少了老教师向新教师学习这部分职责要求。

(二) 师徒制执行中的问题

1. 制度流于形式，轻"质量"重"数量"

从访谈中了解到，师徒制执行中存在的主要问题是落实力度弱、流于形式，未能有效保障新任教师的专业发展，而且注重追求专业发展的外显材料数量，缺少对新任教师专业发展质量的要求。师徒制要求较为具体的学校 B 的教师 J 提出：

　　我们学校的师徒制要求很明确，但在执行过程中，很多都是得过且过。像指导教师课前签阅意见，因为每节课都要签阅，久而久之大家都比较累，签阅能给予的指导建议都比较相似，后来就集中上几周然后去找老师随便写一下了。听课也是，刚开始也会有新意，课后也会积极找指导教师请教学习，但次数多了，指导教师也忙，后来慢慢也就仅仅是写写听课记录而已。感觉听课更多的就是完成任务，获得专业发展的机会并不多。至于交材料，因为刚到学校，本来适应就需要一段时间，但是要交各种材料，备课、上课等其他事情也多，很多就是为了完成任务，还要写专业论文，压力还是挺大的。

　　同时，学校 C 的教师 M 反映自己学校师徒制的执行更流于形式，未能达到理想效果：

　　我们学校的师徒制执行过程比较笼统。虽然有制度要求，但很多都是指导性意见，做不做还要看教师专业发展意愿。所以，实际上有些制度要求我们做不到，做到的就是每周听课，但听课效果也一般。

　　制定了师徒制学校的许多教师也都反映，制度执行过程流于形式，未能认真有效落实规定的新任教师和指导教师双方职责。制度实施评价以提交学习材料为主，导致大家将更多精力放在完成材料任务上，而不是从指导教师的帮助中获得专业上的持续发展。未制定或仅仅口头要求实行师徒制的学校，更加缺少对新任教师专业发展的具体要求。

　　2. 制度执行的随意性强，专业发展评价单一

　　当制度流于形式时，它的外在规范和要求在一定程度上得到了实现，但对实践操作所提供的保障却大打折扣。以学校 B 为例，其制度执行的随意性强，致使制度未能充分实现对新任教师专业发展的持续保障。从已有师徒制执行情况看，制度框架下最终的实践活动和实践生成物对数量有明确要求，但缺少对实践活动和实践生成物的质量评价，致使师徒制要求下的新任教师更多地疲于应付和上交材料，不能充分实现自主实践基础上专业的深入发展。对此，课题组对教师 J 进行了访谈：

　　课题组：从师徒制要求看，贵校规定了新任教师每学期要听 20 节课，每节课前要交教案给指导教师签阅。同时，还规定要阅读教育著作、写教学反思、写专业论文。那么，我们新任教师执行这些制度的情况怎么样呢？

　　教师 J：执行力还行吧，材料总是要上交的，年终考核要看这些材料。但实质上，有些材料肯定是得过且过，不可能让所有上交的成果都有质量的，主要还是把要交的材料交上去就行。

二、培训制度建设中的问题

（一）培训制度制定中的问题

1. 培训要求比较随意，缺乏培训规划

在对 H 县实施了培训制度的 6 所乡村学校的调查中发现，各个学校新任教师培训制度的制定都比较主观随意，缺乏合理性。从培训次数的规定上看，个别学校提出对新任教师开展多次培训，具体次数是多少并不明确。半数学校（学校 D、E、F）提出开展 1~2 次针对新任教师的培训，培训次数明显偏少。从培训形式的规定上看，少数学校以座谈方式开展新任教师培训，有些学校缺乏有组织的培训。所以，对于学校采取的培训是否能满足新任教师专业发展需求，教师 P 谈道：

> 就我们学校对新任教师开展的培训活动来说，是比较少的。本身也是因为新任教师少，隔几年都不一定有一个新任教师，所以学校没有专门针对新任教师开展的培训。另外，新任教师上任后，学校也没有制定帮助新任教师专业成长的培训制度。

从继续教育阶段基于问题的培训制度看，也缺少整体规划。8 所学校中只有 3 所学校能根据上一学年学校教师教育教学实践中出现的问题，在学期初制定好教师专业发展培训制度，其余 5 所学校均没有依据自身问题制定具体的培训制度，未能开展学校本位的教师专业培训，有的学校也仅仅是被动地根据上级教育部门的指示要求开展培训。

2. 学校教师专业发展组织缺失或弱化，无力开展校内培训

乡村学校教师专业发展培训制度不健全的主要表现是教师专业发展组织缺失，学校无力开展培训活动。由于西部乡村学校教师数量普遍偏少，尤其是部分偏远乡村小学教师人数更少，其专业能力水平极其有限，又难以形成学校本位的教师专业发展组织，无法通过开展专业培训活动来实现校内教师专业发展。因此，进行校内培训似乎成了必然选择。乡村教学点 G 大部分教师由民办教师转正而来，学历水平最高是中专，学校缺少可以发现教师专业成长问题和有效组织开展校本培训的师资力量。学校 F 虽然有 25 位教师，但所有教师都是从村教学点撤并而来，文化层次也不高，导致这些学校也无力形成专业性学术组织开展校内培训。

学校内部负责教师专业发展的相关组织会根据本校教师专业发展问题制定相应的培训制度，但 H 县乡村学校中除了 A、B、C、F 四校师资较充沛、学校单位组织健全以外，其余教师数量不超过 10 人的学校，要么专业组织缺失，要么专业组织功能窄化。对

此，学校 D 教务处领导 N 深有感触：

课题组：贵校教师专业发展培训制度制定得怎么样？

教师 N：学校制订了新进青年教师专业培训计划，并规定教务处要每学期对新进教师进行一次集中培训。但是，除个别的依据教育局的有关文件要求临时进行的全校性教师培训以外，学校并没有规定全体教师的培训任务和要求。我们学校 150 多名学生，9 个老师，大家负责的科目比较多，日常教学任务就重，加上现在的各种临时性学习活动比较多，学校教务处的老师在上课以外应付这些活动就很累。所以，学校没有时间和精力去形成教师专业发展组织，导致专业培训不足。

像 G、H 这种只有三四个教师的学校，各个教师都分别承担了包括教学、后勤、教务在内的多项工作，无法形成专门负责教师专业发展的组织，也就无法对本校教师的专业发展进行稳定的专业制度规划。

（二）培训制度执行中的问题

1. 培训形式内容固化，无培训质量监控

从 H 县 6 所乡村中小学教师专业发展培训制度执行情况看，只有个别学校能根据不同阶段教师的专业发展问题和成长需要，采取多样化的培训形式，并选择具有针对性的培训内容，如学校 B 采取"学习＋交流＋反思＋竞赛"的方式，促使教师将信息技术与学科知识有效整合。多数学校教师专业发展培训制度依然存在以下问题：培训形式、内容较为固化，培训形式以讲座为主，培训内容涉及的教育理论知识较多，教师主体在专业发展培训活动中的参与度比较低，教师专业知识、专业情意、专业技能得不到全面发展。

据调查，一半以上新任教师对本校教师专业发展制度执行情况不是很满意（如图 5-3 所示），这与培训制度执行过程中采用的培训形式和内容不被教师接受有很大关系。

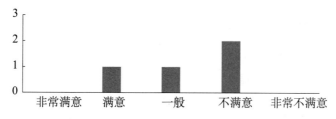

图 5-3 新任教师对专业发展培训制度执行情况满意度图

课题组：能说说对学校新任教师培训制度不满意的地方吗？

教师 N：新来的老师就我一个，培训就和以往青年老师在一起进行。因为培训专

家是外面的，本校并没有组织老教师也没有安排学校领导对新教师进行培训或者讲座。所以，跟大家之前的培训经验相似：专家讲得比较宽泛，以理论知识为主，捎带讲点技能和师德方面的。他们对本校教师情况了解不多，讲授的内容也没有针对性。

教师 P：因为我是代课老师，在这儿也没有编制，所以，学校只是在其他会议之后安排专门的校领导对我进行一些培训。培训内容主要是带我了解学校的一些情况，包括学校的规章制度、我所负责的教育教学工作内容，以及在教育教学中应该注意的一些问题，等等。基本上都是些注意事项，缺少知识技能和师德方面的内容。

因此，从被调查学校教师培训制度的执行情况看，西部乡村学校教师培训以记学习笔记、写培训心得为主，培训考核也主要是查看学习笔记和学习心得，普遍缺少对教师培训质量的有效监控，缺少多种形式的专业发展培训成果展示及后期追踪评价。

2. 专业发展主客体关系倒置，专业持续发展意识薄弱

学校本位的培训制度是为了更好地保障教师在具体教学实践环境中的专业发展需要与主体地位，促进教师专业发展问题的解决。但是，从培训制度执行过程看，学校本位的教师专业发展制度未能处理好专业发展中的主客体关系，培训内容、形式的固化是其深层次原因。教师培训制度的实践依赖于专业发展的主体教师，而以讲座为主的培训形式让教师更多地成了倾听者和被动的参与者，难以在制度保障下发挥教师个体专业自主发展的积极性。自上而下提供的食谱式培训内容，缺少在具体教育实践环境中生成的教师专业技能和教育教学能力的培训，以及多维度专业发展的情感培训，特别是乡村一线教师在相对艰苦的条件下保持对教育事业的热爱等方面的内容，从根本上影响了教师培训的目的与效果，同时，培训制度的执行缺乏后期必要的质量监督，负责教师专业发展的学校组织和个人对教师专业持续发展的意识淡薄，进一步抑制了教师队伍的专业化发展。制度执行又在追求短期外显成果目标的引导下，忽视了对教师专业发展内在要素的关注，进而导致了乡村教师专业发展困境的持续。

三、教研制度建设中的问题

（一）教研制度制定中的问题

1. 教研制度有待完善

总体来看，西部乡村学校教研制度比较完备，普遍制定了备课制度、听评课制度、公开课制度。但是，各学校教研制度并不完善，有些甚至亟待改进。G、H 两所乡村小学既没有制定听评课制度，也没有制定公开课制度，只制定了简略的以口头要求为主的备课制度，但很大程度上是为了应付相关教育部门的教学检查，学校对于教师备课并无具体规范的要求。其他学校制定了相应的教研制度，但实际上，这些教研制度都存在一定的改进空间。因为有些教研制度强调以个体备课为主，集体备课的频率较低；有些听评课制度只对听评课的数量做了具体规定，缺少对听评课的态度、获得的专业发展以及形成的专业发展经验等内容的评价；而公开课则以新任教师达标汇报课为主，缺少新老教师互相竞赛评比的形式，没有形成专业发展的竞争氛围。

2. 教师间专业发展合作少

学校本位的教师专业发展制度一方面通过具体规定和要求，促使教师个体积极主动地进行专业发展；另一方面则是对学校教师群体提出专业发展规范和要求，通过教师间的专业知识共享、专业技能交流以及专业情感影响，来实现学校教师专业整体发展目标。教研制度中的听评课制度和公开课制度的目的在于促进校内教师间专业发展的相互交流与理解，而不少乡村学校仅有几个学历水平普遍偏低的老教师，彼此缺乏相互沟通的需求和欲望，难以相互促进自我专业发展，进而影响了有效教研制度的形成。

（二）教研制度执行中的问题

1. 教研制度执行时间有限

教研制度是学校本位教师专业发展的常规性方式。从调研情况看，西部乡村学校教研制度执行情况整体良好，但是，部分教师人数较少的学校也存在一些问题，主要是教师可用于教研活动的时间严重不足。学校 D 把说课、评课时间安排在下午学生放学后的六七点钟，利用教师休息吃饭时间匆匆进行。这样的教研活动不仅占用了教师正常休息时间，间接消磨了教师专业发展的积极性，也使教研活动成为乡村教师的负担，其效果势必大打折扣。

2. 日常教学活动挤占了教研时间

乡村学校教师日常教学任务繁重，对于教师在 10 人以下的乡村小学而言更是如此。学校 D 的教师 N 除了负责学校三、四年级数学教学外，还兼任三年级思想品德教师，所以，他每天要备不同年级、不同学科的教案，教学活动挤占了所有的教研时间，只能利用放学后的时间进行弥补。而像 G、H 这样的乡村教学点，往往也是一个教师负责两个学科教学，除此之外还要兼任学校保安、餐饮工作人员等多重角色，整体时间安排非常紧凑，基本上没有完整的教研时间。

第五节　西部乡村教师专业发展制度的改进

对教育的美好期望，促使人们不断利用各种力量有序推进教育革新。然而，教育改革并非轻而易举的，影响因素很多，关键是教师。教师是教育改革的践行者、主要依据与力量，他们在教育改革中的参与度，直接影响着教育改革的成败。而教师参与教育改革的能力又依赖于教师教育的专业化水平，因此，教师专业发展的程度决定了教育改革的走向和高度，这就需要不断促进师范生以及职后教师的专业化发展。

国外专家把影响教师专业发展的因素分为两方面：一是教师个体自身因素，包括其身边的事和人、生活中一些有重要影响的活动、自身的性格取向等因素，它们的改善和发展是提高乡村教师教育素质与教学能力，增强乡村教师队伍自身造血功能的根本途径。[①] 二是外在因素，如学校制定的教师专业发展制度就是其中一项重要的影响因素。制度建设是教师专业变革的必然选择，在通往教师教育专业化发展的道路上，起着主导性作用。因此，要彻底变革农村教师素质水平，必须构建起基于乡村教师专业成长与发展的支持体系，并使之制度化。[②]

在我国经济社会发展水平还不平衡、不充分的条件下，在区域教育差异、城乡教育差距短时间内依然存在的情况下，不断改进西部乡村教师专业发展制度，推进本地区教师教育改革，提升当地教师教育质量，是促进西部乡村教师专业发展的迫切需要。

由于教师工作本质上是一种反思性实践而非技术性实践，教师无法通过运用现成的原理和技术实现好的教学，只能通过反思课堂教学实践和工作的具体经验来学会教学，因而教师的成长离不开学校所提供的实践场景。要实现专业发展，教师就必须在学校这一教育现场系统地得到锤炼和提升。基于此，在教师专业发展路径上，学校本位教师专业发展受到广泛关注，并随着我国基础教育课程的改革日益勃兴。[③] 因此，不断完善和改进以校本培训为基础的西部乡村教师专业发展制度，成为推动乡村教育可持续发展、提升乡村教育质量的重要举措。

① 李森，崔友兴. 新型城镇化进程中乡村教师专业发展现状调查研究——基于对川、滇、黔、渝四省市的实证分析 [J]. 教育研究，2015，36（7）：98-107.

② 谢延龙. 制度变革：提高农村教师素质的根本出路 [J]. 教育导刊，2009（11）：20-23.

③ 安桂清，周文叶. 教育改革时代的学校本位教师专业发展 [M]. 上海：华东师范大学出版社，2014：1.

一、师徒制的改进

实施师徒制是帮助新任教师尽快适应新教育环境，有效开展专业教育活动的重要方式，也是学校内部教师间专业互动、相互促长的基本路径。因此，针对调研地师徒制制定和执行中的问题，课题组提出以下改进建议。

（一）师徒制制定的改进

首先，不论是实行还是未实行师徒制的学校都需要加强"教育即生活、生活即教育"的教育理念教育，并让该理念制度化。同时明确规定师徒制要突破课上与课下、上学与放学、校内与校外的所有作息时间与作息空间，体现为随时交流、随时互动的生活方式，要求师徒间摒弃"放学即离校、离校即休息"理念，以积极的制度理念践行师徒制。

其次，对师徒制只保障了新任教师专业发展，对老教师专业发展未起到促进作用的问题需从两方面改进。一方面，学校教师专业发展组织和个人要充分领会师徒制的全面内涵和要义，明确规定师徒制是针对师徒双方专业发展的制度，而不是仅仅针对年轻徒弟提出的要求，避免因认识不到位而出现执行上的问题。另一方面，在师徒制中要明确指出，新任教师所接受的教师教育具有时代性，这是新任教师给学校教育质量和整体教师专业发展带来的巨大资源。因此，师徒制中新老教师的责任和义务应是双向的，老教师具有帮助新任教师适应学校教育生活的职责，新教师也要帮助老教师适应教育改革的要求。

（二）师徒制执行的改进

针对乡村学校师徒制执行中存在的问题，可以从两方面解决。

一方面，要追本溯源，明确制度执行流于形式既是因为教师个体缺乏内在专业发展需求，也是教师对专业发展的重要性认识不够的结果。因此，在师徒制执行过程中，不要让制度要求成为新任教师需要完成的任务，而是要让它成为新任教师实现自我专业价值、实现教育事业发展的自主学习活动。要让校领导和学校相关教师专业发展组织帮助新任教师明确制度实施的意义，为其在职业生涯初期做好职业生涯发展规划，不断勉励新任教师自主高效地在制度要求下进行专业发展。

同时，对于作为指导教师的老教师也要明确其所承担的教师教育责任与价值。促进新任教师专业发展不仅关乎新任教师个体的职业生涯，更是培养自己的接班人，保证自己子孙后代享受优质教育资源、得到更美好发展的重要举措。因此，指导教师要关注新任教师在乡村学校的生存状态，认真履行师徒制规定的指导教师责任，积极主动帮助新任教师发展，给予其充足的专业发展支持，使其在西部乡村学校留得住、教得好。

另一方面，在师徒制执行过程中，要改变以新任教师完成专业发展任务数量作为专业发展水平评价标准的方式，形成重质量、重过程的教育评价方法。以数量为标准的评价方式会使新任教师疲于应付数量规定，增加工作量，加重乡村教师本就十分繁重的工作负担，最终损耗其专业发展的积极性。因此，在师徒制执行过程中，要根据学校具体情况加强形成性和过程性评价，把新任教师从形式主义的任务中解放出来。

二、培训制度的改进

（一）培训制度制定的改进

新任教师培训是对新入职教师进行系统化专业训练的过程，能够帮助其形成专业发展意识，树立专业发展信心。在常规情况下，新任教师培训一般由负责教师专业发展的教务处、教科室组织实施，在师资数量较少的学校，教务处、教科室等组织机构缺失的情况下，一般由校长亲自组织实施，从培训次数、培训内容、培训考核方法等方面制定出全面细致的、适合本校教师专业成长的培训制度，以确保其教师专业成长能适应学校教育教学改革和发展需要，为乡村学校提供优质教育资源。

对教师人数少、日常教学任务繁重、教学人员无力外出参加培训的学校，要因地制宜，完善乡村学校本位教师专业发展培训制度，把教师培训落实到乡村中小学，融入教学场景中去，让学校成为乡村教师专业知识发展的主要基地。一方面，要规定定期邀请相关专家莅临学校、观摩听课、现场诊断，在诊断的基础上开展专业知识、专业技能和专业方法培训，引领乡村中小学教师专业发展；另一方面，要积极有效利用现代化教育技术手段，每学年、每学期定期开展网络、视频培训。这里既要规定依托"互联网＋教育"新型模式，指导青年教师在线参加一对一帮扶学校教师培训，也要定期组织教师观看本学科、本专业教学技能大赛获奖教师的教学活动视频，灵活地自我组织开展培训，促进继续教育阶段教师专业知识发展。

（二）培训制度执行的改进

针对教师专业发展培训制度执行中的窄化问题，首先要主动拓宽教师培训领域，将培训内容无条件地拓宽到教师专业知识、技能和情意等领域中去。其次要建立台账制度，定期督促检查校内外专家参加培训的次数，并将培训数量与质量在相应网站或微信群定期公布出来，起到督促检查作用。再次要改变培训过程中以讲座形式为主的培训方式，提高教师的主体参与度。通过一些具体的实践案例，让培训者扮演好引导者角色，引导新任教师参与到专业发展的情景中去，在活动场景中分析和解决问题，形成专业能力。最后要持续推进新任教师培训制度执行情况的改进。新任教师培训不能仅仅以笔记和培训心得作为考核标准，还要引进多样化的培训方式、多元化的内容，提升制度执行力与执行水平。

针对教师培训制度执行中质量监督缺失问题，可以采用满意度调查和访谈等多种方式，对教师参加专业发展培训状况进行摸查，掌握问题原因，有针对性地帮助教师树立专业持续发展理念，使其在每一次培训活动中都能得到专业知识、专业技能和专业精神的提升。

三、教研制度的改进

（一）教研制度制定的改进

从 H 县乡村学校教研制度制定中的问题及其原因看，以备课、听评课、公开课等活动为中心的西部乡村学校教研制度还不够具体，许多内容还不够明确。在备课制度方面，备课研讨的主要参加者是新任教师，主要目标是新任教师备课技能技巧的提高。新任教师备课一般实行师徒制，由老教师进行指导，但任何个体的知识能力都有局限性，仅凭一个人的具体指导，难以让新任教师全面掌握备课的详细内容、具体步骤、环节，以及不同教学内容所应当采用的不同教学方法。全学期、分阶段、全体教研室教师参与的新任教师备课制度，可以使新任教师尽快全面掌握备课的基本要领，全面获得专业上的支持与发展。因此，制定、落实和改进集体备课制度是乡村学校急需开展的一项工作。在每学期的教研计划中，要明确集体备课的基本次数与时间，明确每一次备课的主题与基本内容及形式，要求参与者集思广益，形成知识的碰撞，促进新任教师专业知识发展。教师人数较少的学校，可以规定不同年级与学科的教师集体备课，分享自己在备课中所用到的教学法知识和一般教学知识，形成互通有无的知识交流活动。

在听课制度方面，既要明确听课的基本数量，也要明确听课的基本质量。听课前，要提早进入班级，选择不影响学生的地方坐下，并提前熟悉讲课的教师和讲授的学科知识。听课过程中，保持手机静音，不破坏课堂教学环境，尊重讲课教师。同时，要进行规范的听课记录，内容包括具体授课时间、授课教师姓名、听讲学生的年级信息、课程的重难点、教学流程、板书的呈现以及总结延伸等，厘清授课教师在具体教学实践活动中究竟应用了哪些学科教学法知识和一般教学法知识，应用水平如何，反思自己在听过课之后要怎样更好地完成一堂类似课的教学。下课后要主动向上课教师询问其授课的思路与想法，及时解决自己的相关疑惑。

在评课制度方面，要进一步完善评课制度内容，有效克服教学任务重、评课时间紧导致的形式主义现象。要规定每一次听课活动结束后，都要组织听课人员及时评课。每位听课人员都要对授课教师的讲课内容、讲课方法、重难点的把握以及授课环节的安排等方面进行细致的评价，并将其作为教师评优选先的重要内容和依据。在具体评课过程中，新任教师要敢于解剖自己，勇于表达自己的看法和疑惑。其他教师特别是老教师要耐心细致地指出新任教师听课、评课过程中的不足，主动帮助其获得专业知识发展。

在公开课制度方面，需要进一步完善竞赛形式的新老教师主体间的公开课制度。要明确提出公开课制度既是针对老教师的，也是针对年轻教师的。年轻教师的公开课具有技能示范作用，老教师的公开课具有经验上的表率作用。竞赛形式的公开课制度是新任教师快速发展专业技能、积累教学经验的有效途径，也是老教师教学技能提升的重要方式。因此，已经制定了这种制度的学校需要进一步完善该制度，没有制定该制度的学校需要补充该制度内容。有关部门要将有没有该制度、该制度完善不完善作为考核学校领导班子工作绩效的重要方式。公开课制度的制定要从本校实际出发，充分吸收各方意见，以达到科学、客观和简单易行的效果。

（二）教研制度执行的改进

备课制度、听评课制度、公开课制度的执行，都应有详细的制度安排，对每次集体备课、集体听评课和公开课活动都要有详细记录，将发言人的意见、建议详细记录下来，并将有没有该记录作为考核学校教研活动组织者、参与者教学绩效的标准。对于师资力量紧缺、日常授课任务重，无暇在学校正常教学时间内开展集体备课、集体听评课和公开课活动的偏远地区乡村学校，可以有效利用网络资源，在相关教育平台上自主开展校外教师共同备课、听评课活动以及公开课活动，以便教师对教学内容与问题及时进行交流，也能及时向同伴分享自己的专业发展经验，促进整体教师专业发展。

结　语

乡村教育质量提升的关键在于教师专业发展与制度建设。因此，进行乡村教师专业发展制度研究，对提升乡村学校教育质量，满足乡村教育需求，以及乡村振兴建设具有重要意义。

　　本研究以 H 县为个案，以其中的 8 所学校（包括 2 所初中、6 所小学，各个学校都代表着不同的西部乡村学校教育生态环境）为研究对象，以本地区帮助新任教师专业发展的师徒制、促进全体教师专业发展的培训制度和教研制度为内容，从制度制定和执行两个维度，对 8 所乡村学校的制度制定和实施情况进行探究，以小见大，借此窥视西部乡村学校教师专业发展制度实施现状，分析了制度实施中存在的问题及其原因，提出了乡村学校教师专业发展制度改进的对策和建议。

　　研究发现，对于教师专业发展，虽然很多学者都强调教师个体的自主专业发展，但实际上任何个体都有其懒惰的类属性。只有在制度环境中加强专业发展引导，才能防止和抑制教师专业发展的惰性心理。因此，制度始终是保障教师专业发展的重要因素，对不同教育生态环境中教师专业发展制度的研究应该得到进一步重视。

第六章

西部乡村教师专业结构供给制度变迁过程与导向

教育质量高低的关键在于教师团队质量，教师团队质量高低的关键则在于其整体的专业化水平与结构的合理性，而教师团队专业结构的合理化程度又取决于其制度安排。因此，乡村教师专业结构的制度化建设是解决乡村教育问题的重点突破口。乡村教师专业结构供给制度以直接或间接、显性或隐性的方式影响着乡村教师群体结构和教育质量，进而影响着乡村教育水平的提高和国家教育现代化的实现。西部乡村教师结构在很大程度上由西部乡村教师专业结构供给制度决定，西部乡村教师教育问题的解决也有赖于乡村教师专业结构供给制度的优化。而乡村教师专业结构供给制度的优化既要立足于乡村社会的现实需要，又要从其历史演变中寻找规律。因此，研究西部乡村教师专业结构供给制度的变迁不仅能勾勒出我国乡村教师专业结构供给制度的变迁轨迹，而且能从历史发展轨迹中探求我国未来乡村教师专业结构供给制度的发展方向。

本研究主要采用政策文本分析法、文献法，追踪分析了国内外关于乡村教师专业结构供给制度变迁的研究动态，剖析了各国乡村教师团队结构出现的问题及改革经验，并对新中国成立初期、"文革"时期、改革开放时期及新时代我国乡村教师专业结构供给制度制定情况、出台背景与实施效果进行了全面总结。在此基础上，从哲学层面，研究运用访谈法解析了不同时期乡村教师专业结构供给制度状态、存在的问题及其原因，探讨了乡村教师专业结构供给制度的价值取向及应然方式，从总体层面和各层次对乡村教师专业结构供给制度变迁的合理性做出了回应。为了形成精准化的乡村教师专业结构供给制度及教师专业化发展机制，本研究最后从方法论和操作层面，从总体层面和各实践维度预测了未来乡村教师专业结构供给制度的导向。

第一节　乡村教师专业结构供给制度变迁的理论

一、乡村教师专业结构供给制度变迁的内涵

从词源解构角度看，只有明确乡村与农村、制度与制度变迁、乡村教师供给制度、教师专业结构的概念，才能全面准确地把握"乡村教师专业结构供给制度变迁"的内涵。

（一）乡村与农村

乡村与农村既是包含关系，又是不同性质和范畴的概念。《辞海》从广义上将"乡"定义为城市以外的地区，是行政区划中县政府机关所在地以下的农村行政区域单位。《汉语词典》（1962）将乡间聚居之地定义为乡村，将农民聚居之村落定义为农村。《现代汉语词典》将乡村定义为以从事农业为生，人口分布相对城镇较分散的区域；农村则是农民集中居住、从事农业生产的地方。国家统计局 1999 年制定并发布的《关于统计上划分城乡的规定（试行）》中认为，乡村是区别于城镇的农村和集镇。集镇是由集市发展而来的经县人民政府确认的乡政府所在地，集镇以外的地区即属于农村。国家统计局 2006 年《关于统计上划分城乡的暂行规定》中则按人口、社会和经济发展状况将城乡划分为城镇（城区、主城区、城乡接合区）、镇区（镇中心区、镇乡接合区、特殊区域）和乡村（乡中心区、村庄）三个基本单元。2008 年经国务院批复后执行的《关于统计上划分城乡的规定》中，则将城镇以外的地区界定为乡村，即市辖区和不设区的市政府驻地以外的其他镇和县人民政府所在地。在当时的社会背景下，这种按照当地人的职业和与城镇地域的对照对"乡村"和"农村"进行的界定似乎合情合理。但随着城镇化进程的加快及科技的进步，以往的界定很难概括当下"乡村"与"农村"的身份属性。从以往学术研究视角看，曲铁华、杨海燕等从历史角度指出：农村是县乡政府管辖的远离城镇，长期从事或利用土地资源，培养和培植动植物的农民长期居住生存的地方。李森等人认为：乡

村是县级行政区划以下的乡镇、村落,农村是指从事农业生产的人居住的地方。杨卫安在对我国城乡教育关系制度的变迁研究中,也对乡村和农村的概念做了界定,但并未做实质性区分,存在混用现象。

从以往研究中不难看出,乡村和农村的界定与当地人的职业、所属地域和人口聚集程度三个因素有关,且都是相较于城镇而言的。二者的相同点是聚居区人口分布较城镇相对分散,不同之处是农村更偏重于强调当地人的农民职业身份,乡村则更强调地域性。本研究基于对农村概念的比较分析和研究需要,主要以地域为依托,尽量与统计学上保持一致,将乡村界定为县级以下区域,包括乡、镇和村落。

(二) 制度与制度变迁

制度起初相当于建制,是社会科学中的概念,泛指借助规定与运作模式调节个体行动的社会结构。舒尔茨认为,制度是指一系列约束人们行为的规则。《汉语大词典》认为,制度是指特定历史时期形成的法令、礼俗等规范,也可指规定和法规。《辞海》认为,制度有三层含义:一是在一定历史条件下形成的政治、经济、文化等方面的体系;二是要求大家共同遵守的办事规程和行动准则;三是规格、格局。从制度类型看,存在政治制度、经济制度、文化制度和教育制度等不同形式;从制度制定与执行的效度看,可将制度区分为正式制度与非正式制度;从制度具体环节看,又可将制度区分为决策制度、监督制度和管理制度等不同形式。从制度功能看,制度具有降低交易花费、减少社会运行成本的基本功能,同时具有激励、约束和规范等功能。从经济学视角看,制度是一种重要资源,是影响效率的重要因素。当然,效率高低也能衡量制度成效。本研究将制度定义为国家或政党在一定历史时期内,为解决某社会问题对特定对象做出的成文规定(如文档、政策和规定),代表着制度制定主体对特定对象的价值分配。

变迁具有事物变化及其状态迁移过程两层含义,包括模式转变和结构转型两种类型。制度变迁是制度生成、转换、替代与交易的过程,即效益较高的制度对效益较低制度的替代过程,也可以视为人与人之间因交易活动而产生的改善制度结构的过程。从制度变迁的过程或主体看,可分为自上而下的制度变迁和自下而上的制度变迁两种形式;从制度变迁的推进速度看,可分为渐进性制度变迁和激进性制度变迁两种。关于制度变迁的原因,李江源认为制度变迁的实质是制度创新的过程,是解决制度僵化与不合理的重要举措。任何制度刚开始或多或少都具有一定合理性,对社会和人的发展具有正向功能。有的制度之所以后来表现出不合理性,主要是因为具体实践的改变。[①] 康永久从成本-收

---

① 李江源. 论教育制度变迁 [J]. 河北师范大学学报(教育科学版),2010,12 (11):5-18.

益角度提出，当预期收益（所获收益）高出因变迁产生的预期成本（所需成本）时，就有可能发生制度变迁。在马克思主义唯物史观中，制度变迁由社会生产方式的变迁决定，但最终取决于人解放的内在动机。[①] 因此，制度变迁是追求制度实质合理性和形式合理性的必然结果。

（三）乡村教师供给制度

乡村教师供给制度是教师供给制度的下位概念。因此，厘清教师供给制度的内涵是明确乡村教师供给制度内涵的前提。教师供给制度是政府或教育机构在一定时期对教师资源进行权威性价值分配的规定和要求，其基本内涵包括两层意思，一是教师供给制度的配置对象是否有需求意愿，二是教师供给制度的配置主体提供的教师资源是否为配置客体所需。前者指向需求方，后者指向供给方。二者不仅是制定科学的教师供给制度的依据，更是用来判断现行或潜在教师供给制度有效性的基本标准。因此，制定教师供给制度首先要考虑的是需不需要的问题，其次才是需要什么教师的问题。若供给对象没有这种需求，那么再公正合理的教师供给制度对他们来说也毫无意义。在此基础上要清楚他们需要什么样的教师资源。若政府或教育机构提供的教师教育资源与其现实需求吻合，这种教师供给制度即是有效的。否则，将无法取得预期效果，甚至产生无效功能或者负功能，如有限教师资源的浪费。

乡村教师供给制度是政府或政党组织为解决乡村教师教育问题，按一定标准为乡村学校提供教师资源的文本规定。作为教师供给制度的重要组成部分，乡村教师供给既要遵循教师教育供给制度基本逻辑，也要注意把握教师供给的公平与效率。一方面，中国地域辽阔，不同乡村间不仅存在地域差异，甚至还存在村落差异，因此，实现乡村教师教育公平有质量的发展是乡村教师供给制度的价值追求；另一方面，合理有效的乡村教师供给制度是基于教师教育供给基本逻辑和发展当地乡村教育的需求而定，应该充分尊重配置客体的话语权，而不能以他者身份进行教师教育供给。从乡村教师供给制度形式上看，自下而上的供给往往是配置客体的需求无法得到及时响应而导致的激进性制度改进，自上而下推动的供给往往是上级决策层面因追求教师教育资源配置效率而引发的渐进性制度安排，上下结合的制度安排才应该是未来乡村教师教育供给制度的基本取向。

（四）教师专业结构

关于教师专业结构，有从社会学层面理解的教师群体结构和从心理学层面理解的教

---

① 康永久. 教育制度的生成与变革：新制度教育学论纲［D］. 武汉：华中师范大学，2001：54-59.

师个体结构两方面的意思与内容。顾明远先生在《教育大辞典》中提出，教师专业结构是指各级各类学校教师队伍的构成状况，包括教师的专业构成、教育程度构成、学历构成、职称构成和年龄构成、性别构成等。袁桂林教授指出，过去政府政策文件在谈教师队伍结构时，一般会涉及教师身份、年龄、职称、学历、学科、性别等方面，这些要素反映了校级之间乡村教师队伍专业水平的差异性[①]。可见，乡村教师专业结构是从社会学层面定义的乡村教师专业群体结构的形成过程与结果，包括地缘、学历、专业、性别、年龄、身份等不同方面。教师专业结构决定教师队伍的专业功能，同样，乡村教师队伍结构不同的组合方式决定着乡村教师队伍对学生群体和教师队伍的工具性功能和本体性功能。

（五）乡村教师专业结构供给制度变迁

乡村教师专业结构是教师专业结构供给制度及其变迁的重要构成。研究乡村教师专业结构供给制度变迁就是从制度变迁视角，解构乡村教师专业结构供给制度不同历史时期的具体内容，分析政府和教育行政部门在不同历史时期为乡村学校提供的乡村教师专业结构供给状况，阐释乡村教师专业结构供给制度在不同历史时期制定与执行的科学性与合理性，从而更理性地审视乡村教师专业结构供给制度制定与执行的价值取向。英国史学家卡尔（E. H. Carr）说："现在是理解过去的基础，过去也是理解现在的前提。能够更好地理解过去，就能更好地把握现在，这是一种互相重构的过程。"历史具有理解过去与把握现在的双重功能，同时历史还具有更好地预测未来的正向作用。也就是说，只有根据过去和现在乡村教师专业结构供给制度提供的乡村教师结构经验，才能在将来制定出更加科学合理的乡村教师专业结构供给制度。

二、乡村教师专业结构供给制度变迁的特征

乡村教师专业结构供给制度变迁具有教师供给制度变迁的一般性特征，同时保留着乡村教师结构的特殊属性。

（一）一般特征

乡村教师专业结构供给制度变迁的特征一般从教师供给制度变迁的过程中得以显现。

---

① 袁桂林. 农村学校教师队伍建设需要制度保障和体制创新 [J]. 华东师范大学学报（教育科学版），2018，36（4）：30-32.

教师供给制度变迁遵循制度自身的逻辑规律，表现出生成性、情境适切性、创新性等特征，对乡村教师供给制度建构具有本体性功能。

1. 生成性

关于制度生成性的讨论，因方法论不同在制度经济学领域出现了新旧制度两种截然不同的声音。二者的主要区别在于，旧制度经济学强调制度变迁外生属性的同时，否认其内生特征，认为外因（资源、偏好）尤其是技术对制度形成与变迁起着决定性作用。新制度经济学强调内生特征的同时，也承认外因在制度形成与变迁中的重要作用，但更侧重内因（个人的利益追求与理性估算）在制度形成中的决定性作用。[①] 除以上是从成因角度对制度形成与变迁中呈现出的生成性属性进行解释以外，美国社会学家伯格还从过程角度把制度的生成与运作理解为"习惯化—制度化—合法化—社会化"的动态性过程。实际上乡村教师专业结构供给制度的形成既有外在制度因素的原因，也有内在新制度因素和过程性的原因，是各种利益博弈下特定主体理性计算的产物。

2. 情境适切性

任何制度变迁都遵循发生的情境准则，是一定情境的产物。但任何制度变迁都不是一种情境的产物，而是特定主体与不同社会、情境与环境相适切的结果。乡村教师专业结构供给制度变迁也是其乡村情境依赖和乡村情境嵌入的结果，是乡村教师专业结构供给制度制定与执行主体，根据教师资源与配置客体需要提供的教师资源不断契合的结果。因此，乡村教师专业结构供给制度变迁必须在乡村教育现状与乡村教育发展需求的具体情境中进行，不能脱离乡村教育情境单纯分析乡村教师专业结构供给制度变迁的发生。脱离乡村教育情境的教师专业结构供给制度变迁必定与制度相关主体的初衷背道而驰。因此，乡村教师专业结构供给制度的变迁，首先是基于具体教育情境的变化，追求与具体教育情境相适切的过程，包括与不同时期、不同地域教育情境的适切，是新教师专业结构供给制度对旧教师专业结构供给制度的适切。其次，乡村教师专业结构供给制度变迁是在追求对新教育情境适切性的过程中，反映乡村教师专业结构持续适切的一切可能性过程。

3. 创新性

在哲学上，创新是一种人的创造性理论产出与实践行为，是突破常规创造某种新事物或产生某种新思想的活动。因此，创新的本质是突破。教师专业结构供给制度的创新性在一定程度上等同于教师专业结构供给制度的发展性，在经济学上可将其理解为，用效率较高的教师专业结构供给制度取代效率较低的教师专业结构供给制度的过程。也就

---

① 康永久. 教育制度的生成与变革：新制度教育学论纲 [D]. 武汉：华中师范大学，2001：5-7.

是说，不同的教师专业结构供给制度在经济学上对应不同的效率水平。旧教师专业结构供给制度不能满足当下对其提出的现实需求，甚至已经成为阻碍当下教育发展的重要因素时，就会产生新的教师专业结构供给制度需求，从而导致教师专业结构供给制度的变迁。当然，这并不否认旧教师专业结构供给制度在历史上做出的积极贡献，只是随着社会政治、经济和文化水平的不断发展变化而产生了新的教育情境，对教师专业结构供给制度提出了新的要求。当然，就教师专业结构供给制度提供的教师资源而言，乡村教师专业结构供给制度的变迁并不完全受经济学上的效率支配，对人的价值与目的的关注即正义的持守，也会导致教师专业结构供给制度的变迁与创新。

(二) 特殊属性

乡村教师专业结构供给制度变迁除了教师专业结构供给制度变迁的一般特征以外，还具有自身的独特属性，主要体现在乡村自身的属性及乡村教师结构属性上，具体体现为内容上的倾斜性，以及结构上各要素间的稳定性、协调性、动态性、整体性。

在内容方面，乡村教师专业结构供给符合公共产品属性特征。同时，由于乡村学校购买力相较于城镇学校处于弱势地位，在市场供求竞争机制中处于不利处境，因此具有非竞争性和非排他性特征。所以，为缩小城乡二元体制导致的城乡教育差距，改善乡村教育在历史发展中的不利处境，维护教育制度的正义性，需要在乡村教师专业结构供给制度的制定与实施中坚持差异补偿性原则。在经济待遇上，对在乡村从教的教师实行差额补贴政策，以便从总体上缓解乡村教师供给数量、质量与结构上存在的问题。同时，通过特岗教师、免费（公费）师范生等政策为乡村定向培养教师，改善乡村教师的学历质量与水平。

在结构方面，乡村教师专业结构供给制度的变迁具有稳定性、协调性、动态性、整体性特征。一方面，通过相关利益主体的理性设计，可以引导乡村教师专业结构供给制度的有序变革。因此，从乡村教师专业结构供给制度提供的乡村教师结构要素组合方式看，各要素在一定时期内具有稳定性。另一方面，乡村教师作为一种人力资本，对其投入的回报也可谓"十年树木，百年树人"，具有迟效性特征。因此，乡村教师专业结构供给制度的变迁并不能很快导致其结构间各要素的变动，各要素间具有相对稳定性特征。

另外，乡村教师本身是教师专业结构的聚合体，不能孤立分析单个结构要素的功能，也不能简单将其理解为"1+1＝2"的关系。有时会出现"1+1＞2"或"1+1＜2"的情况，应做具体分析。因此，在同一时期，乡村教师专业结构供给制度整体功能的发挥要靠各要素间的相互协调，通过各结构要素间的合理化运行实现其功能的发挥，但是，对这种功能的发挥应做整体性理解。

在现实中，乡村教师专业结构及其构成要素还有动态性特征。如通过在线培训或入学深造可以在短期内改变其学历结构要素，通过转正可改变其身份结构要素。应该说，单个要素或几个要素的变动在乡村教师专业结构中的发生具有绝对性。但是，乡村教师专业结构各要素间不是静态或不变的，通常情况下单个结构要素的变动在短期内不会导致乡村教师专业结构及功能的大幅度变动。

三、乡村教师专业结构供给制度变迁的类型及层次关系

乡村教师专业结构供给制度是从制度层面对乡村教师专业结构的规定，决定着乡村教师队伍的整体结构。乡村教师队伍整体结构反映和检验着乡村教师专业结构供给制度，是乡村教师专业结构供给制度的执行结果。

从空间上看，尽管乡村教师专业结构供给制度的变迁既有类型上的变迁，也有层次上的变迁，但其层次上的变化建立在类型分析之上。就类型而言，教师性别、年龄、学科、身份、地缘结构是对乡村教师男女比例、年龄比例、学科构成、身份来源和户籍来源比例的制度规定，是乡村教师专业结构供给制度的天然构成，也是其与生俱来的特征。其中，男女比例各半是乡村教师性别的合理性结构；本地和外地户籍乡村教师的合理比例更有利于发挥地域优势和保存乡村文化；老、中、青合理搭配利于发挥年龄优势，形成传、帮、带效果；所学专业与所教专业相吻合是教师专业发展的常态和应然趋势，但乡村教师所学专业与所教学科不一致也是常态。考虑到各学段学生身体和心理的差异性，教师性别、年龄和地缘结构适当偏向某一方面也具有合理性。所以说，乡村教师性别、年龄、地缘上的合理性结构是其制度的应然追求。

从身份结构上看，乡村教师身份供给制度是对不同社会地位、不同权力阶层教师的制度规定，存在正式与非正式之别。正式乡村教师包括公办教师、转正后的特岗教师、支教教师、免费（公费）师范生等被国家教育系统承认的教师身份。非正式教师是对正式教师的补充，包括民办教师、代课教师和短期志愿者等。理论上看，正式与非正式教师身份在制度变动中可以相互转化。实践上看，从非正式到正式是乡村教师追求的正向化身份和永恒主题。

就层次而言，教师学历供给制度是对乡村教师在教育机构中接受科学文化教育和技能训练等学习经历的最低规定。从小学、初中、高中、专科、本科到研究生层次，不断追求高学历是乡村教师学历供给制度的应然价值追求。教师职称供给制度是对乡村教师的专业技术水准、能力及成就的等级称号规定，从低到高形成的三级、二级、一级、高级和正高级教师职称是乡村教师专业发展的总体方向。

但不论是类型上还是层次上，它们既是乡村教师应有的属性，又是制度化规定的结果。它们之间存在互相影响、互相制约的密切关系。例如，乡村教师职称供给受教师学历制度影响。不同时期乡村教师的学历制度对教师学历有不同的最低规定。乡村教师的职称供给必须在满足乡村教师学历供给制度规定的最低学历标准基础上，实现乡村教师学历的不断提升。反过来，教师学历的提升又影响着职称供给制度的改进。在不断追求高学历所导致的学历贬值的情况下，获得高学历不一定就会获得高职称；在教师学历相对增值的情况下，也可能出现低学历高职称现象。同时，教师职称制度也受教师身份制度影响。一般而言，符合教师身份制度的正式教师更容易获得高职称；反之，国家和社会不承认的非正式教师很难达到职称制度要求，也难以实现职务上的晋升。另外，教师学科制度对职称制度也有影响。一般而言，乡村教师职称制度偏向语、数、外等主课教师，副科教师不易获得职称和职务上的晋升。

四、乡村教师专业结构供给制度变迁的功能

功能是事物所能发挥的作用。从方向上看，它是满足对象需要的属性。乡村教师专业结构供给制度变迁可能有满足乡村学生、学生家长、社会相关部门需要的正向功能，但也可能有其负向功能，有时还会出现短暂的零功能。但无论如何，正向功能应该是乡村教师专业结构供给制度变迁功能的主旋律。从经济学视角看，作为一种公共资源配置形式，制度具有非排他性与非竞争性功能，又有技术性或效率性特点。制度的目的在于降低运行成本，实现社会正义及公平。在教师教育资源总量有限的条件下，若乡村教师专业结构供给制度要实现各要素间的整合，节约乡村教师教育中的交易成本，降低乡村教师教育资源配置成本，提高乡村教师教育资源配置效率，能更好地满足乡村学生、家长及相关部门对乡村教师结构提出的要求。从教师专业结构供给制度变迁起点看，一项新的乡村教师专业结构供给制度是在对原有乡村教师专业结构供给制度的创新，有利于克服以往乡村教师专业结构供给制度的缺陷，更适合当下乡村教育情境，更好地满足乡村学生、家长及教育部门对乡村教师在结构方面的需求。若乡村教师专业结构供给制度变迁增加了乡村教师教育成本且成本大于预期收益，则可能会产生负向功能，且负向功能可能会远远超过其正向功能。在成本与预期收益相等的情况下，则会出现既没有正向功能也没有负向功能，或者正负功能互相抵消的零功能现象。一项新的教师专业结构供给制度可能刚开始会发挥负向功能，但从长远看具有较强的正向功能；也可能在刚开始的短期内会发挥正向功能，能解决乡村教师供给结构暂时性失衡问题，但从长远看则不利于从根本上解决乡村教师结构问题。

从功能呈现的方式看，乡村教师专业结构供给制度变迁既有显性功能，也有隐性功能。显性功能是预先设计的与实际效果相符合的现象，是计划性的、预期性的。隐性功能是伴随显性功能产生的非预期性的、计划之外的现象。乡村教师专业结构供给制度变迁的显性功能是相关主体通过相关制度变迁，解决乡村教师专业结构问题。也就是说，它在内容和形式上都产生了意料之中的效果，解决了事先要解决的乡村教师结构问题。如特岗教师招聘制度解决了乡村教师数量、学历、学科、职称、身份等结构问题，这是其显性功能。国务院 2007 年决定在教育部直属的六所师范院校实行免费师范生政策，2018 年将其调整为公费师范生政策。该制度规定，公费师范生必须在乡村任教 6 年，以解决乡村教师"下不去，留不住，教不好"以及乡村教师学历低的问题。据调查，国家培养的免费师范生多在县级及以上中小学工作，并未按规定到乡村地区任教，且免费师范生很少有去乡村从教的愿望，这与制度制定者当初的预期相违背。同样，为提高乡村教师质量，国家于 20 世纪八九十年代出台了一系列解决民办教师问题的政策，通过将符合条件的民办教师转正，将不符合转正条件的教师进行分流，解决了历史遗留的民办教师问题，提高了乡村教师质量，但同时出现了大量代课教师问题。这是计划之外的非预期性现象，也就是乡村教师专业结构供给制度变迁隐性的负向功能。应当指出的是，乡村教师专业结构供给制度变迁的显性功能与隐性功能是相对的，隐性功能若被有意识地开发、利用，在一定条件下可以转化为显性功能。

从功能作用的对象看，乡村教师专业结构供给制度的变迁既有其教师与学生个体功能，也有其社会功能。乡村教师专业结构供给制度变迁的教师、学生个体功能是其追寻的核心价值，也是其终极价值取向，体现的是主体性人学价值论，是客体对主体需要的合理性满足。乡村教师专业结构供给制度变迁能够满足乡村学生个体对乡村教师结构的需求，也能够满足乡村教师个体的生存与生活需求，从而更好地促进乡村学生全面发展，将其培养"成人"。如乡村教师学历提升意味着乡村教师知识的丰富与教学技能的提高，能够对乡村学生学业成绩的提高产生正向作用。而乡村教师学科供给制度合理化，有利于乡村教师学以致用，提高乡村学生学科成绩，也能更好地满足乡村教师群体合理化发展需求。民办教师转正制度使乡村教师身份由民办转为公办，有利于满足乡村教师今后的职业发展需求，提升其职业满足感。职称评定制度的完善有利于乡村教师荣誉感和职业认同感的提升。在社会功能方面，乡村教师专业结构供给制度在提高乡村教师对新乡村教育情境适切性的同时，能够在乡村教育系统与乡村社会经济、政治与文化间产生联动，进而在整个社会系统内产生相互影响、相互促进的效果。如在地缘结构方面，通过多招收乡村本土的学生，进行本土化培养，有利于保存乡村本土的优秀传统文化。

五、乡村教师专业结构供给制度变迁的价值取向

价值取向是价值哲学范畴的重要概念，是特定主体进行某项活动或消解某个矛盾时背后遵循的价值选择，是引导甚至支配特定主体决策行为、执行态度及评价标准的内在判断。应该说，任何行为选择都有价值引领，任何教育制度背后都隐藏着特定的教育价值选择。因此，明晰乡村教师专业结构供给制度变迁背后的价值判断极其重要。

首先，价值与利益本身具有同源性。一方面，乡村教师专业结构供给制度变迁中蕴含的决策主体对专业利益的价值追求，离不开决策主体对制度变迁成本与收益的理性计算。正如功利主义者人性理论假设：人的行为受功利支配，追求幸福其实就是追求功利。对社会或政府来说，追求绝大多数人的最大幸福是其基本职能，追求乡村大多数学生的幸福也是乡村教师专业结构供给制度变迁背后社会或政府等决策主体的基本职能，是其本身内含的价值选择。只要社会处于发展阶段，政府提供的乡村教师教育资源就有稀缺性。如何最大限度地发挥乡村教师资源的作用，也是功利主义首先需要考虑的问题。另一方面，教师专业结构供给制度供给的乡村教师教育资源是公共产品，不能完全遵循经济学前提假设，将追求功利看作主要目标。从效率与正义之间的关系看，二者就像天平的两端，在不同时期会偏向不同方面。在追求经济高速发展的时期，会更偏重配置效率；在经济缓慢发展时期，则更偏重于配置公正。换句话说，对功利的过度追求只是在一定限度内或特定阶段的选择。正如新制度经济学成本、效率理论认为：越好的制度追加的成本（边际成本）越接近新增收益（边际收益），这也是帕累托最优的状态。

其次，依据教师教育价值内容，乡村教师价值可分为终极价值与工具价值。乡村教师专业结构供给制度变迁的工具价值是乡村教师自身发展，其终极价值也是其核心价值，是为了实现"教育善"，即通过乡村教师专业结构供给制度实现乡村学生发展。说到底是要解决乡村教育培养什么样的乡村学生、怎样培养乡村学生和为谁培养乡村学生，怎样让乡村学生过上一种有意义的幸福生活的问题。刘铁芳教授认为，乡村教育最终是为了实现乡村少年的健康成长，这反过来又是教师专业结构供给制度应该提供什么样的乡村教师的问题。对乡村教育质量的追求会让乡村教师专业制度的制定者越来越倾向于提高乡村教师学历结构，对乡村学生性格养成的关注会让制度制定者倾向于关注乡村教师的性别结构，而对乡村本土文化的保护与传承的关注则会使供给者倾向于招收本省农村户籍学生。而工具价值是人们为了实现终极价值所采取的手段，是为了终极价值即教育善进行的服务。在乡村教育政策及乡村教师政策下采取的系列倾斜和补偿措施，如免费（公费）师范生制度及特岗教师制度，最终是为了更好地培养乡村学生。因此，相关补偿

措施就成为乡村教师专业结构供给制度变迁的工具取向。

最后，从供给与需求的关系看，乡村教师专业结构供给制度的变迁最终是为了让供给与需求双方达成一致。乡村教师专业结构供给制度变迁背后的价值取向是为不同时期的乡村提供合理的教师结构，满足乡村当时教育发展的需要。而资源配置计划遵循的是自上而下的人力配置逻辑，乡村教师专业结构供给制度的制定主体容易从自身的主观确信出发，以自身主观体验为依据，制定乡村教师专业结构供给制度，导致乡村教育发展需要与乡村教师结构需求事实的背离，以及有限乡村教师教育资源的浪费。其中，政府提供的乡村教师结构与乡村教育需要的乡村教师结构事实间的背离是其价值取向偏离的重要表现。因此，寻求乡村教师专业结构供给制度的供需平衡，必须加强对计划经济的干预，充分尊重被供给者话语权，在充分调研的基础上形成乡村教师专业结构供给制度文本，满足乡村教育发展所需的乡村教师结构需要。

第二节 西部乡村教师专业结构供给制度变迁过程

一、西部乡村教师专业结构供给制度的形成

新中国成立初期采取的经济制度和政治制度以城市为偏向，导致了我国城乡关系和城乡教育关系的分离与分化，在此背景下制定的乡村教师专业结构供给制度开区别于城市教师专业结构供给制度。新中国成立初期，国家发展重心放在经济建设，教育资源短缺且大都要遵从计划经济体制下的配置。1949 年 9 月的《中国人民政协商会议共同纲领》确立了中国由半殖民地半封建社会向社会主义社会转变的原则定了中华人民共和国科学的、民族的和大众的体现新民主主义性质的文化教育，对旧的教育制度、教育内容、教育方法进行改造，有步骤地普及教育，加强中等教和高等教育，注重技术教育，加强劳动者业余教育，对旧知识分子进行改造教育和持西部地区教育发展的总任务，为新的乡村教师结构制度奠定了政治、经济和教育础。

1958—1961 年，出现了"半工半读"和"群众办学"两种识形式，以及"能者为师"的教师结构制度。"文革"时期的乡村教师专业结构供度因师范专业停招而出现了民办化倾向。1966 年 5 月 7 日，毛泽东提出，全国各业都要办成"一个大学校"，大学校用来学政治、学军事和学文化，同时要批判资产。这成了后来"文化大革命"的办学方针。"文化大革命"不仅造成了经济和政治的动荡，也扰乱了正常的教育秩序，师范教育体系遭到了严重破坏，乡村教师专业结构供给制度也几乎处于停滞状态，

严重影响了乡村合理性教师群体结构的形成。受社会政治、经济影响，新中国成立初期和"文革"时期关于乡村教师专业结构供给的规定大都分散于其他纲领、指示、草案当中，关于专门的乡村教师专业结构供给制度的正式规范性文本几乎没有。因此，这段时间只能说是乡村教师专业结构供给制度的创立期，很难称得上是形成期。就其发展阶段看，表现为新中国成立初期（1949—1965 年）的萌芽期和"文革"时期（1966—1976年）的停滞期这两个阶段。

（一）乡村教师身份结构供给制度

1953 年 5 月，毛泽东主持的中共中央政治局会议决定，支持民办小学发展，且不对其办学年限做出规定。1953 年 6 月 5 日，第二次全国教育工作会议确定：公立小学主要设在工矿区、少数民族和城市地区，鼓励农村办民办小学。因此，除由国家补充的部分公办教师外，因普及教育和国家确立的二部制教育政策，社队自聘的民办教师成为我国乡村教师的主要形式。因此，出现了临时代课教师、长期顶编代课教师和耕读代课教师形式。1962 年 9 月，教育部颁布的《关于解决中小学民办教师和代课教师的副食品和生活日用品供应问题的通知》中提出，在同一中小学，公办教师、民办教师和代课教师三种类型可同时存在。1971 年 4 月，新成立的国务院教科组召开了全国教育工作会议。该会议明确提出要在第四个五年计划期内普及教育思想，同时大力提倡群众集体办学，进一步推动了民办身份教师数量及比例的提升。同年，教育部颁发的《全国教育工作会议纪要》提出，为了尽快适应教育革命的要求，要安排原有教师分期分批下到工厂、农村、部队，在政治上和业务上接受再教育、再学习，由此又使乡村公办教师的数量与结构发生了一定的变化。1977 年 9 月，教育部在全国高校招生工作会议上指出，要从农村中小学中抽取一部分民办教师转为公办教师。1978 年 1 月，国务院批转的教育部《关于加强中小学教师队伍管理工作的意见》提出，教育部门从民办（代课）教师中选择一部分教师弥补由公办教师自然减员产生的缺口。这些制度成为民办教师和非正式教师比例缩减的依据。

（二）乡村教师学历结构供给制度

新中国成立初期，由于普及教育的需要，乡村地区出现了较大的教师缺口。因此，乡村教育的重点是增加教师数量，很少关注教师学历水平，导致初中学历教初中、小学学历教小学的现象普遍存在，甚至让只识几个字的人当老师。1952 年 9 月，政务院批准的《教育部 1952 年工作计划要点》中提出，全国教育工作的目标和方针是结合短期速成与长期培养方式，通过大量专修课、短期培训班的方式，在短期内为国家提供各种建设干部，重点是为乡村地区培养师资。为有效提高农村地区初等教育质量及教师素质，1953 年 12 月，政务院颁布的《关于整顿和改进小学教育的指示》提出，要给不到初师文化程度的教师补习初师课程，选取部分具有高小水平的教师到初师学校学习，吸收初级中学一、二年级教师到师资轮训班进行一到两年的训练。对学历过低、无法胜任教学的教师帮助其升学或转业，适于从事生产劳动的从事生产活动。1970 年 6 月中共中央批转的《北京大学、清华大学关于招生（试点）的请示报告》，以及 1971 年的《全国教育工作会议纪要》都规定，大专院校主要招收实践经验在 2～3 年及以上、身体健康、未婚且年龄在 20 岁左右、学历为初中和初中以上的优秀工农兵。同时，根据具体情况，放宽对具有丰富实践经验的工人、贫下中农和革命干部的年龄和文化程度要求。全国高等学校随即普遍实行这一招生办法。这一改革不仅公开降低了对入学学生文化水平的要求，而且取消了统一入学考试，导致招收学生文化水平差距很大。1971 年，北京高等学校招收的新生中初中文化程度的有 40％，只有小学文化程度的占到了 20％。1970—1971 年，开始试点招收工农兵学员，每年只招 42 000 人，后来虽然增加了招生数量，但是大多数招收的学生只有相当于初中或初中以下的文化程度，且学制在总体上缩短了 1～2 年。"文革"期间乡村教师学历整体水平呈现下滑，1977 年，初中教师中高等专科学校毕业及以上的比例从 1965 年的 71.9％下降到 14.3％，全国小学教师中中师及以上院校毕业的比例从 1965 年的 47.4％下降到 28％。

　　1971 年公布的《全国教育工作会议纪要》同时提出，要安排原有教师分期分批下到农村、工厂、部队，在业务上和政治上接受再教育和再学习，尽快地满足教育革命提出的要求。这项规定一定程度上促进了乡村地区教师学历水平的提高。但是，很多大学毕业的学生其实没有大学本科甚至专科学历的知识和能力。由于这些人长期不在教学与科研实践领域工作，原先已经掌握的业务知识也丢弃了，导致其学历水平上去了，但能力水平并没有获得相应提升。1977 年，中央做出了改革招生制度规定，恢复了文化考试制度。1978 年，国务院批转教育部《关于加强中小学教师队伍管理工作的意见》，提出由省、自治区、直辖市教育部门和计划部门、人事部门一起制订高师、中师毕业生分配计划，由教育部门负责派遣工作且必须全部到教育战线工作，这在一定程度上提高了乡村教师学历水平。

　　本阶段没有出台教师职称制度，也没有教师学科方面的要求。因此，乡村教师职称制度处于空白状态，乡村教师任教学科没有严格界限，大多是一专多能型教师。

二、西部乡村教师专业结构供给制度的发展

1978 年，邓小平在全国教育工作会议开幕式上的讲话对恢复正常教育秩序和教师队伍建设具有重要指示作用，推动了之后一系列教师教育制度以及乡村教师专业结构相关制度的出台，这些制度直接或间接地引起了西部乡村教师教育结构的变化。

(一) 乡村教师身份结构供给制度

在民转非和正式教师队伍建设方面，1979 年，教育部、财政部、粮食部、国家民委、国家劳动总局联合发布的《关于边境县 (旗)、市中小学民办教师转为公办教师问题的几项规定》提出，从当年起，将边境一百三十六个县 (旗)、市的中小学民办教师 (含职工) 经考核合格后全部转为公办。该规定实施的对象是 1978 年底前的在职民办教师。在程序上是本人提出申请，组织上依照规定全面进行审核。只有合格的才能转为公办教师，以此确保乡村教师队伍质量。1980 年中共中央、国务院出台的《关于普及小学教育若干问题的决定》中提出，乡村中小学教师可由社队、企业自行招聘，但要采取措施适当减少民办教师数量，调节民办教师比例过高的状况，以此提高公办教师占比。该决定同时规定，国家每年都要拿出特定的专用劳动指标，用于将民办教师经过严格考核合格后分批转为公办教师。师范院校每年也要吸收部分民办教师，以此将民办教师占比在几年内降到 30% 以下。内蒙古自治区当年度将 18 个边境旗 (市) 中的 11 000 名中小学民办教师分批分期转为公办教师。可以说，2000 年之前，西部地区乡村教育主要是民转非运动。2010 年，中共中央、国务院公布的《国家中长期教育改革和发展规划纲要 (2010—2020 年)》提出，为了提高高校毕业生去艰苦边远地区当老师的比例，国家继续完善代偿机制，不断推进免费师范生教育。2012 年教育部、中央编办、国家发展改革委、财政部、人力资源和社会保障部发布的《关于大力推进农村义务教育教师队伍建设的意见》提出，充分发挥部署师范大学师范生免费教育的师范引领作用，进一步完善相关政策，支持和鼓励基层根据具体情况调整实施师范生免费教育制度，以为农村学校定向培养和补充能"下得去、留得住、干得好"的高素质教师。

在乡村非正式和正式教师制度方面，2006 年，教育部颁发的《关于大力推进城镇教师支援农村教育工作的意见》提出，认真安排部分县域内城镇中小学教师定期去农村任教，加强对农村教育的支持。同时，各级教育行政部门也要积极依照中办、国办印发的《关于引导和鼓励高校毕业生面向基层就业的意见》(中办发〔2005〕18 号)，采取有力措施，执行"高校毕业生到农村服务计划"和"大学生志愿服务西部计划"，鼓励和支持高

校毕业生到农村学校支教。这些制度措施在一定程度上促进了乡村教师身份的非正式化发展。2012 年，教育部等五部门发布的《边远贫困地区、边疆民族地区和革命老区人才支持计划教师专项计划实施方案》提出，适当从教育质量好的县级教育机构向"三区"县数量较多的省份和乡级学校选派部分具有中级以上专业技术职务的骨干教师，在受援县的县级以下（含县）学校连续任教一个完整的学年。2012 年国务院发布的《关于深入推进义务教育均衡发展的意见》提出，各地要建立完善县域内农村学校或城市薄弱学校接收城镇学校校长、教师的制度。

　　推进乡村教师由非正式持续稳定向正式转化的教师制度是农村义务教育阶段学校教师特设岗位计划。这项计划的实施，有效确保了农村非正式与正式身份教师的长期稳定存在。2006 年和随后数年教育部发布的关于做好农村义务教育阶段学校教师特设岗位计划工作的通知提出，为解决农村学校教师数量不足、结构不合理问题，实行农村义务教育阶段学校教师特设岗位计划，改善农村教师队伍身份结构，增强乡村教师队伍活力。特岗教师三年服务期满，考核合格后可以转为正式教师。2010 年，国家中长期教育改革和发展规划纲要工作小组办公室发布的《国家中长期教育改革和发展规划纲要（2010—2020年)》提出，继续实施农村义务教育学校教师特设岗位计划，以提高高校毕业生到农村任教的比例。2012 年，教育部办公厅、财政部办公厅发布的《关于做好 2012 年农村义务教育阶段学校教师特设岗位计划有关实施工作的通知》进一步明确了特岗教师实施范围为中西部地区国家扶贫开发工作重点县、西部地区原"两基"攻坚县（含新疆生产建设兵团的部分团场）、中部省份纳入国家西部开发工作的少数民族自治州和一些有特殊困难的西部地区少数民族自治县、边境县和少数民族县，且必须是教师结构性矛盾突出、总体缺编的县（市）。2013 年教育部办公厅、财政部办公厅发布的《关于做好 2013 年农村义务教育阶段学校教师特设岗位计划有关实施工作的通知》在 2011 年实施范围的基础上，增添了 11个集中连片特殊困难地区和四省藏区县。2014 年教育部办公厅、财政部办公厅发布的《关于做好 2014 年农村义务教育阶段学校教师特设岗位计划有关实施工作的通知》指出，在 2013 年实施范围内，首先满足村小、村教学点教师招聘比例和补充需求。同年，教育部、财政部、人力资源和社会保障部发布的《关于推进县（区）域内义务教育学校校长教师交流轮岗的意见》提出，各地要继续实施好"三支一扶"计划、农村教师特岗计划、"三区"人才支持计划等国家级教师专项计划，加强边远贫困地区乡村学校骨干教师配备。2015 年，教育部办公厅、财政部办公厅发布的《关于做好 2015 年农村义务教育阶段学校教师特设岗位计划有关实施工作的通知》提出，在 2014 年的基础上将实施范围扩大到中西部老少边穷岛等贫困地区，特岗计划设岗县（市）的县城学校自 2015 年起不再列为中央特岗计划设岗学校，也不再补充新的特岗教师。2016 年教育部办公厅、财政部办公厅发布的《关于做好 2016 年农村义务教育阶段学校教师特设岗位计划实施工作的通知》提出，切实加强乡村学校教师补充，优先考虑国家扶贫开发重点县和连片特困地区村小、教学点的教师补充需求。

（二）乡村教师学历结构供给制度

1992 年，国家教委、国家计委、人事部、财政部发布的《关于进一步改善和加强民办教师工作若干问题的意见》提出，辞退民办教师和代课教师后，若短期内补充不上公办教师，可由县级以上教育行政部门组织严格考试，聘请高中毕业以上文化程度，有教师资格证的人代课。1996 年教育部发布的《全国教育事业"九五"计划和 2010 年发展规划》提出，要面向广大农村重点发展专科层次的高等职业教育和高等专科教育。2002 年教育部发布的《关于"十五"期间教师教育改革与发展的意见》提出，到 2005 年，已完成"两基"普及验收的农村地区，其新补充的具有专科以上学历的小学教师、新补充的具有本科以上学历的初中教师均应达到 50％左右。未实现"两基"普及验收的农村贫困地区，其义务教育阶段教师学历要依据《教师法》要求完成。2003 年国务院发布的《关于进一步加强农村教育工作的决定》提出，要逐步提高新聘教师的学历层次，拓宽教师来源渠道。2004 年教育部发布的《关于做好为农村高中培养教育硕士师资工作的通知》提出，选拔部分优秀应届本科毕业生在具有推荐免试研究生资格的大学中攻读硕士学位，农村教育硕士生必须履行从本科毕业开始到中学任教满 5 年的服务期规定。为了做好 2006 年、2007 年、2008 年为农村学校培养教育硕士师资工作，教育部办公厅分别出台了相关通知，其中提出，为进一步落实解决农村教师的结构性短缺、素质水平整体不高和人数不足问题，贯彻落实党的十六届五中全会提出的"切实提升师资水平尤其是农村师资水平"要求，促进教育均衡发展，为"国家扶贫开发工作重点县"和"省扶贫开发工作重点县"的农村初中培养具有教育硕士师资水平的教师，在规定的至少 5 年服务期满后，鼓励其继续在农村学校任教。2009 年教育部办公厅发布的《关于支持开展"高等教育自学考试义务教育专业"课程与在职中小学教师非学历培训课程学分互认试点工作的通知》提出，为进一步推进中小学教师的培训工作和教师网联计划，增强农村中小学教师教育教学能力，提升其相应的学历层次，教育部全力鼓励全国高等教育自学考试指导委员会开考"高等教育自学考试义务教育专业（专科、独立本科段）"。

2009 年教育部出台的《关于做好 2010 年"农村学校教育硕士师资培养计划"实施工作的通知》提出，在一些有推荐免试硕士研究生权利的高校应届本科毕业生中，选拔录取部分优秀学生为"硕师计划"研究生，并与地方政府教育行政部门签约为编制内正式教师，且要在县镇及以下农村学校服务三年时间。在工作期间学习研究生课程，符合毕业条件的颁发硕士研究生毕业证书和教育硕士专业学位证书。同时，要求各地要将"硕师计划"与"特岗计划"紧密结合，录取为"硕师计划"的研究生也可聘为特岗教师。聘为特岗教师的先到设岗县的农村义务教育阶段学校任教服务三年，并在职学习研究生课程。2010年中共中央、国务院发布的《国家中长期教育改革和发展规划纲要（2010—2020年）》则规定，对专科以下小学教师进行学历提高教育，使其文化程度逐步达到专科以上水平。2011年教育部办公厅发布的《关于做好2011年特岗教师在职攻读教育硕士工作的通知》提出，具有全日制普通高等学校本科学历，参加中央特岗计划服务期满、仍继续留在当地学校任教的，也可在职攻读教育硕士，以提高农村学校教育硕士师资学历。2012年教育部办公厅发布的《关于做好2012年特岗教师在职攻读教育硕士工作的通知》在2011年的基础之上，增加了近3年年度考核合格且至少有一次考核优秀的特岗教师要求。2013年教育部办公厅、财政部办公厅出台的"特岗教师计划"提出，要吸引获得研究生学历的毕业生下到农村学校任教。2013年国务院学位委员会办公室、教育部教师工作司发布的《关于做好2013年特岗教师在职攻读教育硕士工作的通知》在2012年的基础之上，增加了同等条件下，获得县级及以上荣誉称号者优先录取的条件。2015年国务院办公厅发布的《关于印发乡村教师支持计划（2015—2020年）的通知》提出，鼓励乡村教师在职学习深造，提高学历层次。

（三）乡村教师职称结构供给制度

1978年全国恢复职称聘任制度后，1979年农村中小学教师也开始开展职称评聘工作。1978年12月教育部、国家计委制定和颁发了《关于评选特级教师的暂行规定》，农村一部分优秀教师随之被晋升为特级教师。1999年中共中央、国务院颁发的《关于深化教育改革全面推进素质教育的决定》提出，为了激励中小城市（镇）学校教师到农村缺编学校任教，加强农村学校教师队伍建设，城镇中小学教师评聘高级教师职务的必须有一年以上农村学校任教经历。2003年人事部、教育部印发的《关于深化中小学人事制度改革的实施意见》提出，适当提高农村中小学教师中、高级职务的比例。同时，进一步明确规定，建立城镇教师到农村或薄弱学校任教服务期制度，晋升高级职务的城镇中小学教师应有在农村或薄弱学校任教一年以上的经历。2006年教育部颁布的《关于大力推进城镇教师支援农村教育工作的意见》提出，应适当增加农村中小学中、高级教师职务的人数比例。通过组织"特级教师讲学团"巡回下乡送教、城镇骨干教师到农村学校支教或"走教""联聘"等形式，缓解农村学校紧缺、师资不足的矛盾。将支教人员支教期间的工作实绩作为其评优、评选特级教师、晋升教师职务、获得科研资助的重要依据，将一年的农村学校任教经历作为城镇中小学教师参评特级教师和优秀教师以及晋升高级教师职务的条件。2009 年教育部、财政部、人力资源和社会保障部、中央编办发布的《关于继续组织实施"农村义务教育阶段学校教师特设岗位计划"的通知》提出，要确保特岗教师和当地公办学校教师在工资待遇、职称评聘、评优评先、年度考核等方面享受同等待遇，鼓励吸引大批优秀高校毕业生到农村学校从教。

《国家中长期教育改革和发展规划纲要（2010—2020 年）》提出，建立统一的中小学教师职务（职称）系列，城镇中小学教师评聘高级职务（职称）原则上要有一年以上的薄弱学校或农村学校任教经历。2012 年国务院发布的《关于加强教师队伍建设的意见》提出，鼓励支持退休的特级教师、高级教师到农村学校支教讲学，完善符合村小学和教学点实际的职务（职称）晋升制度。中小学教师职务聘任要向村小学和教学点专任教师倾斜。城镇中小学教师评聘高级职务（职称）时，要有一年以上在农村学校或薄弱学校任教经历。同年国务院发布的《关于深入推进义务教育均衡发展的意见》，以及教育部、中央编办、国家发展改革委、财政部、人力资源和社会保障部发布的《关于大力推进农村义务教育教师队伍建设的意见》均表达了类似的要求。2014 年教育部、财政部、人力资源和社会保障部发布的《关于推进县（区）域内义务教育学校校长教师交流轮岗的意见》提出，各地可采取设立名师名校长交流特聘岗等形式，支持省级教学名师、优秀校长、特级教师到中西部边远贫困地区农村学校任教任职，引导优秀校长和骨干教师向农村学校和薄弱学校有序流动。在薄弱学校、农村学校设立一批正高级中小学教师岗位，逐步提高中级、高级教师在农村学校的岗位比例，保持县（区）域内城乡学校教师专业技术岗位结构比例的总体均衡。在职务（职称）评聘工作中，要将在农村学校、薄弱学校任教一年以上的工作经历作为申报评审高级教师职务（职称）和特级教师的必备条件。同等条件下在乡村学校任教三年以上（含城镇学校交流、支教教师）者可优先评聘。2015 年国务院办公厅发布的《关于印发乡村教师支持计划（2015—2020 年）的通知》提出，各地要通过有效措施吸引城镇退休特级教师、高级教师到乡村学校支教讲学。各地要研究完善乡村教师职称（职务）评聘条件和程序办法，实现县域内中小学教师职务聘任切实向乡村教师倾斜政策。取消对乡村教师评聘职称（职务）发表论文、取得外语成绩（外语教师除外）的要求。

（四）乡村教师学科结构供给制度

2006 年教育部发布的《关于做好 2007 年农村义务教育阶段学校教师特设岗位计划工作的通知》提出，要通过特殊办法吸引紧缺学科教师。2010 年发布的《国家中长期教育改革和发展规划纲要（2010—2020 年）》也提出，加强农村中小学薄弱学科教师队伍建设，重点为革命老区和边远贫困地区输送一批急需紧缺型学科教师。2011 年教育部

《关于大力加强中小学教师培训工作的意见》、2012 年国务院《关于加强教师队伍建设的意见》和 2013 年教育部《关于深化中小学教师培训模式改革全面提升培训质量的指导意见》都提出，要为中小学教师提供更多更好的培训机会，加强农村紧缺学科如体育、音乐、美术、信息技术、英语等学科教师培训。要进一步加快制定和完善为中西部落后偏远地区、三区三州等国家级贫困县和西部地区派遣急需学科型教师机制。2012 年国务院发布的《关于深入推进义务教育均衡发展的意见》提出，合理配置各学科教师，重点为边疆地区、贫困地区、西部地区和革命老区补充和配齐美术、体育、音乐等紧缺学科课程教师。2012 年教育部、中央编办、国家发展改革委、财政部、人力资源和社会保障部发布的《关于大力推进农村义务教育教师队伍建设的意见》提出，对寄宿制中小学、乡镇中心学校、民族地区双语教学学校、村小及教学点、山区湖区海岛牧区学校等实施特殊师资配备政策，采取定向委托培养等特殊招生方式，扩大双语教师、音体美等紧缺薄弱学科和小学全科教师培养规模，补足配齐农村心理健康教育教师和紧缺学科教师。在"特岗教师"和师范生免费教育中向紧缺型学科教师倾斜，加强民族地区双语教师及农村紧缺薄弱学科课程教师培训。2013—2016 年教育部办公厅、财政部办公厅颁发的关于做好农村学校特岗教师计划实施工作的通知中均提出，充分考虑当地教师队伍学科结构分布等因素，加强紧缺学科教师补充，努力实现小学与中学教师队伍补充协调发展。2015 年国务院办公厅发布的《关于印发乡村教师支持计划（2015—2020 年）的通知》中提出，鼓励师范院校和地方政府依据当地乡村教育实际需求，加强教师队伍的本土化培养，通过多种方式定向培养"一专多能"的乡村教师。

三、西部乡村教师专业结构供给制度的完善

2017 年的中国共产党十九大报告从党和国家事业发展的全局、从改革开放 40 年的奋斗历程和十八大以来取得的历史性成就出发，提出中国特色社会主义进入了新时代，社会的主要矛盾变成了人民日益增长的美好生活需要和不平衡不充分的发展之间的矛盾，同时提出了实施区域协调发展和乡村振兴战略的目标和要求。这给西部乡村教育发展提出了新要求，也带来了新机遇。以此为契机，国家也出台了一系列乡村教师专业结构供给制度。

（一）乡村教师身份结构供给制度

2017 年，教育部办公厅、财政部办公厅颁布了《关于做好 2017 年农村义务教育阶段学校教师特设岗位计划实施工作的通知》，其中提出，"特岗计划"主要针对乡村学

校，优先满足连片特困地区和国家扶贫开发工作重点县教学点、村小的教师补充需求。2017 年，教育部等四部门印发的《援藏援疆万名教师支教计划实施方案》提出，教师的选派应当符合《教师法》规定的学历，援藏援疆时间原则上为 1 年半左右。2018 年教育部办公厅发布的《关于做好 2018 年"三区"人才支持计划教师专项计划有关实施工作的通知》提出，为国家确定的连片特困地区、国家扶贫开发工作重点县、省级扶贫开发工作重点县及各地确定的其他深度贫困地区、新疆生产建设兵团选派骨干教师。2018 年教育部、财政部发布的《银龄讲学计划实施方案》提出，从当年起，面向社会公开招募一批具有中高级职称的优秀教研员、退休校长、骨干教师、高级教师等，到县镇和农村学校讲学，主要是到国家确定的连片特困地区县、国家扶贫开发工作重点县、深度贫困县等贫困地区送教下乡，发挥优秀退休教师引领示范作用，缓解农村学校优秀师资总量不足和结构不合理等矛盾，促进城乡义务教育均衡发展。同年，中共中央、国务院发布的《关于全面深化新时代教师队伍建设改革的意见》提出，完善教育部直属师范大学师范生公费教育政策，深入推进县域内义务教育学校教师、校长交流轮岗，推动城镇校长、优秀教师向薄弱和乡村学校流动。2019 年教育部办公厅发布的《关于做好 2019 年银龄讲学计划有关实施工作的通知》提出，银铃计划的实施范围主要是国家确定的连片特困地区县、国家扶贫开发工作重点县、省级扶贫开发工作重点县、深度贫困县，以及贫困的民族县、革命老区县、边境县以及新疆生产建设兵团困难团场等，重点向"三区三州"等深度贫困地区倾斜。受援学校为县镇和农村学校。2019—2020 学年在全国计划招募4 000 名讲学教师。申请银龄讲学计划的退休教师以校长、教研员、特级教师、骨干教师为主，讲学教师原则上应具有中级及以上教师职称，以高级教师为主。2019 年教育部办公厅、财政部办公厅发布的《关于做好 2019 年农村义务教育阶段学校教师特设岗位计划实施工作的通知》提出，继续实施农村义务教育阶段学校教师特设岗位计划，实施范围与2018 年相同。这些政策为西部乡村补充了大量非正式身份的教师，有效推进了乡村教师身份结构的变化。

(二) 乡村教师学历结构供给制度

2017 年，教育部办公厅、财政部办公厅发布的《关于做好 2017 年农村义务教育阶段学校教师特设岗位计划实施工作的通知》提出，农村义务教育阶段学校主要招聘高等师范专科和本科毕业生。同年，教育部等四部门印发的《援藏援疆万名教师支教计划实施方案》提出，选派的援藏援疆教师应当符合《教师法》规定的学历。2018 年中共中央、国务院发布的《关于全面深化新时代教师队伍建设改革的意见》提出，通过推进教师培养供给侧结构性改革，提高教育硕士招生比例，大力推动研究生层次教师培养。鼓励优秀特岗教师攻读教育硕士学位，硕士生招生向农村地区和中西部地区倾斜。2019 年教育部办公厅、财政部办公厅发布的《关于做好 2019 年农村义务教育阶段学校教师特设岗位计划实施工作的通知》提出，为集中连片特殊困难地区和中西部国家扶贫开发工作重点县、西部地区原"两基"攻坚县、特殊困难边境县、少数民族自治县培养本科学历层次教师。这些制度对保障和提高乡村教师学历层次起到了基础性作用。

（三）乡村教师职称结构供给制度

2017 年，人力资源和社会保障部办公厅、教育部办公厅颁布了《关于做好 2017 年度中小学教师职称评审工作的通知》，其中提出，综合考虑教学点和乡村学校实际，加大对艰苦边远地区和农村中小学教师职称评审工作的支持，促进教育资源分配更加公平、更加均衡。放宽长期在边远和农村地区工作的中小学教师学历要求，取消其职称外语、论文和计算机应用能力要求，侧重考察其工作业绩，提高实际工作年限的考核权重。鼓励有条件的地区单独建立农村和艰苦边远地区中小学教师职称评审委员会或评审组，单独进行职称评审。同年，教育部等四部门印发的《援藏援疆万名教师支教计划实施方案》也提出，在职称评审委员会进行职称评审时应对援藏援疆教师给予重点倾斜。有条件的援藏援疆省市可以对已经符合条件的援藏援疆教师，在其进藏进疆之前晋升一级职称。援藏援疆期间符合受援地上一级职称评聘条件的，可在西藏、新疆参加职称评聘，不占受援学校职称评定数量。援藏援疆教师工作经历视同城镇教师到农村基层任教经历，累计为其申报评聘职称（职务）的任职经历，这期间取得的业绩成果经审核后作为其评聘职称（职务）的条件。

2018 年中共中央、国务院发布的《关于全面深化新时代教师队伍建设改革的意见》提出，要将一年的乡村学校、薄弱学校教学经历作为中小学教师申报高级教师和特级教师职称的必要条件。2019 年教育部办公厅发布的《关于开展中西部乡村中小学首席教师岗位计划试点工作的通知》提出，以乡镇（不含城关镇）或学区为单位，根据专任教师数量比例设立中小学首席教师。获得过市级以上教学成果奖、优秀教师、教学名师、教书育人楷模及特级教师等的可以优先入选首席教师。对于入选首席教师岗位的教师，在各级名师及教育系统特级教师、先进个人等评选时，同等条件下优先考虑。副高级教师在申报正高级职称时，同等条件下优先考虑。贡献特别突出者，经过省级教育行政部门评审认定，教育部、人力资源和社会保障部备案，可以破格晋升正高级职称。

（四）乡村教师学科结构供给制度

2017 年，教育部办公厅、财政部办公厅联合颁布了《关于做好 2017 年农村义务教育阶段学校教师特设岗位计划实施工作的通知》，提出教师供给进一步向乡村紧缺和薄弱学科倾斜，提高乡村学校紧缺学科教师补充比例，以进一步调整和优化乡村教师队伍结构。同年教育部等四部门印发了《援藏援疆万名教师支教计划实施方案》，其中提出，支教计划主要向中学理科教师倾斜，适当统筹兼顾小学及其他学科教师。2018 年中共中央、国务院发布的《关于全面深化新时代教师队伍建设改革的意见》提出，加强特殊教育教师、紧缺薄弱学科教师和民族地区双语教师培养，重点培养"一专多能"教师，以满足教学点及偏远地区乡村学校教学需要，特别是满足老少边穷地区教师补充需要。同年教育部等五部门发布的《教师教育振兴行动计划（2018—2022 年）》提出，以集中连片特困地区国家级贫困县为重点，加大西部地区双语教师和紧缺薄弱学科教师培养力度，优先满足边远贫困地区尤其是老、少、边、穷教师补充需要，为乡村小学培养补充全科教师，为乡村初中补充"一专多能"教师。2019 年教育部办公厅发布的《关于开展中西部乡村中小学首席教师岗位计划试点工作的通知》提出，首席教师岗位面向县域内中小学教师公开竞聘，侧重语文、数学、英语学科，实行任期制管理。同年教育部办公厅、财政部办公厅发布的《关于做好 2019 年农村义务教育阶段学校教师特设岗位计划实施工作的通知》提出，加强体音美、外语、信息技术等紧缺薄弱学科教师的补充，体现了国家新时代乡村教师补给的基本思路。

第三节　西部乡村教师专业结构供给制度变迁特征

一、西部乡村教师专业结构供给制度变迁的总体特征

（一）价值取向上从功利性向公正性转变

乡村教师专业结构供给制度是政府对乡村教师资源的权威性价值分配，是乡村教师供给制度的下位概念。从资源配置角度看，可供政府使用的乡村教育资源总量有限，可供其使用的教师教育资源也相对有限且达不到按需分配的程度。因此，以何种方式分配，分配到什么地方和什么程度，其背后遵循的价值理念是什么，是影响教育资源利用率的主要因素。

乡村教师资源分配遵循功利性还是公平性原则是乡村教育供给制度理论与实践无法忽视的问题。功利是教师资源的市场化配置方式，有利于提高有限的乡村教师资源利用效率，缓解乡村教师资源短缺矛盾，在短期内实现效率上的提升。但从长远来看，可能

造成劣势地区教育资源的闲置和浪费，因为教育资源利用率高的地方一般都是市场化机制调节的结果，若按照功利化原则配置乡村教师教育资源，必然会优先满足短期内产生较大效益的局部地区教师教育资源补给需要，而忽视其他地区师资短缺问题，无疑会损害这些地区乡村受教育群体的利益，有违教师专业结构供给制度的公正性。教育是培养人的活动，从长远来看，追求功利违背了教育培养人的目的。

从价值选择看，新中国成立初期及"文革"时期，乡村教师专业结构供给制度更注重功利性，改革开放以来的乡村教师供给更注重公平性。新中国成立初期及"文革"时期，为了有效满足乡村教师教育需要，在教师学历提升制度上，采取短期培训、缩短学制等速成方式。在身份制度上，允许大量低水平民办教师和代课教师存在。这虽然提高了乡村教师教育资源的利用率，一定程度上缓解了乡村教师教育资源紧缺状况，实现了乡村教师供给的功利性原则，但却在制度层面忽视了乡村教师能力与素质的公平性发展。改革开放以来，特别是进入新时代以来，国家出台的一系列倾斜制度、政府出台的不少乡村教师专业结构供给制度，更加关注乡村教师的公平发展。在教师身份制度上采取补偿措施，为乡村补充了大量特岗教师、免费（公费）师范生、支教教师和城乡交流教师，实现了城乡教师身份的一体化发展。在乡村教师职称制度评定上，不仅在数量上给予乡村教师更多照顾，在条件上也取消了论文、外语等硬性要求，体现了差异性公平理念。在学科制度上，启动乡村紧缺学科教师短期培训制度，实现了乡村教师培训的公平性原则。在学历制度上，通过鼓励高学历本科毕业生去乡村长期从教，采取"农硕计划""在职攻读硕士""优秀本科生直接攻读硕士""最低服务年限"等方式，有效提高了乡村教师学历层次，实现了城乡教师学历水平的公平发展。

（二）内容上从数量向质量转变

教师专业结构的发展既有数量上的要求，更有质量上的要求，乡村教师专业结构供给制度内容的变迁也有一个从数量到质量演变的过程。从整体上看，经历了新中国成立初期和"文革"时期关注数量、忽视质量到改革开放时期数量与质量并重再到新时代关注质量兼顾数量的转变过程。

新中国成立初期，乡村地区教师资源极其匮乏，普及教育师资压力很大，摆在人们面前的首要任务是如何尽快补充到必需的师资数量，而极少关注乡村教师质量。因此，1953年11月《中央人民政府政务院关于整顿和改进小学教育的指示》提出，通过专修班、短期培训班方式迅速补充需要的乡村教师数量，甚至让文化程度不及小学三年级的通过补习班形式快速完成教师数量补给。"文革"期间，乡村教师更加短缺。这期间出台的乡村教师专业结构供给制度是通过民办教师等非正式教师的补给解决乡村教师群体数量短缺问题。因此，这期间乡村教师数量短缺状况得到改善，但质量并没有得到相应发展。

改革开放时期，国家出台了特岗教师制度、免费（公费）师范生制度、城乡教师轮岗制度，开始强调数量与质量兼顾，清退民办教师制度及乡村紧缺型学科教师的补充制度则进一步强调了质量的重要性。这样，乡村教师专业结构供给制度在满足乡村教师数量的基础上逐步注重质量。

进入新时代以来，我国乡村教师在绝对数量上基本得到了满足，新补充教师的学历也基本达到要求。但与城市教师相比，其相对的数量与质量仍有较大差距，学科型结构短缺尤其是音、体、美乡村教师奇缺成为主要问题。因此，这一时期的乡村教师专业结构供给主要是通过提供合理的教师结构，提升乡村教师供给质量的同时兼顾数量。

（三）路径过程上更多的是强制性执行的结果

制度变迁是新制度产生和旧制度更新的过程。根据变迁方式，可将制度变迁分为诱致性变迁和强制性变迁两种。诱致性变迁是由需求侧自下而上发起的变迁，强制性变迁是由供给侧自上而下实施的行为。就乡村教师专业结构供给制度变迁路径看，多为自上而下引起的强制性变迁。强制性变迁的优点是效率高，节约资源，便于实施，能在短期内解决急需解决的问题。缺点是可能产生制度供给侧的主观臆断，造成制度需求侧与供给侧间的二元背离，从而导致有限乡村教师教育资源的浪费。

改革开放以来，国家出台了一系列具有补偿性的乡村教师专业结构供给制度，如特岗教师制度、免费（公费）师范生制度、支教制度、城乡教师交流制度。在职称结构评定指标和内容上适当照顾处于不利地位的乡村教师，研发适合乡村教师实际、以区别城市教师的职称评定制度。在乡村教师学历结构供给方面，采取在职培训、"农硕计划"、"优秀本科生定向攻读硕士计划"等措施，力求提高乡村教师整体学历；在学科制度层面，关注紧缺型学科教师，并在制度层面加以解决。这一系列制度不仅在较大程度上缓解了乡村教师数量短缺的状况，也切实提高了乡村教师质量，保障了乡村教育质量。

然而，在人们欣喜于乡村教师专业结构供给制度强制性变迁的成绩时，一系列强制性清退民办教师制度在迅速清除不合格教师的同时，因为对具体程序规定得不够明确，不仅给地方政府执行层面造成了困难，而且出现了制度制定主体与执行主体认知偏差与沟通不畅等问题。这不仅脱离了乡村教育需求，加剧了乡村教师数量短缺，又产生了新的代课教师群体身份问题。就乡村教师学历结构制度而言，国家出台的短期速成制度、初中直接升大学制度也是从供给侧制定学历结构制度的结果，违背了教育基本规律，也不利于对被供给主体需求的把握。

二、西部乡村教师专业结构供给制度变迁的类型特征

（一）乡村教师身份结构供给制度变迁特征

从教师身份制度数量看，由图6-1、图6-2可以看出，新中国成立初期及"文革"时期鲜有乡村教师身份结构供给的专门规定，民办、代课等非正式教师在乡村教师队伍中占据了主体地位，这也是宏观层面国家缺乏制度干预而自然形成的一种身份状态。专门的乡村教师身份结构供给制度主要集中于改革开放时期以及新时代。

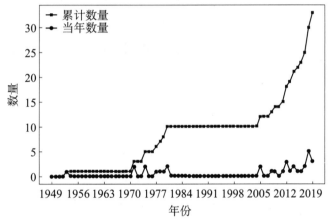

图6-1　乡村教师身份结构供给制度数量变化折线图

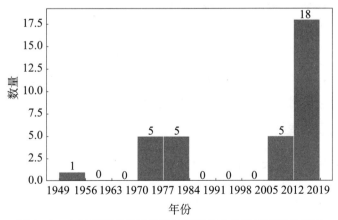

图6-2　乡村教师身份结构供给制度每七年数量变化柱状图

从图6-3可以看出，从教师身份规定主体看，位于前三的是教育部、财政部和国务院。三者加起来的发文数占到了发文总数的86%，其中最多的是教育部，占到了发文总

数的 51%。

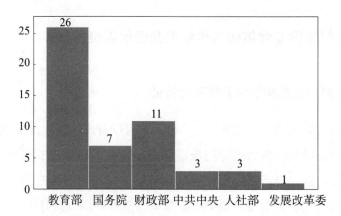

图 6-3　乡村教师身份结构供给制度发文部门统计图

从乡村教师身份结构供给制度变迁内容看，1978—2000 年，我国乡村教师身份结构供给制度集中于民办教师，即民办教师开始向正式教师转变和民办教师被清退。2000 年开始，民办教师基本上退出了乡村教育舞台。此后的乡村教师主要是正式乡村教师身份结构供给的规定，体现了教师身份内容的多样性。2005 年，中共中央办公厅、国务院办公厅印发了《关于引导和鼓励高校毕业生面向基层就业的意见》（中办发〔2005〕18 号），随之出现了支教大学生和志愿者乡村教师身份。2006 年开始实施特岗教师制度，随之而来的是特岗教师身份。2007 年开始实施免费师范生制度，随之出现了免费师范生身份（2018 年将其调整为公费师范生）。2007 年开始实施城镇教师支援农村教育制度，2017 年教育部等四部门印发了《援藏援疆万名教师支教计划实施方案》，2018 年教育部、财政部发布了《银龄讲学计划实施方案》，规定退休教师可以到乡村支教，这些措施进一步丰富了支教教师身份。因此，从乡村教师身份结构制度变迁方向看，是从非正式乡村教师身份向正式乡村教师身份转变，再向正式乡村教师身份占主导，非正式乡村教师辅助演变的历程。由此可以看出，改革开放以来的乡村教师身份结构供给制度是在特定时代背景下逐渐演进的，是逐步发展乡村正式身份教师的过程。相较于城镇，乡村教师身份结构供给制度在措施上体现出明显的倾斜性和补偿性。

（二）乡村教师学历结构供给制度变迁特征

从图 6-4、图 6-5 可以看出，新中国成立初期及"文革"时期关于乡村教师学历结构供给制度的规定较少，且规范化程度低，改革开放后，特别是 20 世纪 90 年代之后，不仅在数量上保持了稳定增加，在规范程度上也有了明显提高。

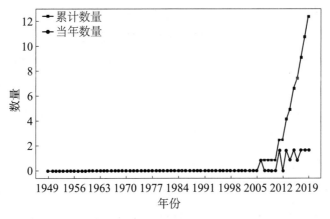

图 6-4 乡村教师学历结构供给制度数量变化折线图

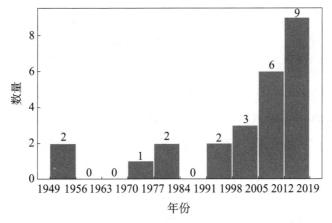

图 6-5 乡村教师学历结构供给制度每七年数量变化柱状图

从图 6-6 可以看出，就发文部门而言，位于前三位的依然是教育部、财政部和国务院，三者加起来的文件数占据了发文总数的 87%。其中，教育部占 45%。从方向上看，新中国成立初期，国家规定的乡村小学教师最低学历是初师水平，即初小毕业后通过短期

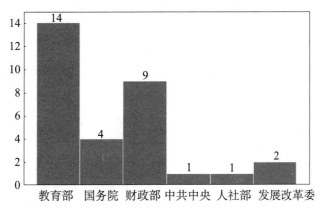

图 6-6 乡村教师学历结构供给制度发文部门统计图

师范学校学习达到的学业水平。所以，初中毕业的乡村教师教初中，小学毕业的乡村教师教小学现象突出。"文革"期间受政治环境和政策等因素影响，乡村教师学历结构供给制度出现了阶段性衰减现象。但是，在当时的学历结构规定下，教师学历总体呈现提升趋势。

改革开放后，在不断出台的农村教师学历政策的引导下，乡村教师学历持续提高。1992 年国家教委等部门出台的《关于进一步改善和加强民办教师工作若干问题的意见》提出，即使是代课教师也要有高中以上学历，这使得农村小学教师在 2000 年后基本达到了专科学历。2004 年，教育部出台了乡村高中硕士教师培养计划，规定在乡村地区工作的教师其最低服务期限为 5 年。2009 年，教育部又出台了通过网络提高教师学历的"自学考试制度"。2017 年教育部出台的农村特岗教师制度规定，主要招聘本科或高等师范专科学历毕业生。2018 年中共中央、国务院发布的《关于全面深化新时代教师队伍建设改革的意见》提出，中西部农村地区小学教师学历提升至师范专业专科和非师范专业本科文化程度，初中教师学历提升至大学本科文化程度，有条件地区的普通高中教师学历提升至研究生文化程度。鼓励优秀特岗教师攻读教育硕士学位。2019 年教育部出台的特岗教师制度提出，鼓励乡村学校在招聘普通本科毕业生的基础上，大力招收师范专业本科毕业生。

从教育效益看，乡村教师学历结构供给制度存在形式性效益和实质性效益。当乡村教师知识、能力与制度规定的教师学历结构一致时，能够发挥实质性效益；反之，则会出现形式性效益。以此为标准反观我国乡村教师结构供给制度，实质性效益是教师学历发展的主流。但是，特殊年代缩短教师学历，导致新入职教师学历参差不齐，初中水平甚至不到初中水平教初中现象比比皆是，且知识与学历层次高但出身不好的毕业生被拒之门外，只有中专学历的教师教大学的现象十分常见。因此，严格来说，当时的大学毕业生很难达到真正的大学毕业生水平，只发挥着形式性效益。

（三）乡村教师职称结构供给制度变迁特征

国家从 2010 年开始重点探索适合村小和教学点的教师职称评聘制度。2012 年国务院发布的《关于加强教师队伍建设的意见》提出，支持和鼓励退休的高级教师、特级教师到农村讲学，以大力推进城镇教师对农村教育的支持。2017 年人力资源和社会保障部办公厅、教育部办公厅发布的《关于做好 2017 年度中小学教师职称评审工作的通知》进一步提出，鼓励有条件的地区单独建立农村和艰苦边远地区中小学教师职称评审组和评审委员会或评审组，进行单独评审。2017 年教育部发布的《援藏援疆万名教师支教计划实施方案》提出，有条件的省市经评审委员会决定，可以按照程序对已经符合标准条件的援藏援疆教师（不含正高级教师），在进藏进疆之前晋升一级职称，符合受援地上一级职称评聘规定的，可在受援地学校参加职称评聘，且不占受援学校名额。2019年教育部办公厅发布的《关于开展中西部乡村中小学首席教师岗位计划试点工作的通知》提出，根据乡镇或中小学专任教师人数，设立首席教师岗位，体现了乡村教师职称结构供给制度的倾斜特征。

从图6-7、图6-8可以看出，我国乡村教师职称评定工作主要集中于2000年之后。从图6-9可以看出，从发文部门看，位于前三位的是教育部、国务院和财政部，加起来占到了发文总数的93%，教育部占到了总数的55%。

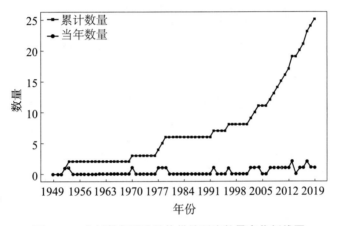

图6-7　乡村教师职称结构供给制度数量变化折线图

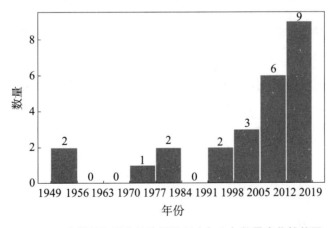

图6-8　乡村教师职称结构供给制度每七年数量变化柱状图

从统计数据可以看出，我国乡村教师职称结构供给制度变迁呈现出明显的倾斜性特征，主要体现在以下几个方面：一是评定指标向乡村学校倾斜。2014年教育部、财政部、人力资源和社会保障部公布的《关于推进县（区）域内义务教育学校校长教师交流轮岗的意见》提出：提高农村学校中高级教师评定比例，同等条件下优先评聘农村学校、薄弱学校任教3年以上（含城镇学校交流支教教师）、表现突出并符合评定标准的教师。

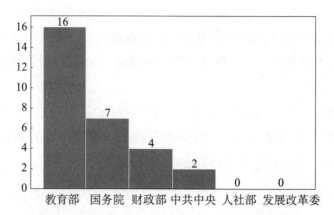

图 6-9　乡村教师职称结构供给制度发文部门统计图

二是放宽乡村教师职称评定条件。2015 年国务院办公厅印发的《乡村教师支持计划
(2015—2020 年)》提出,对乡村教师的职称(职务)评定,在外语成绩(外语教师除
外)和发表论文方面不做具体的刚性要求。三是约束城镇教师职称评定条件,引导其向
乡村学校流动。教育部 1999 年明确提出,评聘高级教师职称的城镇教师需有在薄弱学校
或农村学校一年及以上任教经历。这项规定在之后的城镇教师职称制度中还多次被提及,
一直沿用至今。

(四) 乡村教师学科结构供给制度变迁特征

从实践调研结果看,乡村教师短缺存在总量短缺与学科结构性短缺两种情况。国家
出台一系列乡村教师补充制度,尤其是特岗教师和免费(公费)师范生制度,一定程度
上缓解了乡村教师总量短缺问题,但乡村教师的学科结构性短缺问题仍然没有得到有效
解决。从图 6-10 和图 6-11 可以看出,国家乡村教师学科结构性短缺的专门性制度规

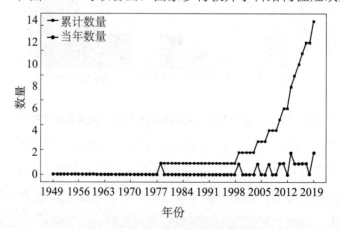

图 6-10　乡村教师学科结构供给制度数量变化折线图

定集中出现于 2000 年后。从图 6-12 可以看出，教育部、人社部、国务院和财政部位于发文机关前列，四个部门的发文数占发文总数的 88％。其中，教育部发文数量占到发文总数的 38％，反映了乡村教师学科结构制度的高度专门性。

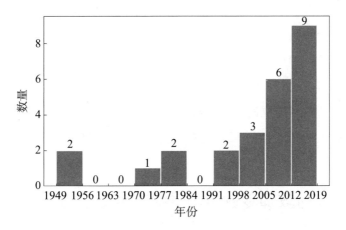

图 6-11　乡村教师学科结构供给制度每七年数量变化柱状图

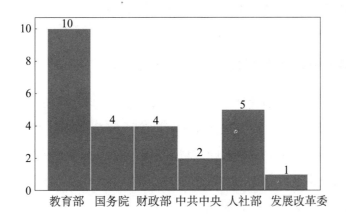

图 6-12　乡村教师学科结构供给制度发文部门统计图

针对乡村教师学科结构性短缺的专门性制度具有三个方面的特征。一是具体化特征。2006—2010 年，虽然有乡村教师学科方面的规定，但并没有具体明确的学科规定。从 2010 年开始，乡村教师学科制度越来越具体明确了，主要针对英语、音乐、体育、美术、信息技术、科学以及双语教师短缺问题。2013 年教育部颁布的《关于深化中小学教师培训模式改革全面提升培训质量的指导意见》进一步提出，采取多种方式加大紧缺型学科教师的培训力度，乡村教师供给要向紧缺型学科教师倾斜。2019 年，教育部特别提出了轮换派遣、特殊师资配备、定向委培、特岗教师制度等一系列向乡村紧缺型学科倾斜的制度，在一定程度上缓解了乡村教师学科型短缺问题，英语和科学学科教师的短缺状况总体上有所改善。

二是全面化特征。2012 年教育部、国家发展改革委、财政部颁发的《关于深化教师教育改革的意见》提出，进一步完善幼儿园、小学全科教师培养模式。2015 年国务院办公厅出台的《关于印发乡村教师支持计划（2015—2020 年）的通知》规定，鼓励地方政府和师范院校根据实际需求，加强当地乡村教师的本土化培养，运用各种方式定向培养"一专多能"的乡村教师。

三是高规格特征。2019 年教育部办公厅发布的《关于开展中西部乡村中小学首席教师岗位计划试点工作的通知》提出，中西部地区试行乡村中小学首席教师制度，侧重数学、语文、英语学科首席岗位设置。乡村中小学首席教师公开竞聘要面向县域，实行任期制管理。这些制度的制定一定程度上提升了乡村教师的身份和地位。

第四节　西部乡村教师专业结构供给制度变迁的合理性分析

一、乡村教师专业结构供给制度的合理性要求

（一）保持各专业教师供给与需求关系的合理性

乡村教师专业结构供给制度是否合理，关键是看乡村教育发展与乡村教师专业结构之间是否形成了合理的供求关系，以及在乡村教育内部是否形成了良好的适切性。新中国成立初期及"文革"时期，乡村教师数量严重不足，乡村教师专业结构供给制度数量极少。承认非师范专业教师存在的合理性，通过知识分子改造政策、短期速成方式弥补乡村教师数量的不足，具有现实合理性。

改革开放时期和新时代，乡村教育既面临着乡村教师专业结构数量短缺问题，也面临着专业结构质量低下问题。因此，国家出台了一系列清退民办教师制度、特岗教师制度、免费师范生制度，既有乡村教师师范专业数量补充的合理性要求，也有其专业结构质量改进的合理性思想。2011 年，国家开始重点解决连片贫困区、老少边穷地区及西部地区乡村教师专业结构问题。2014 年开始，国家将村小和教学点教师招聘工作作为当年工作要点。2015 年，国家规定县城不再补充新特岗教师，将特岗教师分配到需求更大的乡村地区。调整了特岗教师在村小和教学点中的招聘比例，增加向乡村输送的特岗教师数量，体现了乡村教师需求与供给制度间的合理性要求。

可见，国家根据不同时期乡村教育发展对乡村教师专业结构的实际需求，以区别城市教师结构的方式，不断调整乡村教师专业结构供给制度，以提高其对乡村教师教育情

境的适切性，具有合理性。相反，如果对乡村教师教育专业需求把握不准确，所制定和形成的乡村教师专业结构供给制度就会欠缺合理性。

（二）保持教师供给制度主体与供给对象关系的合理性

乡村教师专业结构供给制度主体是乡村教师，对象是乡村学生。合理的乡村教师专业结构供给制度既能满足乡村教师的发展需求，也能满足乡村学生的发展需求。反之，则既不利于乡村教师的发展，也不利于乡村学生的实质性发展。尽管在不同历史阶段有不同的乡村教师专业结构供给标准，它们在当时都发挥了各自的教育功能。有些是正向功能，有些则是负向功能。但总体上看，随着这些制度的历史性改进，它们对乡村教师与学生共同发挥着越来越强大的正向功能。改革开放时期乡村教师专业结构供给制度发挥的正向功能大于新中国成立初期和"文革"时期供给制度的正向功能。新时代乡村教师专业结构供给制度的正向功能又是在改革开放时期到新时代供给制度功能发挥基础上进行的继承与改进。这些都具有合理性。

从乡村教师专业身份、学历、职称、学科等每个具体领域看，专业结构供给制度对乡村教师与学生共同的正向功能总体上呈不断增加的趋势。这说明制度本身的科学性、合理性在不断增强，对乡村教师、乡村学生发展的正向功能也在不断增加。但历史地看，每个专业领域专业结构供给制度对教师、学生的功能也有阶段性不统一和下降现象，存在不合理性。"文革"时期乡村教师学历结构制度发挥更多的是零功能，甚至是负向功能，具有非合理性，也使相关部门对乡村教师能力产生了误判。改革开放时期，全面清退非正式乡村教师的相关强制性制度，不利于那些能胜任乡村教育的非正式乡村教师的发展，也不利于乡村学生发展，不具有合理性。

二、乡村教师专业结构类型供给制度变迁的合理性

（一）乡村教师身份结构供给制度变迁的合理性

乡村教师身份结构供给制度在新中国成立初期、"文革"时期处于非正规化阶段。新中国成立初期及"文革"时期，国家允许乡村学校聘用大量低水平民办教师和代课教师，是以牺牲农村和农村教育利益为代价来发展城市和城市教育，有悖教育制度的公正性原则。但考虑到当时国家各项事业都处于停滞甚至瘫痪状态，教育资源极其短缺，这种二部制的制度安排能最大限度地节省教育资源，提高教育资源利用效率，且能在短期内产生较大教育效益，因此具有历史合理性。由于当时乡村教师稀缺，允许民办教师、代课

教师等非正式身份的乡村教师存在，形成正式与非正式乡村教师并存且非正式乡村教师占据主导地位的乡村教师身份结构，有利于满足当时学龄人口增多和人才缺乏对乡村教师数量的需求，因此，该项政策的制定与执行具有实践合理性。

1978—2000 年清退民办教师，是乡村教师数量补给任务基本完成、急需提升质量情况下的举措。形成以正式身份为主、非正式身份为辅的乡村教师身份结构，且符合当时的历史背景需要，有利于发挥当时乡村教师身份的历史功能，具有历史合理性。随着改革开放的实施，这一时期国家出台了大量清退民办教师的制度，将不能满足教学要求的民办教师及时清退，有利于减轻民办教师因质量参差不齐在乡村教育中产生的负向功能，发挥其教育教学的正向功能，提高乡村教育效率，有其合理性。

2000 年后，随着国家经济水平快速提高和教育资源不断丰富，为弥补二部制教育制度和大量清退民办教师产生的负向功能，政府在乡村教师专业身份结构供给制度上，从关注效率转向关注公平，专门制定并调整了一系列独有的乡村教师专业身份制度，补充了大量特岗教师、免费（公费）师范生、支教教师和城乡交流教师等，这对乡村教育发展而言具有合理性。正如一位县教育局领导所言："近年来新补充的特岗教师、免费师范生、农硕教师保证了各个乡村学校教育教学需要，满足了乡村学生发展需要，满足了师范生正常就业需求，也提高了乡村教师的整体学历，总体是好的。"

（二）乡村教师学历结构供给制度变迁的合理性

乡村教师学历结构供给制度的合理性是其学历结构内容规定合理性与其学历结构形式规定合理性的辩证统一，又是其学历结构目的与学历结构形成规律的辩证统一。一方面，教师学历结构内容的本质是其知识与能力结构，教师学历结构的形式是各种学历样态。所以，教师学历结构变迁的合理性本质是其知识能力水平提升与学历水平提升的辩证统一。对乡村教师而言，提升学历水平既能提升其分析问题、解决问题的能力，也能使其物质收益与在学历上的付出相一致，因为学历与工资和职称评定存在正向关系。对乡村学生而言，高学历教师意味着丰厚扎实的学识与良好的教学能力，能增强其学习动力及对家乡教育的信心。另一方面，教师学历结构改进遵循知识发展规律，是一个漫长的过程。

从我国乡村教师学历结构供给制度变迁过程来看，新中国成立初期出台了许多短期内提高乡村教师学历的制度，如 1952 年 9 月政务院批准的《教育部 1952 年工作计划要点》提出了速成教育要求；1953 年 12 月政务院发布的《关于整顿和改进小学教育的指示》提出了在职学习相关规定。这些制度符合当时的学生发展需要，也符合乡村教师自身知识能力发展需要，具有一定的目的合理性。改革开放时期和新时代，随着乡村教师身份结构供给制度的多元化，乡村教师学历结构也得到改善，基本实现了教师学历形式性提高过程中的实质性提高，符合教师学历提升规律，具有合理性。而国家对农村地区尤其是中西部农村地区实行的倾斜制度，促进了乡村教师学历的快速提升，因此又有教师学历提升目的上的合理性。一位从教多年的乡村小学校长对此深有感触："我刚参加工作时，全校80多名教师。其中，大专院校以上的只有9人，工农兵身份的（1972年推荐上大学的）4人，其余有申请转正的也有师范（中专）毕业的。随着时间的推移，专科生越来越多，后来逐渐有了本科生。从教学过程看，现在毕业的大学生知识面宽广、教学能力强，反映了教师学历制度变迁的合理性。"

（三）乡村教师职称结构供给制度变迁的合理性

自实行教师专业职务制度以来，国家就在乡村教师专业职称方面实行了倾斜和补偿措施。1999年，教育部进一步规定，农村地区教师职称评定实行单独评审办法，且不做发表论文、获得英语水平等级等方面的特殊要求。而城市教师评定高级职称时，须有一年乡村任教经历，体现了农村教师职称评定的优越性。这不仅对城乡二元制缺陷有修正作用，而且与乡村教师专业职务状况有适切性，是合理的。尤其是高职称乡村教师与乡村教育、乡村教师和学生的实际需求一致，具有实践上的合理性。

鉴于乡村整体的社会功能和乡村教育在国家教育发展中的战略地位，必须关注乡村教师的弱势处境，并对其做出制度补偿。为此，国家出台了一系列补偿性措施，如规定城市教师评选高级和特级教师时需有一年农村教学经历。一年的支教时间对于乡村教育和乡村教师教育问题的缓解究竟发挥了多大程度的正向功能，其合理性如何，值得人们审视。乡村教师职称评审的依据是什么，也值得思考。一位在我国国家级贫困县乡村从教32年的老教师认为："乡村教师职称结构供给制度需要考虑教龄、业绩等实绩因素，淡化文凭，淡化外面乱七八糟的竞赛活动。课题研究在乡村学校的实质性作用不大，很多乡村教师花钱发论文，精力没有放在教学上。"一位乡村小学生家长说："我丈夫在乡村学校任教。平时在与老师们的交谈中感觉到现在的职称制度比较完善，也比较人性化，比较合理。"

（四）乡村教师学科结构供给制度变迁的合理性

乡村教师学科结构供给制度与国家特岗教师制度、乡村教师培训制度及其他制度紧密相关。改革开放之前的乡村教师培训主要是语文、数学等主要学科教师的培训，副科教师极少有培训的待遇，主课教师培训在当时的环境下具有实践合理性。2000年后，开始从国家层面持续系统性关注乡村教师学科结构性短缺问题并形成相关规定，这是具有合理性的。从内容上看，这些制度措施关乎乡村地区各学科，特别是音、体、美、信息技术和英语等学科教师的存在与发展，这与西部乡村及偏远地区学校、教学点学科性教师短缺的现实需求相一致。在特岗教师制度、乡村师资培训制度、支教和轮教制度层面向乡村紧缺型学科教师倾斜，采取"一专多能""小学全科培养"模式，能缓解乡村教师学科结构性短缺问题，符合乡村教师学科结构供给制度的工具价值，具有合理性。从当下看，这些制度关乎乡村薄弱学校能否开足开齐国家规定的课程。乡村教师不用在承担语、数、外教学任务的基础上兼任小三门课程教学，能在一定程度上减轻乡村教师日常教学压力，这具有价值合理性。从长远看，这些制度又关系到乡村学生全面发展，也具有合理性。

第五节　西部乡村教师专业结构供给制度导向

一、乡村教师专业结构供给制度总体取向

（一）从理念上看：建立和完善补偿机制

补偿机制的建立与完善是弥补城乡二元经济制度和城乡二元教育制度对乡村教育及乡村教师教育产生的不利影响的必然要求，是改进乡村教师专业结构供给制度应该长期坚持的指导思想。联合国教科文组织出版的《学会生存》中提到，若要减少教育领域内个人和团体间的不平等现象，就必须借助社会和教育政策的力量，纠正和改善教育力量和资源配置上的不公平状态。依此逻辑，要缩小城乡二元制度造成的城乡教育和城乡教师教育间的差距，就必须完善乡村教育制度和乡村教师专业结构供给制度。在市场机制下，若以平等或同样的制度对待城乡教育和城乡教师教育，教育资源的配置必然向产生较大利益的地方流动，这也是教育利益主体博弈的结果。因此，在市场机制下，教育资源向利用率高的城镇流动是自然而然的结果。乡村在市场竞争机制中处于不利地位，其间的差距也必然呈现出不断拉大的趋势，从而产生更大的不公平。要改变这种状况，必须建立起有效且合理的乡村教师专业结构补偿机制，通过对弱势的一方进行补偿抑制市场化机制下的不公平发展方式，限制差距的进一步拉大。而要彻底扭转这种局面，还需更进一步加大补偿力度。只有补偿力度达到一定程度时，才能起到缩小乡村教育和乡村教师教育与城镇教育和城镇教师教育间差距的作用。

（二）从模式看：尊重被供给主体的话语权，形成上下结合的供给方式

制度制定是主观见之于客观的过程，乡村教师专业结构供给制度的制定是政府主观上所应提供的乡村教师专业结构与发展乡村教育客观需要的乡村教师专业结构间不断契合的过程。也就是说，乡村教师专业结构供给制度的制定是上下结合、不断重构的过程，是在深入调研和充分尊重乡村教师专业结构供给现状与被供给主体话语权基础上形成文本初稿，再经过试点改进不断完善的过程。

从现实看，同一时期南方与北方的乡村教育情境不同，同一地区不同乡村间的教育情境也千差万别，而各个地区的乡村教师教育情境又处于不断变化中，这就需要在充分调研的基础上制定制度，同时根据不同的教育情境进行调整。换言之，再科学合理的乡村教师专业结构供给制度也可能只适合某些乡村教师教育情境，而不适合另一些乡村教师教育情境，或者说只适合某个乡村教师教育情境的某个方面，而不适合其他方面。因此，制定一个适合各个地区乡村教师教育情境的乡村教师专业结构供给制度从根本上说是不可能的，也不现实。这就需要形成基层部门上报论证，再由相关部门审核批准的工作流程，以保持乡村教师专业结构供给制度刚性要求和灵活性要求之间的合适张力，克服乡村教师专业结构供给制度制定中的固定模式。

二、西部乡村教师专业结构类型供给制度导向

（一）乡村教师身份结构供给制度导向

从乡村教师身份结构供给制度变迁趋势看，不断调整的乡村教师身份结构供给制度为乡村学校提供了大量必需的正式教师，减少了乡村非正式教师数量，不断发挥着乡村正式教师的正向功能。新中国成立初期以及"文革"时期"二部制"乡村教师专业供给制度安排，有效发挥了民办、代课等非正式乡村教师的扫盲和乡村教育发展功能，当时非正式乡村教师整体功能的发挥高于正式乡村教师。改革开放以后，尽管少数优秀的非正式乡村教师的乡村教育正向功能依然高于正式乡村教师，但是因为正式身份的乡村教师更容易满足学生稳定发展的需要，所以正式乡村教师的整体性正向功能远高于非正式乡村教师。

因此，从以往乡村教师身份结构供给制度理论与经验看，一方面，要通过继续完善免费（公费）师范生制度，进一步补充正式教师数量，为乡村偏远地区的村小和教学点补充更多高质量的乡村教师，满足乡村学生的高质量教育需要；另一方面，应继续实施

特岗教师制度，增加乡村学校特岗教师招聘比例，逐渐为当地补给合格的正式教师，以满足其稳定的教育教学需要。另外，关注乡村优秀的非正式教师转正的可能性与方式，研究制定合理的非正式乡村教师尤其是紧缺型学科非正式乡村教师的转正标准，使乡村优秀的非正式教师按时、按规定转为正式乡村教师，以提高其工作积极性，消解其可能产生的负向作用。

（二）乡村教师学历结构供给制度导向

从乡村教师学历结构供给制度变迁总体轨迹看，新中国成立初期以及"文革"时期出现了人为制定的学历制度导致的乡村教师学历形式性提高与实质性提高相背离的现象，但总体发展态势是教师知识与能力水平的不断提高。其中既有乡村教师个体通过自身努力而实现的内在素质提升，也有政府通过减免学费、鼓励教师在职提高学历而实现的乡村教师整体知识水平的提升，符合乡村教师学历结构供给制度的价值追求。

未来乡村教师学历结构供给制度的调整，一方面应该在补给正式身份教师价值导向下，严格把控教师教育阶段学生的入学、毕业要求，以及乡村教师招聘条件和要求，完全补给合格以上学历教师，实现教师学历的实质性提高。同时，通过减免学杂费等方式鼓励在职乡村教师借助自学考试或培训等途径持续提高学历水平。尤其要让那些乡村小规模学校和偏远地区教学经验丰富但教学理念和教育教学知识欠缺的乡村教师获得及时的学历提升帮助。另一方面通过持续实行差异性工资制度，持续改善乡村教师生活条件，以便持续提高乡村教师职业吸引力，为乡村留住高学历教师；通过落实特岗教师、免费（公费）师范生在乡村学校和乡村偏远地区最低服务年限，为乡村地区挽留合格和高学历教师，是乡村教师专业学历结构供给制度未来十年的基本导向。

（三）乡村教师职称结构供给制度导向

从乡村教师职称结构供给制度变迁轨迹看，随着改革开放之后中小学教师职称评定制度的制定与深入推进，国家开始为乡村学校制定适合的中小学教师职称评定标准，并允许对乡村小规模学校教师职称进行单独评审。同时，逐渐实行乡村教师职称评定倾斜政策，增加农村中高级教师职称评定比例，减少农村教师职称评定中的论文、英语等方面的硬性规定，更关注其实际教学业绩与从教年限，增强了乡村教师的职业吸引力。

从乡村教师职称评定制度改进情况看，未来几年应该继续坚持并进一步完善之前的乡村教师职称供给制度，重点关注和认真研究制定农村偏远地区和薄弱学校教学点教师职称评定方案，报教育部批准以进行单独评审，以增强其对不同乡村实际情况的适应性。

同时，合理确定乡村学校工作年限在乡村教师职称工资级别中的比例。一般而言，年轻教师相较年龄大的教师需要更多的日常开支，但职称评定中注重任教年限的办法将削弱乡村年轻教师获得更大利益的可能性，进而引起他们对乡村工作的不满情绪。这种不满情绪容易引起年轻教师的流动意愿，进而影响乡村学校师资队伍的稳定性与乡村教育教学质量。因此，乡村教师职称结构供给制度在照顾任教年限长的老教师利益的同时，也应适当照顾年轻的且愿意为乡村教育事业奉献的年轻教师的利益。增加教学实绩在职务晋升标准中的比例，减少依靠任教年限进行职称评定的方式，以形成更加合理的乡村教师职称比例结构。

（四）乡村教师学科结构供给制度导向

在西部乡村教师学科结构方面，2000 年以来，国家主要关注了音、体、美、计算机和英语等学科教师的结构性短缺现象，并结合艺术、体育和语言等政策采取了一系列相应措施，取得了预期成效。但这一问题仍然存在，而且逐渐成了困扰乡村教育发展及师资配置的首要问题，直接影响了乡村教育质量和乡村学生发展。

在乡村教师学科结构供给制度未来十年的价值取向上，一方面应继续把完善乡村教师学科结构供给制度作为解决乡村教师学科型紧缺的重要措施，重点做好向紧缺型学科的倾斜补给和教师的定向培养，适度增加偏远贫困地区紧缺型学科定向招生、定向培养的师资人数，适当降低定向培养的音、体、美等紧缺型学科教师学历标准，提高其专业技能要求。另一方面给予基层乡村教育行政部门较大的人事决策权，充分盘活和利用好乡域内紧缺型学科的教师资源，做好紧缺型乡村教师的动态管理，使其在乡域内各学校中动态使用。同时，将民间紧缺型学科特长人员通过严格的程序和培训吸纳到乡村学校中，以有效缓解乡村紧缺型学科师资不足问题。

结　语

乡村教师教育问题是乡村教育问题产生的关键原因，而乡村教师专业结构问题又是乡村教师教育问题的深层次原因。乡村教师专业结构问题解决的关键是乡村教师供给制度，因此，研究乡村教师专业结构供给制度更具乡村教育的针对性和根本性。

新中国成立 70 多年来，随着国家对西部乡村和西部乡村教育的持续重视，各级政府制定和形成的乡村教师专业结构供给制度的科学性和合理性不断提高，很大程度上改善了西部乡村教师专业结构，推动了西部乡村教师专业发展，增强了人们对乡村教育的信心。然而，受社会政治、经济、文化及教育制度中不合理因素的影响，尤其是城乡二元经济体制的制约，加上西部乡村教育问题的复杂性和人的认识水平的局限性，西部乡村教师专业结构供给制度变迁过程不尽如人意。

实践证明，教师专业结构供给制度的改进关键是把握好各要素间的相互关系。不仅要处理好各个不同制度之间的相互关系，也要处理好同一制度内容与结构间互相制约的关系。因此，在制度制定层面首先需要注意各制度结构间的协调性与独立性，切不可孤立看待问题。其次，制度制定层面的合理性应当内含对执行层面的考虑，执行层面也应深入理解制定层面的内容。乡村教师专业结构供给制度本身的科学性是执行有效性的前提条件，而执行结果也是促进乡村教师专业结构供给制度科学化、合理化的依据，但二者并不完全是决定与被决定的关系。制度执行层面若能根据具体情况科学灵活地实施制度，也会在一定程度上降低乡村教师专业结构供给制度本身的不合理性，反之亦然。所以，制度制定层面和制度执行层面要互相配合，才能实现手段与结果的统一。否则，就会出现二元背离现象。历史上出现的民办教师制度不合理性就是制度制定层面对执行层面问题把握不准确导致的结果。这不仅给民办教师群体的生存与发展带来了较大的负向影响，也成为代课教师身份问题长期存在的主要原因。

参考文献

著作类

[1] 查尔斯·霍顿·库利．人类本性与社会秩序［M］．2版．包凡一，王源，译．北京：华夏出版社，1999.

[2] 约翰·康芒斯．制度经济学［M］．赵睿，译．北京：华夏出版社，2013.

[3]《隆德县志》编纂委员会．隆德县志［M］．银川：宁夏人民出版社，1998.

[4] ＰＣ诺斯．制度、制度变迁与经济绩效［M］．上海：格致出版社，上海人民出版社，2008.

[5] 曹胜利．西部贫困地区教师队伍建设［M］．沈阳：沈阳出版社，2000.

[6] 陈逸先，纪芝信．中国农村教育体制改革研究［M］．北京：人民教育出版社，1998.

[7] 程方平．国外教师问题研究［M］．沈阳：沈阳出版社，2000.

[8] 杜晓利．教师政策［M］．上海：上海教育出版社，2012.

[9] 费孝通．乡土中国［M］．北京：人民出版社，2008.

[10] 韩明谟．农村社会学［M］．北京：北京大学出版社，2011.

[11] 赫茨伯格．工作的激励因素［M］．北京：中国科学出版社，1986.

[12] 胡惠闵，王建军．教师专业发展［M］．上海：华东师范大学出版社，2014.

[13] 黄白．农村教师问题研究：教师专业化视角［M］．太原：山西教育出版社，2009.

[14] 教育部师范教育司．教师专业化的理论与实践［M］．北京：人民教育出版社，2003.

[15] 康永久．教育制度的生成与变革：新制度教育学论纲［M］．北京：教育科学出版社，2003.

[16] 科林·马什．初任教师手册［M］．吴刚平，何立群，译．北京：教育科学出版社，2005.

［17］李存生．乡村教师专业发展引论［M］．北京：人民出版社，2018.

［18］李方，钟祖荣．教师专业标准与发展机制：教师专业化国际研究译文集［M］．北京：北京出版社，2004.

［19］李天凤．乡村教师科研［M］．上海：华东师范大学出版社，2019.

［20］李亦菲．校本研修理论与实践［M］．天津：天津教育出版社，2008.

［21］李玉席．守望乡村教育［M］．芜湖：安徽师范大学出版社，2017.

［22］梁正义，罗正华．教师教育［M］．长春：吉林教育出版社，1998.

［23］刘涛．走向立体式研修［M］．成都：电子科技大学出版社，2015.

［24］刘铁芳．乡土的逃离与回归：乡村教育的人文重建［M］．福州：福建教育出版社，2011.

［25］柳海民．教育学概论［M］．北京：北京师范大学出版社，2015.

［26］鲁杰，吴康宁．教育社会学［M］．北京：人民教育出版社，1990.

［27］陆学艺．当代中国社会流动［M］．北京：社会科学文献出版社，2004.

［28］马克思，恩格斯．马克思恩格斯全集：第39卷［M］．北京：人民出版社，1960.

［29］马戎，龙山．中国农村教育问题研究［M］．福州：福建教育出版社，2000.

［30］孟慧．职业伦理学［M］．北京：中国轻工业出版社，2009.

［31］母国光，翁史烈．高等教育管理［M］．北京：北京师范大学版社，1998.

［32］饶见维．教师专业发展：理论与实务［M］．台北：五南图书出版股份有限公司，2003.

［33］盛洪．为什么制度重要［M］．郑州：郑州大学出版社，2004.

［34］司洪昌．嵌入村庄的学校：仁村教育的历史人类学探究［M］．北京：教育科学出版社，2009.

［35］宋萑．教师专业共同体研究［M］．北京：北京师范大学出版社，2015.

［36］孙绵涛．教育政策学［M］．北京：中国人民大学出版社，2010.

［37］唐光玉．教师专业发展研究［M］．合肥：安徽教育出版社，2008.

［38］唐松林．中国农村教师发展研究［M］．杭州：浙江大学出版社，2005.

［39］王安全．西部农村地区教师结构变迁研究［M］．北京：中国社会科学出版社，2014.

［40］王安全．西部农村教师教育政策的理论基础与实践反思［M］．北京：中国社会科学出版社，2016.

［41］王安全．西部农村教师政策的发展与改进研究［M］．北京：科学出版社，

2018.

[42] 王道俊，郭文安 . 教育学 ［M］. 6 版 . 北京：人民教育出版社，2009.

[43] 王嘉毅 . 多维视角中的农村教师 ［M］. 北京：北京师范大学出版社，2011.

[44] 王作亮，伏荣超 . 建构乡村学校学习共同体 ［M］. 北京：光明日报出版社，
2010.

[45] 魏峰 . 弹性与韧性：乡土社会民办教师政策运行的民族志 ［M］. 上海：上海
三联书店，2009.

[46] 邬志辉 . 中国农村教育：政策与发展（1978—2018）［M］. 北京：社会科学
文献出版社，2019.

[47] 邬志辉，秦玉友 . 中国农村教育发展报告：2017—2018 ［M］. 北京：北京师
范大学出版社，2019.

[48] 邬志辉 . 中国农村教育评论：教育政策与教育公正 ［M］. 北京：北京师范大
学出版社，2013.

[49] 吴江 . 国家荣誉制度建设研究 ［M］. 北京：党建读物出版社，2017.

[50] 吴康宁 . 教育社会学 ［M］. 北京：人民教育出版社，1998.

[51] 吴卫东 . 教师专业发展与培训 ［M］. 杭州：浙江大学出版社，2005.

[52] 吴研因，翁之达 . 三十五年来中国之小学教育 ［M］. 上海：商务印书馆，
1931.

[53] 谢延龙 . 西方教师教育思想：从苏格拉底到杜威 ［M］. 福州：福建教育出版
社，2015.

[54] 谢延龙 . 在通往语言途中的教育：语言论教育论纲 ［M］. 北京：科学出版社，
2012.

[55] 熊焰 . 校本培训：教师专业发展 ［M］. 广州：广东高等教育出版社，2005.

[56] 徐国梁 . 伙伴合作：教师群体专业发展的脉动 ［M］. 上海：上海教育出版社，
2010.

[57] 荀渊，唐玉光 . 教师专业发展制度 ［M］. 北京：教育科学出版社，2011.

[58] 雅克•哈拉克 . 投资于未来：确定发展中国家教育重点 ［M］. 尤莉莉，徐贵
平，译 . 北京：教育科学出版社，1993.

[59] 颜震华，王绍海 . 教育激励理论与实践 ［M］. 长春：吉林大学出版社，
1992.

[60] 杨晓 . 教师专业发展 ［M］. 北京：北京师范大学出版社，2013.

[61] 杨正仁 . 做质朴的教育：杨正仁名师工作室教育成果集萃 ［M］. 长春：吉林

人民出版社，2015.

[62] 叶澜. 教师角色与教师发展新探 [M]. 北京：教育科学出版社，2001.

[63] 俞文钊. 现代激励理论与应用 [M]. 大连：东北财经大学出版社，2006.

[64] 喻谟烈. 乡村教育 [M]. 上海：商务印书馆，1927.

[65] 袁桂林. 农村教育发展指标研究 [M]. 北京：经济科学出版社，2009.

[66] 袁庆明. 新制度经济学教程 [M]. 北京：中国发展出版社，2011.

[67] 袁振国. 教育政策学 [M]. 南京：江苏教育出版社，2000.

[68] 袁振国. 缩小差距：中国教育政策的重大命题 [M]. 北京：人民教育出版社，2005.

[69] 张敏. 教师合作学习 [M]. 杭州：浙江大学出版社，2013.

[70] 张树华，潘晨光. 中外功勋荣誉制度 [M]. 北京：中国社会科学出版社，2011.

[71] 张玉华. 校本培训研究与操作 [M]. 上海：上海教育出版社，2003.

[72] 郑金洲. 教育文化学 [M]. 北京：人民教育出版社，2017.

[73] 周冬祥. 校本研修：理论与实务 [M]. 武汉：华中师范大学出版社，2007.

[74] 周小山，严先元. 农村教师专业发展导引：给农村教师的建议 [M]. 武汉：华中师范大学出版社，2006.

[75] 朱昊炜，黄晓蓉. 国外的著名奖项 [M]. 北京：中国社会出版社，2006.

[76] 朱旭东. 教师专业发展理论研究 [M]. 北京：北京师范大学出版社，2011.

[77] 朱旭东. 中国教师荣誉制度研究 [M]. 北京：北京师范大学出版社，2013.

[78] 日本筑波大学教育研究会. 现代教育学基础 [M]. 钟启泉，译. 上海：上海教育出版社，1986.

期刊类

[1] 蔡其勇，郑鸿颖，李学容. 新时代乡村教师队伍建设策略 [J]. 中国教育学刊，2018 (12)：81-86.

[2] 曾天山，吴景松，崔吉芳. 滇西智力扶贫开发精准有效策略研究 [J]. 西北师大学报（社会科学版），2018 (3)：5-17.

[3] 曾新，高臻一. 赋权与赋能：乡村振兴背景下农村小规模学校教师队伍建设之路——基于中西部6省12县《乡村教师支持计划》实施情况的调查 [J]. 华中师范大学学报（人文社会科学版），2018，57 (1)：174-187.

[4] 柴江，段志贵. 共识、收益、能力与支持：乡村教师专业发展因素新解 [J]. 内

蒙古社会科学（汉文版），2017，38（6）：182 - 187.

[5] 常宝宁. 教师教育一体化：本体特征与核心要素 [J]. 当代教育科学，2013（18）：3 - 5＋28.

[6] 陈晨. 大学教师的"荣誉头衔"与荣誉感匹配吗：兼论心理资本的中介效应 [J]. 高教探索，2018（10）：103 - 109.

[7] 陈桂生. 且说初任教师入职辅导中的"师徒制"[J]. 湖南师范大学教育科学学报，2006（5）：38 - 40.

[8] 陈学军，邬志辉. 教育政策执行：问题、成因及对策 [J]. 教育发展研究，2004（9）：18 - 20.

[9] 陈以一. 采用带徒弟的办法培养普通中学师资 [J]. 人民教育，1960（4）：58 - 61.

[10] 程方平. 教师保障：乡村教育振兴的基石 [J]. 教育研究，2018，39（7）：84 - 86.

[11] 褚宏启. 教育制度改革与城乡教育一体化：打破城乡教育二元结构的制度瓶颈 [J]. 教育研究，2010，31（11）：3 - 11.

[12] 单志艳. 走向中国特色教师专业学习共同体的教研组变革 [J]. 教育研究，2014（10）：86 - 90.

[13] 邓泽军. 统筹西部城乡师资均衡配置：问题分析及推进策略 [J]. 教师教育研究，2017，29（5）：19 - 25.

[14] 杜军，高岩，杨晓奇. 西北连片特困地区教师培训的问题与对策：以甘肃省环县为例 [J]. 中国民族教育，2014（12）：29 - 30.

[15] 范先佐. 乡村教育发展的根本问题 [J]. 华中师范大学学报（人文社会科学版），2015，54（5）：146 - 154.

[16] 冯大鸣. 处境变迁与文化回应：研究中国西部农村教师专业发展的一个视角 [J]. 教育理论与实践，2009，29（34）：30 - 33.

[17] 付兰. 乡村教师科研培训课程体系的构建：基于粤西北的调查 [J]. 教师教育学报，2019，6（2）：33 - 39.

[18] 付卫东，范先佐.《乡村教师支持计划》的实施成效、问题及对策——基于中西部6省12县（区）120余所农村中小学的调查 [J]. 华中师范大学学报（人文社会科学版），2018，57（1）：163 - 173.

[19] 高耀明. 农村教育改革和发展的依据 [J]. 教育参考，2000（4）.

[20] 高益民. 从工资制度看日本的教师优遇政策 [J]. 比较教育研究，2012，34

（8）：1-7+81.

[21] 宫艳花．美国大学荣誉制度探析 [J]．比较教育研究，2011 (11)：77-80.

[22] 郝德贤．"乡村教师支持计划"支持乡村教师发展的路径选择 [J]．教育探索，2017 (3)：102-105.

[23] 郝德贤．论乡村教师培训专业化的困境与改进路径 [J]．集美大学学报（教育科学版），2019，20 (1)：29-32.

[24] 何浩，李洪屏，包兵兵．"三年行动计划"背景下连片特困地区学前教育发展现状、问题及对策：以武陵山区 A 市为例 [J]．当代教育论坛，2015 (5)：15-23.

[25] 王杰，和建花，等．贫困地区农村幼儿教师专业成长的现状、问题及对策：以甘肃农村幼儿教师为例 [J]．学前教育研究，2009 (1)：15-18.

[26] 侯龙龙，朱庆环．教师专业发展的政策分析：自主支持的专业发展与"任务式"的专业发展 [J]．教育科学研究，2018 (4)：72-76.

[27] 焦楠，陆莎，李廷州．落后地区教师队伍建设的政策创新：新世纪美国联邦政府的政策举措与启示 [J]．教育发展研究，2018，38 (2)：62-70.

[28] 解光穆．乡村教师队伍建设政策述评 [J]．宁夏大学学报（人文社会科学版），2016，38 (6)：183-188.

[29] 李广，朴方旭．中国农村教师专业知识：问题分析与解决策略——以中国东北地区 Y 县小学语文教师为调查对象 [J]．东北师大学报（哲学社会科学版），2012 (6)：181-185.

[30] 李国栋，戴斌荣．农村教师发展的现状透视与障碍分析 [J]．高等农业教育，2014 (6)：110-113.

[31] 李国强，李忠如．透视农村学校文化，促进农村教师专业发展 [J]．教育探索，2009 (12)：85-87

[32] 李江源，王蜜．道德：教育制度规范合理运作的前提 [J]．湖南师范大学教育科学学报，2008 (1)：37-45.

[33] 李静美，邬志辉．乡村教师补充策略的国际经验与启示 [J]．比较教育研究，2018 (5)：3-12.

[34] 李强．社会支持与个体心理健康 [J]．天津社会科学，1998 (1)：66-69.

[35] 李琼，张倩，樊世奇．国际视野中的我国乡村教师专业发展：与 PISA 高绩效东亚四国 TALIS 数据的比较 [J]．外国中小学教育，2018 (11)：53-61.

[36] 李姗泽，范亮．信息化助推义务教育均衡发展的机制探讨 [J]．电化教育研究，2012 (10)：41-44.

[37] 李尚卫，袁桂林．我国农村教师教育制度反思 [J]．教师教育研究，2009，21 (3)：34-38.

[38] 李源田，崔延强．论教师国家荣誉制度 [J]．教师教育研究，2013，25 (6)：30-34.

[39] 李志辉，王纬虹．乡村教师离职意向影响因素实证研究：基于重庆市 2505 名乡村教师调查数据的分析 [J]．教师教育研究，2018，30 (6)：58-66.

[40] 刘华锦．西部乡村教师专业发展的困境与对策研究 [J]．黑龙江高教研究，2017 (8)：96-99.

[41] 刘善槐，朱秀红，李昀赟．农村教师编制制度改革研究 [J]．中国教育学刊，2019 (1)：7-12.

[42] 刘文，朱沛雨．苏北某市乡村小学教师培训现状的研究 [J]．中小学教师培训，2016 (8)：14-18.

[43] 刘小强，王德清．美国吸引高质量教师到薄弱学校的新举措 [J]．外国教育研究，2011 (3)：61-66.

[44] 卢红．农村教师专业发展的困境及消解策略 [J]．教育理论与实践，2009，29 (S1)：7-9.

[45] 卢乃桂，钟亚妮．国际视野中的教师专业发展 [J]．比较教育研究，2006 (2)：71-76.

[46] 卢晓中，谢静．大学教师荣誉制度与荣誉体系刍议 [J]．江苏高教，2017 (11)：1-6.

[47] 罗明煜．美、英、新加坡国家教师荣誉制度的共性研究 [J]．教师教育研究，2014，26 (5)：107-112.

[48] 吕晓娟，李泽林．民族地区乡村教师专业发展路在何方 [J]．中国民族教育，2015 (10)：41-42.

[49] 马春梅，王安全．特岗教师政策合理性审思 [J]．教育与教学研究，2011，25 (8)：1-4.

[50] 马培芳．西部贫困地区教育发展趋势分析 [J]．教育科学研究，2001 (8)：11-14.

[51] 苗承燕，王嘉毅．西部贫困地区农村教师生存现状研究：基于甘肃、宁夏、贵州 3 省 17 所中学的调查 [J]．基础教育，2011，8 (6)：103-109+96.

[52] 庞丽娟，韩小雨．我国农村义务教育教师队伍建设：问题及其破解 [J]．教育研究，2006 (9)：47-53.

[53] 彭冬萍，曾素林.教师荣誉制度研究的进展及反思 [J].教师教育论坛，2017，30 (2)：13－17.

[54] 彭冬萍，曾素林.乡村教师荣誉制度实施路径探析：基于全过程管理理论的视角 [J].教育评论，2017 (7)：114－118.

[55] 彭小虎.小学教师专业发展的社会背景变量分析 [J].教育研究与实验，2011 (6).

[56] 钱宁峰.论国家荣誉制度的宪法基础 [J].西北政法大学学报，2008 (5)：14－22.

[57] 乔雪峰，杨佳露，卢乃桂.澳大利亚乡村教师支持路径转变：从"不足模式"到"拟合模式" [J].比较教育研究，2018，40 (5)：26－32.

[58] 秦新林.历史比较研究方法在教学中的运用 [J].殷都学刊，1997 (1)：75－78＋90.

[59] 秦玉友.美国、印度、日本农村教育发展中的主要问题及启示 [J].外国教育研究，2007 (12)：6－10.

[60] 秦玉友.农村义务教育师资队伍建设机制问题分析 [J].教育发展研究，2010，30 (10)：84－87.

[61] 容中逵.农村教师发展保障机制与政策体系的系统构建 [J].教育理论与实践，2014，34 (1)：22－25.

[62] 茹荣芳.文化生态取向下农村教师专业发展面临的困境及其对策 [J].教育探索，2011 (7)：103－104.

[63] 阮艳花，刘英.英、美、新三国国家教师荣誉制度的共性特征及对我国的启示 [J].中国成人教育，2017 (9)：111－113.

[64] 邵泽斌，张乐天.从意识形态到公共精神：对新中国 60 年义务教育治理方式的政策考察 [J].社会科学，2008 (12)：64－71＋183－184.

[65] 施克灿.教师荣誉制度的历史渊源 [J].教师教育研究，2017，29 (4)：98－104.

[66] 石娟，巫娜，刘义兵.加拿大偏远地区乡村教师队伍建设及其借鉴 [J].比较教育研究，2017，39 (2)：61－66.

[67] 石连海，田晓苗.我国乡村教师队伍建设政策的发展与创新 [J].教育研究，2018，39 (9)：149－153.

[68] 宋广文，魏淑华.论教师专业发展 [J].教育研究，2005 (7)：71－74.

[69] 孙德芳.保障农村教师发展的国际经验 [J].中国教育学刊，2012 (12)：31－35.

［70］唐松林，廖锐．搭建城乡交往平台促进农村教师专业发展［J］．教师教育研究，2015，27（2）：32－37．

［71］唐玉光．基于教师专业发展的教师教育制度［J］．高等师范教育研究，2002（5）：35－40．

［72］田爱丽．中美英三国教师培训"校本"模式的比较研究［J］．中小学教师培训，2001（8）：59－61．

［73］王安全，刘飞．特岗教师专业化发展中存在的问题及解决办法［J］．教育理论与实践，2013（11）：37－40．

［74］王安全，王健全．贫困地区师资政策建议［J］．教育发展研究，2005（1）：61－62．

［75］王安全，王小艳．乡村教育供给中人与物配置的失衡现象与平衡方式［J］．现代教育管理，2019（7）：9－13．

［76］王安全．非正式教师转正的合理性限度［J］．中小学管理，2014（5）：37－38．

［77］王安全．教师队伍师范专业化的价值诉求与实践动向［J］．黑龙江高教研究，2013（1）：10－12．

［78］王安全．教师群体学历增长中的形式主义政策及其归正［J］．教育理论与实践，2017（22）：38－41．

［79］王安全．教师学历发展功能及其正向化方式［J］．中国教育学刊，2012（2）：60－63．

［80］王安全．论农村教育质量与效率的协调发展［J］．学术交流，2012（3）：171－174．

［81］王国强，周红莉．"国培计划"乡村教师培训团队研修项目的实践与思考［J］．教师教育论坛，2018（3）：51－56．

［82］王明革．试论荣誉权在民法中的地位［J］．华北水利水电学院学报（社科版），2008（3）：116－118．

［83］王炜，李海峰．中美信息化促进优质教育资源共享的对比分析：信息化促进优质教育资源共享研究（三）［J］．电化教育研究，2015（3）：101－113．

［84］王曦．农村教师发展的内源性动力：基于承认理论的视角［J］．教育科学论坛，2018（34）：60－64．

［85］王晓丽，齐亚静，姚建欣．乡村教师教学自主权对专业发展能动性的影响：工作投入的中介作用［J］．中国特殊教育，2018（11）：92－96．

［86］王正青．国外推进城乡教育均衡发展新趋势：社会生态系统的理论框架［J］．中国教育学刊，2011（1）：20－23．

[87] 王志勇. 国外教师荣誉制度的特点及借鉴 [J]. 现代中小学教育，2015 (6)：124-126.

[88] 邬志辉，杨卫安. "离农" 抑或 "为农"：农村教育价值选择的悖论及消解 [J]. 教育发展研究，2008 (Z1)：52-57.

[89] 邬志辉. 关于农村教育三个理论问题的探讨 [J]. 理论月刊，2009 (9)：5-10.

[90] 吴德刚. 中国教育发展地区差距研究：教育发展不平衡性研究问题研究 [J]. 教育研究，1999 (7)：22-26.

[91] 吴清一. 乡村教师本土化培养的理论出发点、实践基础及策略分析 [J]. 教学与管理，2017 (36)：51-53.

[92] 吴霞飞，韩天寿. 开展农村小学教师培训 促进农村教育发展 [J]. 中国成人教育，2007 (22)：189-191.

[93] 武中哲. 单位体制下男女平等就业的政治过程及其局限性 [J]. 文史哲，2007 (6)：159-165.

[94] 席梅红. 论乡村教师专业发展的政策支持：基于关心关系的伦理学视域 [J]. 中国教育学刊，2018 (4)：81-85.

[95] 夏雪梅. 中西语境中 "学校本位" 之辩与问 [J]. 全球教育展望，2011 (9)：32-36＋79.

[96] 肖水源，杨德森. 社会支持对身心健康的影响 [J]. 中国心理卫生杂志，1987 (4)：183-187.

[97] 谢爱磊，刘群群. 声望危机隐忧下的乡村教师荣誉制度建设研究 [J]. 中国教育学刊，2019 (1)：23-28.

[98] 谢静. 让教师成为人人羡慕的职业：谈教师职业荣誉感 [J]. 中国教师，2018 (3)：96-99.

[99] 谢延龙. 制度变革：提高农村教师素质的根本出路 [J]. 教育导刊，2009 (11)：20-23.

[100] 谢志法. 新教师专业成长需要什么：关于新教师培训内容和模式的思考 [J]. 中小学教师培训，2008 (9)：9-11.

[101] 辛宪军. 乡村教师专业自主发展路径探析 [J]. 教育评论，2018 (1)：100-104.

[102] 徐君. 自我导向学习：农村教师专业发展的有效途径 [J]. 教师教育研究，2009 (3)：17-22.

[103] 徐莉. 论教师发展的文化机制 [J]. 西北师大学报（社会科学版），2007 (5)：

68－71.

[104] 许明，黄雪娜．从入职培训看美国新教师的专业成长 ［J］．教育科学，2002 (1)：51－55.

[105] 许学莹．少数民族师资队伍建设面临的挑战 ［J］．民族教育研究，1997 (4)：71－76.

[106] 薛二勇，李廷洲，朱月华．新形势下我国义务教育教师队伍建设的政策分析 ［J］．北京师范大学学报 (社会科学版)，2016 (3)：5－14.

[107] 薛正斌．西部乡村教师队伍现状及对策建议 ［J］．宁夏师范学院学报，2017 (2)：121－128.

[108] 闫丽霞．UGS 协同视野下乡村教师专业发展支持体系的构建 ［J］．继续教育研究，2018 (2)：91－94.

[109] 闫巧，车丽娜．乡村教师自我价值感现状调查研究 ［J］．当代教育科学，2017 (6)：25－29＋20.

[110] 杨军．英国促进基础教育均衡发展政策综述 ［J］．外国教育研究，2005 (12)：6－10.

[111] 杨卫安．教育公益性的持守与营利性教育的界限 ［J］．教育理论与实践，2008 (1)：20－23.

[112] 杨卫安．乡村小学教师补充政策演变：70 年回顾与展望 ［J］．教育研究，2019，40 (7)：16－25.

[113] 叶澜，等．新世纪教师专业素养初探 ［J］．教育研究与实验，1998 (1)：41－46＋72.

[114] 于洪良．略论潘懋元的教师职业荣誉感 ［J］．山东高等教育，2015 (12)：85－93.

[115] 于伟，李广平，秦玉友，李柏玲．我国农村义务教育教师队伍的结构问题与对策 ［J］．中国教师，2007 (7)：12－13＋16.

[116] 袁维新．学科教学知识：一个教师专业发展的新视角 ［J］．外国教育研究，2005 (3)：10－14.

[117] 臧俐．日本的教师教育改革：试析近年来日本提高教师素养的政策 ［J］．当代教师教育，2008 (2)：43－47.

[118] 张彩云．乡村教师课堂管理能力的影响因素研究：基于全国 16 省乡村教师调查数据的 logistic 回归分析 ［J］．当代教育科学，2018 (12)：69－74.

[119] 张洪萍．基于成长需要的湖南省乡村教师激励机制的现状与对策 ［J］．湖南第

一师范学院学报，2018（6）：53-60.

[120] 张晓文，张旭．乡村教师支持计划背景下教师生存状态省思：基于 2888 名乡村教师的调查分析 [J]．当代教师教育，2018（4）：80-87.

[121] 赵康．专业、专业属性及判断成熟专业的六条标准：一个社会学角度的分析 [J]．社会学研究，2000（5）：30-39.

[122] 赵晓林．加强西部农村学校师资队伍建设的对策：以陕西省为例的教育调查与研究 [J]．延安大学学报（社会科学版），2006（3）：117-121.

[123] 赵新亮，张彦通．乡村教师研究的国际前沿、主题演变及知识基础分析：基于 2000—2016 年主题为 "rural teacher" 的 SSCI 论文资料 [J]．湖南师范大学教育科学学报，2017（4）：16-22.

[124] 赵兴龙．互联网时代乡村教师深度培训模式 [J]．电化教育研究，2018，39（4）：86-92.

[125] 赵永勤．教育经验改造视域下的乡村教师专业发展路径研究 [J]．教育发展研究，2018（20）：49-54.

[126] 周钧．阻碍小学教师专业发展的因素研究 [J]．教师教育研究，2013.

[127] 周亚芳，屈家安．内发与外源：论乡村教师专业发展的获得感 [J]．法制与社会，2017（19）：249-250.

[128] 朱建人，谢捷琼．城乡教师专业发展需求的比较研究 [J]．中国农村教育，2013（7）.

[129] 朱胜晖，孙晋璇．乡土文化转型与乡村教师专业发展 [J]．当代教育科学，2018（8）：78-81.

[130] 朱旭东，周钧．教师专业发展研究述评 [J]．中国教育学刊，2007（1）：68-73.

[131] 朱旭东．论教师专业发展的理论模型建构 [J]．教育研究，2014，35（6）：81-90.

[132] 朱旭东．论我国教师教育体系的重建 [J]．教师教育研究，2009（6）：1-9.

[133] 肖正德，李长吉．山村小学青年教师需要的叙事研究 [J]．教育理论与实践，2003（10）：59-63.

学位论文

[1] 曾新．农村中小学布局调整与义务教育均衡发展问题研究 [D]．武汉：华中师范大学，2012.

［2］陈光春．制度生成与实践失范：民国时期中学教师管理制度研究（1912—1949）［D］．武汉：华中师范大学，2012.

［3］郭正．农村教师流动意愿的家庭因素研究［D］．长春：东北师范大学，2011.

［4］韩爽．以教师专业发展为指向的名师工作室运行研究［D］．长春：东北师范大学，2015.

［5］霍东娇．中国百年师范教育制度变迁研究［D］．长春：东北师范大学，2018.

［6］李丽娟．偏远地区小学教师专业发展问题及对策研究［D］．长春：东北师范大学，2009.

［7］李清青．城乡义务教育阶段教师资源的流动与共享问题研究［D］．桂林：广西师范大学，2010.

［8］李英．印度教师教育研究［D］．重庆：西南大学，2013.

［9］梁丽．城乡义务教育非均衡发展的研究［D］．南昌：江西师范大学，2011.

［10］刘玲嫣．农村初中数学教师学科教学知识形成的个案研究［D］．太原：山西大学，2015.

［11］刘姝．乡村教师在职培训研究［D］．重庆：西南大学，2016.

［12］刘小强．贫困地区农村教师配置问题研究［D］．重庆：西南大学，2014.

［13］刘燕飞．组织行为学视角下合作学习共同体研究［D］．济南：山东师范大学，2016.

［14］卢锦珍．美国农村教师补充政策的研究［D］．重庆：西南大学，2016.

［15］秦青青．新任教师学科教学知识（PCK）发展研究［D］．南京：南京师范大学，2015.

［16］宋燕．和合学视野下教师合作研修共同体建构的研究［D］．重庆：西南大学，2011.

［17］苏刚．民国时期乡村师范教育制度变迁研究［D］．长春：东北师范大学，2015.

［18］唐松林．农村中小学教师队伍建设研究．上海：华东师范大学，2004.

［19］王安全．一个西部县农村教师结构五十年的变迁［D］．西安：陕西师范大学，2012.

［20］王光雄．乡村教师专业发展支持路径研究［D］．重庆：西南大学，2018.

［21］王静．延安市乡村小学教师专业能力提升研究［D］．延安：延安大学，2016.

［22］王卓．教育资源分配的理论问题研究［D］．长春：东北师范大学，2005.

［23］徐彬．民国时期乡村教师角色研究［D］．重庆：西南大学，2017.

［24］许丽英．教育资源分配理论研究：缩小教育差距的政策转向［D］．长春：东北

师范大学，2007.

[25] 叶亚军. 农村中小学教师流失问题研究 [D]. 长沙：湖南师范大学，2013.

[26] 于翠翠. 建国以来教师价值取向的历史变迁 [D]. 济南：山东师范大学，2016.

[27] 张文华. 19 世纪末 20 世纪初俄国农村教师研究 [D]. 长春：吉林大学，2015.

[28] 赵峰. 历史唯物主义视野中的自由与制度 [D]. 北京：中共中央党校，2015.

[29] 赵文颖. "互联网+" 环境下乡村教师的教学困境与归因研究 [D]. 重庆：西南大学，2017.

[30] 赵燕萍. 无奈的守望 [D]. 郑州：河南师范大学，2012.

[31] 郑志艳. 农村小学教师专业化发展研究 [D]. 大连：辽宁师范大学，2004.

外文文献

[1] Whitson Ⅲ G M. A Set of workshops for high school computer science teachers [J]. ACM SIGCSE bulletin, 1986, 18 (1)：303 - 306.

[2] Proffit A C, Sale R P, Ann E A, Ruth S A. The appalachain model teaching consortium：preparing teachers for rural appalachia [J]. The rural educator, 2004, 26 (1)：24 - 29.

[3] Bullough R, Pinnegar S. Guidelines for quality in autobiographical forms of self-study research [J]. Educational researcher, 2001, 30 (3)：13 - 21.

[4] Caplan G, Killilea M. Support system and mutual help：multidisciplinary explorations [M]. New York：Grune&Stratton, 1976.

[5] Carberry H, Waxman B, Mckain D. An in-service workshop model for regular class teachers concerning mainstreaming of the learning disabled child [J]. Journal of learning disabilities, 1981, 14 (1)：26 - 28.

[6] Mintz C A. The effects of implementing an online professional learning community for teachers of Gifted and talented courses：an action research study [D]. Los Angeles：University of South Carolina, 2017：28.

[7] Clandinin D J, Connelly F M. Narrative Inquiry：experience and story in qualitative research [M]. San Francisco：John wiley&sons, 2004.

[8] Cobb S. Social support as a moderator of life stress [J]. Psychosomatic medicine, 1976, 38 (5)：300 - 314.

[9] Haack D M. Teachers' inquiry stance：collaboration through data analysis in a professional learning community [D]. Ames：Iowa State University, 2017.

［10］Darling-Hammond L. Teacher quality and student achievement ［J］. Educational policy analysis archives，2000，8：1.

［11］Lee D M. Hiring the best teachers：gaining a competitive edge in the teacher recruitment process ［J］. Public personnel management，2005，34（3）：263-270.

［12］Hanushek E A，Kainand J F，Rivkin S G. Why public schools lose teachers ［J］. Journal of human resources，2004，39（2）：326-354.

［13］Ganser T. An ambitious vision of professional development for teachers ［J］. NASSP bulletin，2000，84（618）：6-12.

［14］Hollingworth H L. Education and the individual：introduction ［J］. Teachers college record，1940，42（3）：1-3.

［15］Derby J C. Applying online virtual worlds to informal professional development：a study of rural teachers participating in second life ［D］. Minneapolis：Walden University，2008.

［16］Lowe J M. Rural education：attarcting and retaining teachers in small schools ［J］. The rural educator，2006，27（2）：28-32.

［17］Cai J F，Chen T，Li X L，et al. Exploring the impact of a problem-posing workshop on elementary school mathematics teachers' conceptions on problem posing and lesson design ［J］. International journal of educational research，2020，102：101404.

［18］Johnson J，Strange M. Why rural matters 2005：the facts about rural education in the 50 States ［J］. Rural school and community trust，2005：114.

［19］Joshi S，Pradhan A，Dixit H. Faculty opinion survey following attendance to teacher training workshop in Kathmandu Medical College ［J］. Kathmandu University medical journal，2004，2（3）：244-251.

［20］Mcbrayer J S，Chance J，Pannell S，Wells P. A system-wide，collaborative，purposeful，and sustainable distributed leadership plan utilizing teacher leaders to facilitate professional learning communities ［J］. Educational planning，2018，25（4）：27-46.

［21］Turner J C，Christensen A，Kackar-Cam H Z，et al. The development of professional learning communities and their teacher leaders：an activity systems analysis ［J］. Journal of the learning sciences，2018，27（1）：49-88.

［22］Labaree D. Teach for America and teacher ed：heads they win，tails we lose ［J］. Jounal of teacher educations，2010，61（1-2）：48-55.

［23］Mathews C O. The honor system ［J］. The journal of higher education，1999，

70 (5): 504 – 509.

[24] McCartney E，Marwick H，Hendry G，et al. Eliciting student teacher's views on educational research to support practice in the modern diverse classroom: a workshop approach [J]. Higher education pedagogies，2018，3 (1): 342 – 372.

[25] McDaniel T R. The teacher's profession: essays on becoming an educator [M]. Washington D. C. : University Press of America，1982.

[26] Rustaman N Y , Rusdiana D，Efendi R，et al. The workshop program on authentic assessment for science teachers [C] //Journal of physics: conference series. IOP Publishing，2017，812 (1): 012062.

[27] Niemi H. Teacher professional development in Finland: towards a more holistic approach [J]. Psychology，society & education，2015，7 (3).

[28] Hillman P C. Vertically aligned professional learning community as a keystone for elementary science teacher professional development，growth，and support [J]. ProQuese LLC，2018.

[29] Saavedra A R，Opfer V D. Teaching and learning 21st century skills: lessons from the learning sciences [J]. A global cities education network report. New York，Asia Society，2012，10.

[30] Piryani R，Dhungana G P，Piryani S，et al. Evaluation of teachers training workshop at Kirkpatrick level 1 using retro-pre questionnaire [J]. Advances in medical education and practice，2018，9: 453.

[31] Tytler R，Symington D，Darby L. Discourse communities: a framework from which to consider professional development for rural teachers of science and mathematics [J]. Teaching and teacher eucation，2011，27 (5): 871 – 879.

[32] Schön D A. The reflective practitioner: how professionals think in action [M]. Routledge，2017.

[33] Lekgoathi S P. The history workshop，teacher development and outcomes-based education over the past seven Years [J]. African studies，2010，69 (1): 103 – 123.

[34] Soler M. How inbreeding affects productivity in Europe [J]. Nature，2001，411 (6834): 132.

[35] Telljohann S K，Everett S A，Durgin J，et al. Effects of an inservice workshop on the health teaching self-efficiency of elementary school teachers [J]. Journal of school health，1996，66 (7): 261 – 265.

［36］Swennen A，Bates T. The professional development of teacher educators ［J］. Professional development in education，2010，36（1）：1-7.

［37］Howley A，Howley C B. High-quality teaching：providing for rural teachers' professional development ［J］. Rural educator，2005，26（2）：1-5.

［38］Lee Y S，Ramos A，Kang M. Enhancing teacher candidates' pedagogical content knowledge through a workshop：a preliminary study ［J］. Research quarterly for exercise and sport，2014，85（S1）：A146.

政策文本类

［1］国务院. 关于加强教师队伍建设的意见，2012-08-20.

［2］中共中央，国务院. 关于深化教育改革全面推进素质教育的决定，1999-06-13.

［3］国务院. 关于深入推进义务教育均衡发展的意见，2012-09-05.

［4］国务院. 国家中长期教育改革和发展规划纲要（2010—2020年），2010-07-29.

［5］国务院. 批转教育部《关于加强中小学教师队伍管理工作的意见》的通知，1978-01-07.

［6］国务院办公厅. 关于印发乡村教师支持计划（2015—2020年）的通知，2015-06-01.

［7］国务院. 批转教育部《2003—2007年教育振兴行动计划》的通知，2004-03-03.

［8］教育部，财政部，人力资源和社会保障部. 关于推进县（区）域内义务教育学校校长教师交流轮岗的意见，2014-08-13.

［9］教育部，财政部. 关于印发《银龄讲学计划实施方案》的通知，2018-07-04.

［10］教育部，国家发展改革委，财政部，人力资源和社会保障部，中央编办. 关于印发《教师教育振兴行动计划（2018—2022年）》的通知，2018-02-11.

［11］教育部，国家发展改革委，财政部，人力资源和社会保障部. 关于印发《援藏援疆万名教师支教计划实施方案》的通知，2017-12-15.

［12］教育部，国家发展改革委，财政部. 关于深化教师教育改革的意见，2012-09-06.

［13］教育部，商业部，全国供销合作总社.《关于解决中小学民办教师和代课教师的副食品和生活日用品供应问题的通知》，1962-09-19.

［14］教育部，中央编办，国家发展改革委，财政部，人力资源和社会保障部. 关于

大力推进农村义务教育教师队伍建设的意见，2012 - 09 - 20.

[15] 教育部，中央组织部，财政部，人力资源和社会保障部，国务院扶贫办. 关于印发《边远贫困地区、边疆民族地区和革命老区人才支持计划教师专项计划实施方案》的通知，2012 - 12 - 18.

[16] 教育部. 关于大力加强中小学教师培训工作的意见，2011 - 01 - 04.

[17] 教育部. 关于大力推进城镇教师支援农村教育工作的意见，2006 - 02 - 26.

[18] 教育部. 关于贯彻《国务院办公厅转发中央编办、教育部、财政部关于制定中小学教职工编制标准意见的通知》的实施意见，2002 - 06 - 26.

[19] 教育部. 关于加强专科以上学历小学教师培养工作的几点意见，2002 - 09 - 10.

[20] 教育部. 关于进一步做好中小学教师补充工作的通知，2009 - 03 - 25.

[21] 教育部. 关于深化中小学教师培训模式改革全面提升培训质量的指导意见，2013 - 05 - 06.

[22] 教育部. 关于做好 2007 年农村义务教育阶段学校教师特设岗位计划工作的通知，2006 - 12 - 31.

[23] 教育部. 关于做好为农村高中培养教育硕士师资工作的通知，2004 - 04 - 07.

[24] 教育部. 关于"十五"期间教师教育改革与发展的意见，2002 - 03 - 01.

[25] 教育部. 教育部直属师范大学免费师范毕业生在职攻读教育硕士专业学位实施办法（暂行），2010 - 05 - 21.

[26] 国家教育委员会. 全国教育事业"九五"计划和 2010 年发展规划，1996 - 04 - 10.

[27] 教育部办公厅. 关于做好 2019 年银龄讲学计划有关实施工作的通知，2019 - 04 - 19.

[28] 教育部办公厅. 关于做好 2007 年"农村学校教育硕士师资培养计划"实施工作的通知，2006 - 10 - 30.

[29] 教育部办公厅. 关于开展中西部乡村中小学首席教师岗位计划试点工作的通知，2019 - 03 - 28.

[30] 教育部办公厅. 关于支持开展"高等教育自学考试义务教育专业"课程与在职中小学教师非学历培训课程学分互认试点工作的通知，2009 - 05 - 04.

[31] 教育部办公厅. 关于做好 2006 年为农村学校培养教育硕士师资工作的通知，2006 - 03 - 02.

[32] 教育部办公厅. 关于做好 2009 年"农村义务教育阶段学校教师特设岗位计划"

实施工作的通知，2009 - 03 - 20.

[33] 教育部办公厅. 关于做好 2008 年"农村学校教育硕士师资培养计划"实施工作的通知，2007 - 09 - 29.

[34] 教育部办公厅. 关于做好 2011 年特岗教师在职攻读教育硕士工作的通知，2011 - 11 - 21.

[35] 教育部办公厅. 关于做好 2012 年特岗教师在职攻读教育硕士工作的通知，2012 - 12 - 11.

[36] 国务院学位委员会办公室，教育部教师工作司. 关于做好 2013 年特岗教师在职攻读教育硕士工作的通知，2013 - 11 - 18.

[37] 教育部办公厅. 关于做好 2014 届教育部直属师范大学免费师范毕业生就业工作的通知，2013 - 11 - 06.

[38] 教育部办公厅. 关于做好 2018 年"三区"人才支持计划教师专项计划有关实施工作的通知，2018 - 05.

[39] 教育部办公厅. 关于做好 2019 届教育部直属师范大学公费师范毕业生就业工作的通知，2018 - 12.

[40] 教育部办公厅. 关于做好 2019 年边远贫困地区、边疆民族地区和革命老区人才支持计划教师专项计划有关实施工作的通知，2019 - 04 - 25.

[41] 全国高等教育自学考试指导委员会. 关于印发《高等教育自学考试义务教育专业（专科、独立本科段）考试计划》的通知，2009 - 04 - 08.

[42] 人力资源和社会保障部办公厅，教育部办公厅. 关于做好 2017 年度中小学教师职称评审工作的通知，2017 - 06 - 01.

[43] 人事部，教育部. 关于印发《关于深化中小学人事制度改革的实施意见》的通知，2003 - 09 - 17.

[44] 政务院. 关于整顿和改进小学教育的指示，1953 - 12 - 11.

[45] 中共中央，国务院. 关于全面深化新时代教师队伍建设改革的意见，2018 - 01 - 20.

[46] 中共中央. 批转《北京大学、清华大学关于招生（试点）的请示报告》，1970 - 06 - 27.

报纸类

[1] 陈玉义. 用制度呵护乡村教师的荣誉 [N]. 中国教育报，2017 - 06 - 01 (6).

［2］蒋英. 爱岗敬业增强职业荣誉感 ［N］. 贵州日报，2015 - 01 - 20 （10）.

［3］熊丙奇. 教师誓词承载职业荣誉感 ［N］. 中国教育报，2016 - 09 - 23 （2）.

［4］钟焦平. 乡村振兴必先振兴乡村教育 ［N］. 中国教育报，2019 - 03 - 11 （2）.

［5］周洪宇. 国家教师荣誉制度亟待完善 ［N］. 中国教育报，2012 - 09 - 07 （5）.

附　录

附件一　学校教师专业发展制度访谈提纲

1. 您所在的学校有哪些教师专业发展制度?
2. 您所在的学校教师专业发展制度制定情况是怎样的?
3. 您所在的学校教师专业发展制度执行情况是怎样的?
4. 您所在的学校教师专业发展制度制定中存在什么问题?
5. 您所在的学校教师专业发展制度执行中存在什么问题?
6. 您所在的学校教师专业发展制度制定中的问题的原因是什么?
7. 您所在的学校教师专业发展制度执行中的问题的原因是什么?

附件二 乡村教师专业结构供给制度变迁研究访谈提纲

一、教育局局长、校长访谈提纲

1. 您认为我国历史上的乡村教师身份、职称、学历、学科结构供给制度什么时候是合理的？什么时候是不合理的？能具体说一下吗？

2. 您怎么看待乡村教师专业结构供给制度变迁对乡村的教育、教师、学生和家长所产生的作用？是正向功能还是负向功能？或什么时候发挥正向功能，什么时候发挥负向功能？

3. 您怎么评价当前我国的乡村教师身份、职称、学历、学科结构供给制度？是合理的吗？若不合理，您认为应该在哪些方面加以改进？

4. 您认为评价乡村教师专业结构供给制度合理性的标准是什么？应该从哪几个方面加以分析？

5. 您了解我国乡村教师专业结构供给制度变迁的过程吗？您怎么看待这种变化的趋势及未来的发展方向？

二、乡村教师访谈提纲

1. 您在这里教书几年了？您进入乡村学校的方式和缘由是什么？

2. 您了解我国乡村教师专业结构供给制度变迁的过程吗？对您个人有没有影响？能具体说一下吗？

3. 您怎么看待我国当前的乡村教师身份、职称、学历和学科结构供给制度？是合理的吗？评价标准是什么？

4. 您认为我国乡村教师专业结构供给制度的功能是什么？

5. 若您有机会对乡村教师身份、职称、学历和学科结构供给制度进行修正，您会从哪几个方面着手？

三、乡村家长访谈提纲

1. 您关注我国的乡村教师专业结构供给制度吗？一般通过什么渠道获得相关信息？

2. 作为学生家长，您最关心乡村教师的身份、学历、职称还是学科结构供给制度？为什么？

3. 您是否觉得乡村教师学历结构供给制度提供的乡村教师学历越高，则该制度越合理？

4. 您觉得当前我国的乡村教师专业结构供给制度合理吗？或者哪些方面合理，哪些方面不合理？

附件三　连片特困地区教师能力素质政策实施调查附件

第一部分　"连片特困地区 A 县教师能力素质"调查问卷

尊敬的老师：

您好！为了真实了解宁夏连片特困地区教师能力素质的基本情况，以进一步提高宁夏教师能力素质，特进行此次问卷调查，您的意见和建议对我们此次调查研究有重要的价值和意义。本次调查采取随机抽查不记名方式，您的个人信息将会被严格保密，您的回答不会对您产生任何不利影响。我们期待收到您真实完整的答卷，谢谢您的支持和配合。

调查对象的基本情况

1. 您的性别是：

A. 男　　　　　B. 女

2. 您的民族是＿＿＿＿＿

3. 您的年龄是：

A. 25 岁以下　B. 25～30 岁　C. 31～40 岁　D. 41～50 岁　E. 50 岁以上

4. 您的教龄是：

A. 5 年以下　　B. 6～10 年　　C. 11～15 年　D. 16～20 年　E. 20 年以上

5. 您的职称：

A. 未定职称　　B. 一级　　　C. 二级　　　D. 三级　　　E. 高级　　　F. 其他

6. 您是否是在编教师？

A. 是　　　　　B. 否　　　　　C. 其他

7. 您的最后学历是否为师范专业？

A. 是　　　　　B. 否

8. 您的最后学历所学科目：

A. 语文　　　　B. 数学　　　　C. 英语　　　　D. 体育　　　　E. 音乐

F. 美术　　　　G. 思想品德　　H. 其他＿＿＿＿＿

9. 您现任教的学科：

A. 语文　　　　B. 数学　　　　C. 英语　　　　D. 体育　　　　E. 音乐

F. 美术　　　　G. 思想品德　　H. 其他_____

10. 您的文化程度：

A. 中专及以下　　B. 大专　　C. 本科　　D. 硕士及以上

11. 您的婚姻状况：

A. 已婚　　B. 未婚

12. 您的月平均收入：

A. 1 000 元以下　　　　B. 1 000～2 000 元　　　　C. 2 000～3 000 元

D. 3 000～5 000 元　　　E. 5 000 元以上

第二部分　连片特困地区乡村教师能力素质的现状

一、培训相关状况

1. 近两年您参加过哪些层次的培训（可多选）：

A. 国培项目　　B. 市级培训　　C. 县级培训　　D. 校级培训　　E. 网络研修

2. 您曾参加过以下哪些方面的培训与学习（可多选）：

A. 教学方法的培训　　　　　B. 对学校政策、上级文件的学习

C. 外语知识培训　　　　　　D. 计算机知识培训

E. 课程开发方法培训　　　　F. 本学科、专业理论知识培训

G. 管理知识培训　　　　　　H. 技能培训

I. 教学研究与教育评估

3. 您认为您参加的培训学习内容：

A. 非常有效　　B. 较有效　　C. 效果一般　　D. 不太有效　　E. 无效

4. 近两年，您每年参加继续教育的学时（含校本研修）大概是：

A. 不足 48 学时　　　　　　B. 48～72 学时

C. 72～120 学时　　　　　　D. 120 学时以上

5. 您希望采取的培训方式（可多选）：

A. 观摩教学（听课、观课、议课）

B. 名师引领　　　　　　C. 专题讲座

D. 研讨互动　　　　　　E. 实践操作

G. 案例分析　　　　　　H. 网络研修

6. 您最需要哪些内容的培训（可多选）：

A. 教育理论　　B. 信息技术　　C. 学科新发展　　　　D. 论文写作

E. 师德　　　　　F. 教师基本功　G. 课程研制与开发　H. 其他

7. 您希望通过培训能收获到（可多选）：

A. 个人素质的全面提升　　　　B. 及时解决教育教学中的实际问题

C. 有新的充电机会　　　　　　D. 调入更好的学校

E. 晋升职称　　　　　　　　　F. 建立更多的人脉关系

G. 缓解工作压力

8. 您参加各类培训结束后，是否有相关的评价考核：

A. 都有　　　　B. 大部分有　C. 少数有　　　D. 都没有

9. 您参加培训的授课教师是：

A. 教学名师　　B. 高校专家　C. 进修学校教师

D. 一线优秀教师　　　　　　　E. 其他

10. 您认为在职培训是否有必要：

A. 非常有必要　B. 可有可无　　C. 没有必要　　D. 说不好

11. 您认为参加的教师培训对提高您的教学水平帮助很大。

A. 完全符合　　B. 比较符合　　C. 一般　　　D. 比较不符合　　E. 完全不符合

二、信息技术能力现状调查

1. 您很乐意主动学习信息技术方面的知识。

A. 完全符合　　B. 比较符合　　C. 一般　　　D. 不太符合　　E. 很不符合

2. 您能主动通过多种途径来获取信息化教学资源。

A. 完全符合　　B. 比较符合　　C. 一般　　　D. 不太符合　　E. 很不符合

3. 在您进行教育教学或进行科研需要信息时，是否第一时间就想到利用现代信息技术手段找寻相关信息？

A. 是，第一时间就能想到　　B. 基本上第一时间能想到

C. 有时能想到　　　　　　　D. 想不起　　E. 从来都想不起

4. 您对信息技术在教育教学中的重要性的认识是：

A. 信息技术很重要，我要积极努力适应

B. 信息技术比较重要，可能会努力适应

C. 信息技术对课改的影响怎么样说不清楚

D. 对信息技术没什么热情，不想适应

5. 在教学过程中，目前您经常使用的信息技术有哪些（可多选）：

A. 文字处理　　B. 电子表格　　C. 演示文稿（PPT）　　　D. E-mail 或 QQ

E. Web 浏览　　F. 网页制作　　G. 图形处理　　　　　　H. 其他_____

6. 您和您的同事一般是通过哪种方式探讨有关教学问题的：

A. 面对面交流

B. 现代网络通信工具（如 E-mail、QQ、微信、网络交流平台等）

C. 电话交流　　D. 书信　　　　E. 其他_____　　　　F. 从不探讨

7. 您认为作为一名教师应当主要具备哪些信息化教学技能（可多选）：

A. 电脑方面的知识和有关的操作技能

B. 应用网络等通信工具获取、处理和评价信息的能力

C. 使用必需的教育软件的能力

D. 自己设计和制作课件的能力

8. 您对所获取的信息进行分类整理、编辑加工、重新组合时有困难吗？

A. 非常困难　　B. 有点困难　　C. 没有困难　　D. 根本不困难

E. 对所获取信息从来都不加工

9. 您在教学时，会深入研究各种教学资源，全面整合教学内容，巧妙突破教学重难点吗？

A. 经常　　　　B. 有时　　　　C. 基本上不　　　D. 很少　　　E. 从来没有

10. 在现代信息技术及网络教学环境下，您探索过新型的教学方式吗？

A. 经常探索　　B. 有时探索　　C. 基本上不探索　D. 很少探索　　E. 从不探索

11. 您在教学时，使用多媒体上课的主要原因是：

A. 缩短讲课时间，增大课堂信息容量，优化教学效果

B. 学校要求使用

C. 教师省去写粉笔、擦黑板的体力劳动

D. 上公开课要求使用

12. 您对信息化教学设计流程的掌握程度是：

A. 非常好　　　B. 较好　　　　C. 一般　　　　D. 没有掌握

13. 在使用现代教学媒体时，您的主要困难有哪些（可多选）：

A. 没有足够的教学支持软件，很难找到合适的教学资源

B. 对突然出现的软硬件故障，不知道如何应对

C. 课件信息量过多，学生接受不了

D. 没有使用媒体的设备和环境

E. 学科内容不适合使用现代教学媒体

F. 备课容量大，教学任务重，时间和精力不够

三、学习深造情况调查

1. 您是否有提升学历的想法?

A. 有　　　　　B. 没有

2. 作为一名乡村教师,您非常清楚自我专业发展的路径。

A. 完全符合　　B. 基本符合　　C. 不确定　　　D. 基本不符合　　E. 完全不符合

3. 您认为自己在自我专业发展中的主动性和创造性如何?

A. 非常强　　　B. 比较强　　　C. 一般　　　　D. 较弱　　　　　E. 非常弱

4. 您能制定出一份适合自身专业发展的整体规划。

A. 非常困难　　B. 比较困难　　C. 一般　　　　D. 不太困难　　　E. 无任何困难

5. 您经常阅读一些关于所教学科的专业书籍。

A. 完全符合　　B. 比较符合　　C. 一般　　　　D. 比较不符合　　E. 完全不符合

6. 您经常阅读一些教育学类的文章和书籍。

A. 完全符合　　B. 比较符合　　C. 一般　　　　D. 比较不符合　　E. 完全不符合

7. 您经常有意识地思考教育教学过程中出现的现象和问题。

A. 完全符合　　B. 比较符合　　C. 一般　　　　D. 比较不符合　　E. 完全不符合

8. 您经常把教育教学中的感想和体会记录下来,随时进行总结和反思。

A. 完全符合　　B. 比较符合　　C. 一般　　　　D. 比较不符合　　E. 完全不符合

9. 针对教学中存在的问题,您能进行探索和研究。

A. 完全符合　　B. 比较符合　　C. 一般　　　　D. 比较不符合　　E. 完全不符合

10. 学校的氛围有利于您的发展。

A. 完全符合　　B. 比较符合　　C. 一般　　　　D. 比较不符合　　E. 完全不符合

11. 如果您提出进修或学习的要求,能得到学校的支持。

A. 完全符合　　B. 比较符合　　C. 一般　　　　D. 比较不符合　　E. 完全不符合

12. 学校鼓励教师提升学历或接受培训。

A. 完全符合　　B. 比较符合　　C. 一般　　　　D. 比较不符合　　E. 完全不符合

13. 您对终身学习的看法是:

A. 终身学习的理念很好,但是一个人是不可能终身都在学习的

B. 终身学习只是让大家有这个观念,并不是真的让每个人终身都学习

C. 每个人都应该进行终身学习,因为自身和社会都要求我们这样做

D. 那太累了,我不是很赞同

本问卷到此结束,再次感谢您的支持与配合,祝您工作顺利、生活开怀!

第三部分 乡村教师能力素质提升政策实施调查访谈提纲

一、教育局局长、校长的访谈提纲

1. 您参加培训的时长够吗？参加的培训对教育管理工作有用吗？

2. 您还需要什么样的培训内容？您对培训还有什么更好的建议？

3. 对于教师提升能力素质，您有什么好的建议吗？

4. 您对现阶段您学校的教师素质能力满意吗？满意的部分有哪些？不满意的部分有哪些？有什么改进的建议？

5. 您对落实《乡村教师支持计划（2015—2020年）》政策的情况了解吗？在政策实施的过程中，您遇到过什么问题？怎么解决的？就教师能力素质提升的政策，您有什么好的建议吗？目前乡村教师的培训中还存在什么问题？

二、乡村教师的访谈提纲

1. 您知道《乡村教师支持计划（2015—2020年）》吗？对它有多少了解？它的主要内容是什么？计划中您印象最深的是哪部分内容？

2. 您是否参加过教师培训？参加过什么类型的教师培训？对于以前的教师培训，您有什么看法？或者对于以后的培训，您有什么好的建议？

3. 您最需要什么样的培训内容？

4. 您经常在课堂上使用信息技术手段吗？如果出现突发状况，您会解决吗？

5. 您有继续提升学历的想法吗？

6. 提到"教师学习"，您首先想到的是什么？

7. 对于促进教师的学习，您对政府、社会、学校以及教师个人有何建议？

三、乡村学生家长的访谈提纲

您对现在的乡村教师满意吗？如果不满意，有什么建议给他们吗？如果满意，您认为他们做得比较好的方面有哪些？

四、乡村学生的访谈提纲

你觉得你们学校的教师教学水平怎么样？教师的能力素质怎么样？有没有需要提升和改进的地方？你有什么建议？

附件四　乡村小规模学校教师调查问卷

尊敬的各位老师，为了有效提高乡村教育教学质量，促进乡村小规模学校教师队伍建设，我们设计了本问卷，旨在充分了解贵校教师队伍建设的现状和问题归因。在此期间，我们将对您的答案保密。请根据您的真实情况和意图，在选项上标注"√"回答。感谢您的参与！

一、基本情况

您的性别　　　　　A. 男　　　B. 女

贵校所属类别　　　A. 村级完全小学　　　B. 村级不完全小学

年龄　　　　　　　A. 20～29 岁　 B. 30～39 岁　 C. 40～49 岁　 D. 50 岁及以上

所在学校　　　　　A. 乡镇中心小学　 B. 村小（100 名学生以下完全小学）

　　　　　　　　　C. 教学点

教龄　　　　　　　A. 1～3 年　 B. 4～6 年　 C. 7～15 年　 D. 16～25 年

您的职称　　　　　A. 高级职称　 B. 中级职称　 C. 初级职称

您的一次学历　　　A. 本科　 B. 专科　 C. 高中（中师）　 D. 其他

您的二次学历　　　A. 研究生　 B. 本科　 C. 专科　 D. 中师　 E. 没有进修过

在校职务　　　　　A. 校长（副校长）　 B. 中层领导　 C. 学科组长　 D. 普通教师

您是否当过民办教师　A. 是　 B. 否

您的身份　　　　　A. 在编教师　 B. 特岗教师　 C. 支教教师　 D. 代课教师

您所学专业　　　　A. 语文　 B. 数学　 C. 英语　 D. 音乐　 E. 体育　 F. 美术

　　　　　　　　　G. 其他

您任教学科　　　　A. 语文　 B. 数学　 C. 英语　 D. 音乐　 E. 体育　 F. 美术

　　　　　　　　　G. 其他

二、选择题（可多选）

1. 您所在的乡镇有多少所乡村小学？

A. 1～5 所　　　 B. 6～10 所　　　 C. 11～15 所　　　 D. 15～20 所

2. 您所在的乡镇有多少所 100 人以下的学校？

A. 1～5 所　　　 B. 6～10 所　　　 C. 11～15 所　　　 D. 15～20 所

3. 您所教学科是不是您所学专业?

A. 是　　　　　B. 不是

4. 您每周有多少节课?

A. 10 节以下　　B. 11～15 节　　C. 16～20 节　　D. 21～30 节

5. 您感觉工作量怎么样?

A. 太大　　　　B. 较大　　　　C. 一般　　　　D. 较小

6. 您总共带了几门课?(如语文、数学、科学、书法、信息技术等)

A. 1 门　　　　B. 2 门　　　　C. 3 门　　　　D. 4 门

E. 5 门　　　　F. 6 门及以上

7. 您的月工资(基本工资)有多少?

A. 1 000～1 500 元　　　　　　B. 1 500～2 000 元

C. 2 500～3 000 元　　　　　　D. 3 000～3 500 元

E. 3 500 元以上

8. 您想过要离开现在的学校吗?

A. 非常想　　B. 想　　　　C. 无所谓　　　D. 不太愿意　　E. 不愿意

9. 2016 年以来,参加进城遴选考试情况:

A. 没有参加过　B. 参加过,没有考上

10. 对于现在的学校管理,您的态度是:

A. 非常满意　　B. 满意　　　C. 无所谓　　　D. 不太满意　　E. 不满意

11. 对于现有的工资待遇,您的态度是:

A. 非常满意　　B. 满意　　　C. 无所谓　　　D. 不太满意　　E. 不满意

12. 2016 年以来,未参加进城遴选考试的原因是:

A. 不愿意进城　　　　　　　B. 年龄超龄了

C. 对自己参加考试没信心　　D. 其他

13. 2016 年以来参加过的培训都有哪些?

A. 国家级培训　B. 省级培训　　C. 市级培训　　D. 县级培训

E. 学校组织的培训

14. 作为乡村小规模学校的一线教师,您目前最大的困难是什么?(工作和学习方面的都可以)

附件五　西部乡村小规模学校校长访谈提纲

所在学校：　　　　　性别：　　　　　年龄：　　　　教龄：　　　　学历：

职称：　　　　　访谈时间：　　　　访谈地点：　　　　　　访谈人：

1. 在您看来，教师这个群体的社会地位如何？

2. 对于您当前在乡村学校的生活环境，您还有什么需要？教师目前的待遇您满意吗？

3. 请问您学校男女教师所占的比例怎样？若是有机会分配新教师，您希望来的是男教师还是女教师？为什么？

4. 请问您学校目前有自主考核教师的权力吗？依据是什么？

5. 请问您学校各个职称段教师分布情况怎么样？您认为职称评审有没有更好的办法？

6. 请问您学校教师的年龄分布是怎样的？这种结构对教育教学工作的影响如何？

7. 近几年，您是否参加过教育教学成果研究、课题研究等活动？贵学校教师在学术方面有兴趣吗？为什么？

8. 请问您对当前的办公条件满意吗？

9. 请问您对目前教师的工作量怎么看？

10. 在教师数量上，您认为您学校缺教师吗？就教学科目而言，学校主要缺少什么科目的教师？

11. 您对目前的工作满意吗？有没有换个学校或者换份工作的想法？为什么？

附件六　西部地区小规模学校教师访谈提纲

乡（镇）：　　　　学校：　　　　姓名：　　　　性别：　　　　年龄：

教龄：　　　　学历：　　　　职称：

访谈时间：　　　　访谈地点：　　　　访谈人：

1. 在您看来，当地的老百姓好打交道吗？

2. 您认为目前教师的需要有哪些？（工作和生活方面的都可以）

3. 您对学校的考核制度满意吗？为什么？

4. 您和班里的学生关系如何？您教的是什么科目？

5. 您学校是如何奖励和惩罚教师的？您认为合理吗？有什么意见和建议？

6. 您从教多长时间了？您喜欢当老师吗？为什么？

7. 您认为学校在管理制度方面有没有需要改进的地方？

8. 在您看来，职称评定难吗？评定制度合理吗？过程公平吗？

9. 自 2015 年以来，您周围的教师有流失和调动的吗？都去了哪儿？为什么？

10. 您所在的学校目前有哪些教学管理制度？您是如何看待这些制度的？

附件七　西部贫困地区小学教师专业发展现状调查问卷表

尊敬的老师：

您好！为了了解您所在学校的教师队伍现状以及问题归因，进一步提高西部贫困地区小学教师队伍建设的针对性和实效性，我们设计了该问卷。我们将对您的回答予以保密，请按照您的真实情况和意愿作答。谢谢您的参与！

第一部分　专业知识

1. 您对自己所教学科知识的概念、原理掌握情况。（　　　）

A. 掌握很多　　　　　　B. 掌握一些　　　　　　C. 掌握很少

2. 您对所教学科的前沿信息的了解情况。（　　　）

A. 非常了解　　　　　　B. 基本了解　　　　　　C. 不了解

3. 您在课堂上回答学生提出的各种学科专业问题的情况。（　　　）

A. 轻松　　　　　　　　B. 一般　　　　　　　　C. 不会

4. 您对所教学科课程标准的了解情况。（　　　）

A. 非常了解　　　　　　B. 了解一些　　　　　　C. 不了解

5. 您对所教学科教学重难点的了解情况。（　　　）

A. 非常了解　　　　　　B. 了解一些　　　　　　C. 不了解

6. 您在课堂教学中对教材的利用情况。（　　　）

A. 不使用教材　　　　　B. 一切按教材上　　　　C. 教材和创新相结合

7. 您对学生身心发展状况的了解情况。（　　　）

A. 全部了解　　　　　　B. 基本了解　　　　　　C. 不了解

8. 您能不能照顾到学困生的学习情况？（　　　）

A. 能　　　　　　　　　B. 不能

9. 您会不会根据不同的学生因材施教？（　　　）

A. 会　　　　　　　　　B. 不会

10. 您会不会经常参加专业学科知识的培训？（　　　）

A. 会　　　　　　　　　B. 不会

11. 您会不会去研究如何进行更好、更合理的教学设计？（　　　）

A. 会　　　　　　　　　B. 不会　　　　　　　　C. 说不清楚

12. 您对自己的教学方法、过程、结果是否满意?(　　)

A. 满意　　　　　　　B. 不满意

第二部分　专业能力

1. 您能不能很好地运用所学知识进行授课?(　　)

A. 能　　　　　　　B. 基本可以　　　　　C. 不能

2. 您能不能根据学情精心设计教学内容?(　　)

A. 能　　　　　　　B. 基本可以　　　　　C. 不能

3. 您教学的来源是不是教科书?(　　)

A. 是　　　　　　　B. 不是

4. 您能不能很好地运用普通话和学生进行交流和授课?(　　)

A. 能　　　　　　　B. 一般　　　　　　C. 不能

5. 您能不能与学生建立良好的师生关系?(　　)

A. 能　　　　　　　B. 一般　　　　　　C. 不能

6. 您在课堂上是不是经常运用小组合作的教学方式?(　　)

A. 是　　　　　　　B. 偶尔　　　　　　C. 不是

7. 您在课堂上是不是经常合理运用多媒体教学设备?(　　)

A. 是　　　　　　　B. 一般　　　　　　C. 不是

8. 您能不能很好地处理突发事件?(　　)

A. 能　　　　　　　B. 一般　　　　　　C. 不能

9. 您能不能对学生日常表现进行观察和评价?(　　)

A. 能　　　　　　　B. 一般　　　　　　C. 不能

10. 您能不能引导学生进行准确的自我评价?(　　)

A. 能　　　　　　　B. 一般　　　　　　C. 不能

11. 您能不能平等对待每位学生?(　　)

A. 能　　　　　　　B. 一般　　　　　　C. 不能

12. 您能不能与学生进行合理、有效的沟通?(　　)

A. 能　　　　　　　B. 一般　　　　　　C. 不能

13. 您是不是善于与同事交流合作?(　　)

A. 是　　　　　　　B. 一般　　　　　　C. 不是

14. 您能不能与家长进行有效沟通?(　　)

A. 能　　　　　　　B. 一般　　　　　　C. 不能

15. 您能不能做到课后及时反思？（　　）

A. 能　　　　　　　B. 一般　　　　　　C. 不能

16. 您会不会制订个人的教学计划和发展规划？（　　）

A. 会　　　　　　　B. 一般　　　　　　C. 不会

17. 您能不能对自己的教学进行探索？（　　）

A. 能　　　　　　　B. 一般　　　　　　C. 不能

第三部分　专业精神

1. 您认为教师的服务精神重要吗？（　　）

A. 重要　　　　　　B. 一般　　　　　　C. 不重要

2. 您具有很强的服务意识吗？（　　）

A. 具有　　　　　　B. 没有

3. 您经常关心学生的学习、生活和成长情况吗？（　　）

A. 经常　　　　　　B. 偶尔　　　　　　C. 不关心

4. 您认为教师的奉献精神重要吗？（　　）

A. 重要　　　　　　B. 一般　　　　　　C. 不重要

5. 您会无偿为自己所在的学校做一些有意义的事吗？（　　）

A. 会　　　　　　　B. 偶尔　　　　　　C. 不会

6. 您会无偿为自己的学生做一些帮助他们的事吗？（　　）

A. 会　　　　　　　B. 偶尔　　　　　　C. 不会

7. 您会在课下对学生进行无偿辅导吗？（　　）

A. 会　　　　　　　B. 偶尔　　　　　　C. 不会

8. 您认为教师的爱岗敬业精神重要吗？（　　）

A. 重要　　　　　　B. 一般　　　　　　C. 不重要

9. 您是不是热爱自己所教的学生？（　　）

A. 热爱　　　　　　B. 不热爱　　　　　C. 讨厌

10. 您是不是能够认真备课、上课、批改作业、辅导学生？（　　）

A. 能　　　　　　　B. 一般　　　　　　C. 不能

11. 您能不能按时完成学校交给您的所有任务？（　　）

A. 能　　　　　　　B. 一般　　　　　　C. 不能

12. 您能不能做到爱校如家，爱生如子？（　　）

A. 能　　　　　　　B. 不能

13. 您能不能服从并完成学校领导分配的各项任务?(　　)

A. 能 　　　　　　　B. 一般 　　　　　　　C. 不能

14. 您是不是经常在课下和其他老师进行交流沟通?(　　)

A. 是 　　　　　　　B. 偶尔 　　　　　　　C. 不是

15. 您是不是经常参加学校的团体活动?(　　)

A. 是 　　　　　　　B. 偶尔 　　　　　　　C. 不是

16. 在个人利益和团体利益发生冲突时您认为哪个重要?(　　)

A. 个人 　　　　　　B. 团体

问卷结束,再次感谢您的合作!

附件八 中宁县 M 学区教师专业发展现状访谈提纲

一、教师篇

1. 您的第一学历是什么？以前有没有接触过教育学？掌握多少知识？

2. 分配到中宁县 M 学区来，您愿意吗？为什么？如果不愿意，想去哪里？为什么？

3. 您觉得 M 学区怎么样？这边的学生和家长与其他地方相比有什么不同吗？

4. 对于教材您有什么看法？在课堂上会讲教材之外的知识内容吗？现阶段您在教学中有哪些问题？对于教室内多媒体的应用情况如何？

5. 在教育教学实践中，您是用当地的方言还是普通话？对学生语言方面有要求吗？

6. 您对自己所带的学生了解多少？

7. 学校是否经常搞一些教研活动？

8. 您会跟着其他老师出去放松娱乐吗？

9. 您每天的生活安排是怎样的？目前生活、工作中有没有困难？有没有解决方法？

10. 您自己的职业规划是什么？以后想要怎样发展？

二、学生篇

1. 你认为自己的任课老师怎样？你对老师了解多少？通过什么方式了解的？老师讲的课能听懂吗？喜欢老师的上课方式吗？有困难会找老师询问解决吗？

2. 父母就自己的学习情况和老师联系吗？联系频繁吗？

3. 对于自己的任课老师，最喜欢哪个？为什么？

4. 老师对家长怎么样？态度如何？

三、家长篇

1. 您认为这里的老师怎样？

2. 您经常联系孩子的老师吗？就孩子的问题询问老师，老师会解答吗？孩子这学期学习有进步吗？具体在哪些方面？

3. 您经常会督促孩子完成作业吗？

4. 在孩子教育方面，您有没有什么要求？对于孩子以后的职业走向有什么打算？为什么做这种打算？

附件九 H 乡村教师工作坊主持人访谈提纲

一、个人生活史

1. 您能否谈谈自己的成长经历？是否有过在乡村生活的经历？这对您成为乡村教师有什么影响？

2. 您目前在学校是否还担任其他职务？如何应对自己在工作中扮演的多种角色？是否遇到过迷茫和困难？

二、成为主持人的影响因素

1. 能够成为一名工作坊主持人，离不开您的自主发展意识和自身的努力，您认为哪些内外因素在起作用？

2. 作为工作坊主持人，您是通过哪些方式来提升能力的？

三、工作坊概况

1. 您当时是基于哪些考虑申请成为教师工作坊主持人的？在申报工作坊初期遇到过哪些问题？

2. 工作坊的共同愿景是什么？准备如何落实工作坊的共同愿景？工作坊的共同愿景与短期目标和具体活动之间有哪些联系？

3. 工作坊的成员结构是怎样的？成员的分布情况对工作坊有哪些影响？

4. 乡村教师工作坊与一般的教师工作坊（例如学科教师工作坊）相比，区别之处在哪里？

四、工作坊合作研修的情况

1. 成立乡村教师工作坊，职能部门在资金、制度保障等方面提供了哪些支持？又提出了哪些要求？

2. 职能部门对乡村教师工作坊主持人和成员的选拔和评估制度是怎样的？

3. 乡村教师工作坊研修制度与一般的教师工作坊研修制度有什么不同之处吗？您认为目前的研修制度还有哪些需要改进的地方？

4. 工作坊都开展过哪些合作研修活动？工作坊合作研修的对象有哪些？分别取得了哪些成效？

5. 工作坊是基于哪些考虑先后开通了微信公众号和网络工作室的呢？这对成员的合作研修产生了哪些影响？

6. 工作坊在合作研修中遇到过哪些问题或者困难？是如何克服的？

7. 您认为目前工作坊的合作研修中还存在哪些问题？准备如何去解决？

五、工作坊对主持人专业发展的影响

1. 工作坊在开展合作研修活动前，您作为领导者需要做哪些准备？这对您有哪些影响？

2. 在工作坊的合作研修中您有哪些收获？对您的专业发展产生了哪些影响？

附件十　H乡村教师工作坊成员访谈提纲

一、工作坊成员的基本情况

1. 您之前参加过其他教师培训或研修吗？是什么形式的呢？

2. 您认为乡村教师工作坊研修和教师培训（例如集中培训、校本培训等）有哪些不同之处？

3. 您加入乡村教师工作坊的原因有哪些？参加工作坊研修需要具备哪些条件？

4. 您所在的学校对您参加乡村教师工作坊的态度是怎样的？

二、工作坊对成员专业发展的影响

1. 您在工作坊开展的合作研修活动中有哪些收获？

2. 参加工作坊研修对您自身职业发展规划或是专业发展产生了哪些影响？

三、工作坊成员遇到的问题

1. 您在参加工作坊合作研修活动的过程中，是否遇到过难题和困惑？是如何解决的呢？

2. 您在学习和工作中遇到困难时，与主持人或者其他成员交流吗？采用哪些方式进行交流呢？

四、对工作坊研修的建议和期许

1. 您觉得目前工作坊开展的合作研修活动还需要进行哪些方面的改进？您对工作坊今后的合作研修还有哪些建议？

2. 您对H乡村教师工作坊研修还有哪些期许？希望在合作研修过程中得到哪些帮助？

附件十一 H乡村教师工作坊合作研修观察记录表

编号：	
观察目的：	
观察时间：	观察地点：
参与成员：	
研修主题：	
研修目的：	
研修流程：	
观察记录：	

后　记

乡村教育是基础教育的重点和难点，西部乡村教育又是我国乡村教育的重点与难点。发展乡村教育的主要方式是进行教师队伍专业化制度建设。因此，近十多年以来，课题组通过国家社科基金一般项目"西部农村教师政策问题研究"和国家社科基金重点项目"西部乡村振兴中的教师教育供给制度研究"，持续开展了这方面研究。本研究成果是在课题负责人王安全教授组织、指导和带领下进行的"西部乡村振兴中的教师教育供给制度研究"阶段性研究成果。

拙著由八位长期从事乡村教育及西部乡村教师教育的博士、硕士研究生合作完成。其中，导论部分由王安全教授整理完成；第一章由柳安娜、锁成兴完成；第二章由李伟完成；第三章由路倩斐完成；第四章由朱彤彤完成；第五章由虎金峰完成；第六章由王小艳完成。全书总体设计和统稿由王安全教授完成。

拙著撰写过程中得到了东北师范大学于伟教授，宁夏大学教育学院谢延龙教授、张爱琴教授、郝振君教授、马娥博士，宁夏葡萄酒与防沙治沙职业技术学院马青教授的悉心指导，也得到了调研地区市县教育局和调研学校领导与老师的大力支持，在此表示衷心的感谢。

拙著的出版也得到了中国人民大学出版社教育分社副社长李丽虹女士的悉心指导与帮助，在此表达诚挚的谢意。